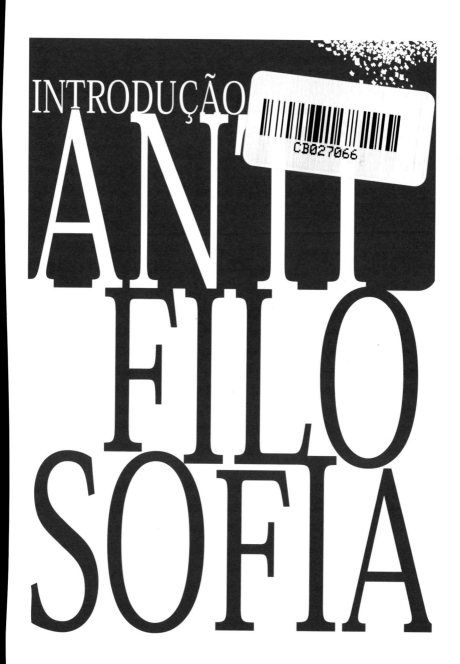

INTRODUÇÃO À ANTIFILOSOFIA

O livro é a porta que se abre para a realização do homem.

Jair Lot Vieira

INTRODUÇÃO À ANTI FILO SOFIA

BORIS GROYS

edipro

Tradução de
Constantino Luz de Medeiros

Introdução à Antifilosofia
Boris Groys

© desta tradução: Edipro Edições Profissionais Ltda. – CNPJ n° 47.640.982/0001-40

1ª Edição 2013

Editores: Jair Lot Vieira e Maíra Lot Vieira Micales
Coordenação editorial: Fernanda Godoy Tarcinalli
Editoração: Alexandre Rudyard Benevides
Tradução: Constantino Luz de Medeiros
Revisão: Beatriz Rodrigues de Lima
Arte: Marcelo Calenda

Dados Internacionais de Catalogação na Publicação (CIP)
(Câmara Brasileira do Livro, SP, Brasil)

Groys, Boris
  Introdução à antifilosofia / Boris Groys; tradução de Constantino Luz de Medeiros – São Paulo : EDIPRO, 2013.

  Título original: Einführung in die Anti-Philosophie.
  ISBN 978-85-7283-871-9

  1. Filosofia – História 2. Filosofia moderna I. Título.

13-05523   CDD-190

Índices para catálogo sistemático:
1. Filosofia moderna : 190

edições profissionais ltda.
São Paulo: Fone (11) 3107-4788 – Fax (11) 3107-0061
Bauru: Fone (14) 3234-4121 – Fax (14) 3234-4122
www.edipro.com.br

Sumário

1. Introdução 7
2. Søren Kierkegaard 15
3. Leo Schestow 41
4. Martin Heidegger 55
5. Jacques Derrida 69
6. Walter Benjamin 87
7. Theodor Lessing 99
8. Ernst Jünger 121
9. Alexandre Kojève 131
10. Friedrich Nietzsche, Michail Bachtin, Michail Bulgakow 151
11. Richard Wagner, Marshall McLuhan 175
12. Gotthold Ephraim Lessing, Clement Greenberg, Marshall McLuhan 193

Referências bibliográficas 213

1

Introdução

A filosofia é geralmente entendida como a procura pela verdade. Por isso, ela também é raramente praticada em nosso tempo, e por duas razões. Em primeiro lugar, através do estudo da história da filosofia chega-se, quase sempre, à conclusão de que a verdade é inalcançável, fazendo pouco sentido buscá-la. Segundo, tem-se a sensação de que, se a verdade realmente existisse, encontrá-la seria apenas a metade do caminho. Bem mais difícil seria vender a verdade encontrada e poder viver em condições razoavelmente seguras. Essa tarefa, de acordo com a experiência, não pode ser ignorada. O atual mercado de verdades parece estar mais que saturado. O consumidor potencial de verdades é confrontado com a mesma abundância que o consumidor de outros segmentos de mercado. Somos literalmente atacados por todos os lados pela propaganda da verdade. Encontramos a verdade em toda parte, em todas as mídias, sejam verdades científicas, religiosas, políticas, ou sobre a vida prática. Assim, aquele que procura a verdade reconhece que tem poucas chances de trazer ao povo o tesouro que ele possivelmente encontra, desistindo de sua busca a tempo. No que diz respeito à verdade, o homem atual está dotado de duas convicções fundamentais: a de que não há nenhuma verdade, e de que há verdade demais. Estas duas convicções parecem se contradizer, todavia, ambas levam à mesma conclusão: a procura pela verdade não é um bom negócio.

Essa cena, descrita como a procura atual pela verdade, é também a cena original da filosofia, podendo ser observada em miniatura na *Ágora* grega, no tempo em que o primeiro consumidor exemplar de verdades, isto

8 | INTRODUÇÃO À ANTIFILOSOFIA

é, Sócrates, começou a examinar a oferta de verdades existente no mercado daquele tempo. Foram os sofistas que afirmaram ter encontrado as verdades. Eles colocavam essas verdades à venda. No entanto, como se sabe, Sócrates não se definia como sofista, mas como filósofo, ou seja, aquele que ama a verdade (a sabedoria, o conhecimento, a *sophia*), porém não a possui. Dito de outro modo: como aquele que não tem a verdade para vender, mas está disposto a adquiri-la, se ele puder estar convencido de que se trata realmente da verdade e não apenas de uma aparência da verdade. A mudança da posição do sofista para a posição do filósofo é a mudança do produtor de verdades para o consumidor de verdades. O filósofo não é um produtor de verdades. Ele também não é um ser que busca verdades, no sentido de que há um ser que busca tesouros ou matérias primas. O filósofo é um homem simples da rua, que se perdeu no supermercado global das verdades, e agora procura encontrar a placa de saída.

Reclama-se, com frequência, que a filosofia não se desenvolveu no curso de sua história, que ela não produz resultados, que não demonstra progresso algum. Mas seria absolutamente devastador se a filosofia se desenvolvesse historicamente, pois, se a situação do produtor de verdades se altera com o tempo, a situação do consumidor de verdades permanece sempre a mesma. Apenas a oferta de verdades se altera, não a perplexidade do consumidor em face dessa oferta. Toda filosofia "autêntica" nada mais é do que a articulação linguística dessa perplexidade. Por que então essa perplexidade deve ser articulada ou formulada, por que não permanecer simplesmente calado?

De fato, Sócrates nos oferece a já familiar imagem de um consumidor invejoso, cronicamente insatisfeito, permanentemente mal-humorado e polêmico. Sempre que Sócrates ouve os belos discursos dos sofistas, ele destrói a boa atmosfera, encontrando nesses discursos alguns déficits lógicos e insuficiências, que não interessam ou incomodam a mais ninguém. A propósito, encontramos frequentemente tais figuras na vida cotidiana, em lojas, hotéis e restaurantes. Eles estão sempre insatisfeitos, gostam de começar a discutir com os funcionários e importunam consideravelmente os outros consumidores. Em face de tais figuras aborrecedoras e irritantes,

INTRODUÇÃO | 9

sente-se involuntariamente saudade dos velhos tempos, nos quais se poderia rapidamente acalmá-las com a ajuda de uma taça de cicuta.

Além disso, a argumentação crítica, no caso de Sócrates, parece ser extremamente ambivalente. Quando se ouve Sócrates, não fica totalmente claro se ele se apresenta, no caso específico, como um consumidor crítico, que critica a oferta de verdade existente aqui e agora, mas não perde a esperança de que ele um dia poderia ser confrontado com a verdade real; ou se ele basicamente se recusa a tratar a verdade como mercadoria, trazendo-a ao mercado. Diversos fatores indicam que a última suposição é a mais plausível. Sócrates é o verdadeiro inventor da crítica de mercado. O simples fato de que determinada oferta de verdade funcione como mercadoria, no âmbito da economia de mercado, já é um motivo suficiente para que Sócrates recuse essa oferta. A revelação de todas as outras insuficiências e contradições, que Sócrates descobre em cada oferta de verdade, talvez seja instrutiva e interessante em si, mas é basicamente supérflua para o gesto universal da recusa. A constatação da comercialização de uma doutrina da verdade, a compreensão sobre a mercantilização da respectiva verdade, e a descoberta dos interesses econômicos que se ocultam atrás da formulação e da difusão dessa doutrina são suficientes para recusar a reivindicação da verdade dessa doutrina da verdade. De Sócrates a Marx, até a teoria crítica de origem frankfurtiana, considera-se que a verdade, quando surge como mercadoria, não é verdade. Isso significa, afinal, que não existe verdade alguma, porque, nas condições da economia de mercado, nenhuma doutrina da verdade pode escapar ao *status* de mercadoria. O que resta, na verdade, é a "fraca esperança messiânica" pelo surgimento da verdade além da verdade, uma verdade absolutamente outra, que não se manifestaria nem mesmo como verdade, nem doutrina, nem livro, nem teoria, nem método, nem mesmo consciente ou inconsciente, e que escaparia fundamentalmente de sua possível comercialização. Mas, ao que parece, essa esperança é alimentada apenas para ser constantemente frustrada.

A propósito, essa esperança pode ser diagnosticada já em Platão. Em seu *Mito da Caverna*, ele descreve a figura de um ser que busca a verdade, e que, conseguindo ver a verdade, retorna ao encontro das pessoas para nar-

10 | Introdução à Antifilosofia

rar-lhes sua experiência. No *Mito da Caverna,* não se trata de um filósofo, como se afirma frequentemente (pois ao filósofo é negada a observação da verdade), e sim de um sofista, porém, como se pode afirmar, trata-se de um verdadeiro sofista que, com efeito, viu a verdade. Exatamente por ter visto a verdade, ele foi ofuscado e subjugado por ela, de tal forma que ele inutiliza os discursos elegantes, bem pensados e de agradável sonoridade, típicos dos sofistas. Este sofista é um sofista desajeitado e desastrado, mas é precisamente por isso que ele é um verdadeiro sofista. É por essa mesma razão que as pessoas, as quais esperam do sofista determinada habilidade no exercício de sua profissão, também o assassinam. Esse sofista desastrado é o modelo não apenas para a figura do filho de Deus, que acaba na cruz precisamente por ser o verdadeiro filho de Deus, mas também para todos os artistas românticos, poetas e revolucionários, os quais querem se passar por artistas, poetas e revolucionários verdadeiros, justamente porque não sabem pintar e escrever apropriadamente, nem fazer revoluções bem sucedidas. Entretanto, é conhecido o fato de que mesmo um fracasso calculado pode ser, e também é, uma mercadoria. Desse modo, para não deixar o diagnóstico crítico incompleto, mesmo esse diagnóstico não escapa à forma mercantil.

A crítica filosófica fez com que toda verdade fosse identificada como mercadoria e, por conseguinte, também desacreditada. Este resultado, entretanto, faz surgir outra suspeita: não é a própria filosofia que transforma toda verdade em uma mercadoria? De fato: a atitude filosófica é passiva, contemplativa, crítica e, em última análise, consumista. À luz dessa atitude, tudo o que está disponível aparece como oferta de mercadoria, cuja utilidade deve ser verificada para eventualmente se comprar. Vamos supor que o homem não gaste mais tempo algum para executar esse procedimento de verificação e simplesmente pegue o que, por acaso, lhe cair nas mãos: relações, paixões, livros, conversas, teorias, religiões, autoridades e verdades. Nesse caso, a verdade perde sua forma mercantil, pois ela não é controlada, mas praticada, assim como se pratica a respiração, quando se aspira o ar que nos circunda. Em certas circunstâncias, o ar que se respira também pode ser letal, mas, como é sabido, permanecer sem respirar é igualmente

INTRODUÇÃO | 11

letal. Em ambos os casos, não se pode ter uma postura distanciada, contemplativa, crítica e consumista em relação à respiração, respira-se também quando se está comprando um novo aparelho condicionador de ar. A partir dessa compreensão, surge um novo ramo da filosofia que, em analogia à antiarte, pode se designar como antifilosofia. Essa transição, iniciada com Marx e Kierkegaard, não opera com crítica, mas com ordem. É dada a ordem de mudar o mundo, em vez de explicá-lo. É dada a ordem de tornar-se um animal, em vez de refletir. É dada a ordem de proibir todas as questões filosóficas e silenciar sobre aquilo que não pode ser dito. É dada a ordem de transformar o próprio corpo em um corpo sem órgãos, e pensar de forma rizomática e não lógica etc. Todas essas ordens foram dadas para suprimir a filosofia, como fonte derradeira da atitude consumista e crítica, libertando a verdade de sua mercantilização. Pois obedecer a uma ordem, ou negá-la, é algo completamente diferente do que aceitar ou recusar uma doutrina da verdade de uma investigação crítica. O pressuposto fundamental da antifilosofia que emite ordens consiste no fato de que a verdade apenas se mostra quando a ordem é cumprida: primeiro, o mundo deve ser mudado, depois ele se mostra em sua verdade. Primeiro, deve ocorrer o salto da fé, depois se manifesta a verdade da religião etc. Ou, para retornar a Platão: primeiro, é preciso sair da caverna, depois enxerga-se a verdade. Trata-se aqui de uma escolha antes da escolha, de uma decisão no escuro, que precede qualquer crítica possível, porque o objeto dessa crítica somente se mostra em decorrência dessa decisão – e unicamente em decorrência da decisão do cumprimento da ordem. Por outro lado, a decisão de recusar a ordem deixa o homem para sempre no escuro, não podendo ser nem mesmo crítico, pois ele não sabe o que deve criticar. Dessa maneira, a decisão se distingue entre o cumprimento da ordem e a recusa da ordem, tanto por sua inevitabilidade como por sua urgência, que não deixa tempo para cultivar uma atitude tranquila, crítica e consumista. Não se trata aqui, pois, de nenhuma filosofia pura, mas de uma decisão da vida, que não pode ser adiada, pois, para isso, a vida é muito curta.

Essa transição antifilosófica, dentro da própria filosofia, não permaneceu sem consequências. Qualquer um que ensine filosofia, ou que escreva

12 | INTRODUÇÃO À ANTIFILOSOFIA

sobre filosofia hoje em dia sabe: vivemos em tempos nos quais toda atitude crítica, seja no âmbito da política, da arte ou da alimentação correta, apenas irrita o público, sendo quase automaticamente repudiada por ele. A razão para isso não se encontra no fato de que nos últimos tempos a atitude "afirmativa" perante o mundo, o consentimento interior com o contexto de ofuscação social, ou a aceitação das condições dominantes, conseguiram, de repente, uma hegemonia sem contradições na consciência pública. O leitor de hoje em dia não acredita no que está escrito em um texto, assim como em todas as outras mídias, e não tem nem mesmo a intenção de acreditar, precisamente por isso, ele não tem nenhum motivo para criticar esse texto ou essas mídias. Ao contrário, ele faz o que está ali, ou simplesmente não o faz. Hoje em dia, os textos não são analisados, mas entendidos como manuais de instrução, que, caso se queira, pode-se colocar em prática. Leem-se, com prazer, textos que contenham explicitamente tais instruções: são livros com receitas de cozinha, com dicas para o jardim, e para a pintura; livros sobre estratégias de marketing corretas; guias para a luta contra o Império americano; livros para a produção de uma imagem moderna de um ativista de esquerda ou de direita etc. Mas também outros livros, os quais não fornecem instruções tão claras, são cada vez mais lidos como guia para determinado comportamento. O leitor desses livros, que segue as respectivas instruções, sente-se forçosamente atingido, de forma pessoal, por toda crítica a esses livros – rejeitando qualquer atitude crítica em relação a eles. E também rejeita qualquer crítica aos textos que ele próprio não segue – por razões de decência e de tolerância, isto é, para não machucar desnecessariamente àqueles que seguem esse texto. Em ambos os casos o público sente que toda crítica a um texto é injusta, porque ela erra o alvo. Esse alvo não é o texto em si, mas o que o indivíduo fez e faz, a partir dele, em sua própria vida. Da mesma forma que diferentes pessoas chegam a diferentes conclusões a partir do Alcorão, tornando desnecessária e, de fato, impossível qualquer crítica ao Alcorão como texto. Ou, como artistas frequentemente respondem, se uma teoria é criticada em sua presença: "você tem razão, é uma teoria estúpida, mas eu fiz boas coisas após lê-la, então eu acredito nela, e não quero continuar a ouvir sua crítica". Se o texto, como tal, não é mais entendido como o lugar onde a verdade aparece para se oferecer ao leitor crítico, mas como a soma de instruções para um leitor que é chamado a agir em vez de pensar, então a única coisa que é relevante é a maneira como o leitor aplica essas instruções na condução de sua vida. Mas isso não pode ser criticado, pois é a própria vida que começa a atuar aqui como o juiz supremo.

O leitor de meus ensaios reunidos neste volume irá notar que todos os heróis desses ensaios são autores modernos, e emissores de ordens. Eles são todos antifilósofos. Mas os ensaios, em si, não dão instruções – e, na acepção da pós-antifilosofia dominante hoje em dia, só podem decepcionar. Ao mesmo tempo, esses ensaios não realizam nenhum regresso à tradição da filosofia crítica. Ao contrário, nesse caso a atitude do autor é descritiva e benévola. Essa atitude tem suas raízes na Fenomenologia de Husserl, que levantou relativamente cedo a questão de como se deveria reagir ao novo tom emissor de ordens da filosofia, sem com isso repetir o antigo erro da filosofia crítica. Desse modo, Husserl emitiu a seguinte ordem: antes mesmo que se comece a pensar, deve-se executar a redução fenomenológica. A redução fenomenológica consiste no fato do sujeito distanciar-se mentalmente de seus próprios interesses existenciais, inclusive o interesse em sua própria sobrevivência, e, com isso, abrir um horizonte de consideração sobre o mundo que não seja mais limitado pelas notas de seu eu empírico. Através dessa extensa perspectiva fenomenológica, conquista-se a habilidade de dar razão a todas as ordens, quando se principia a experimentar livremente com sua execução ou recusa. Ao mesmo tempo, o sujeito da redução fenomenológica não se vê mais obrigado a aplicar as ordens que recebe na condução de sua vida, ou, ao contrário, opor-se a elas, pois o eu fenomenológico pensa de tal forma como se não vivesse. Assim, o homem funda o reino do "faz-de-conta" para o seu eu fenomenológico, uma perspectiva imaginária da vida infinita, na qual todas as decisões da vida perdem sua urgência, de modo que a oposição entre o cumprimento e a recusa da ordem se desfaz, no jogo infinito das possibilidades da vida.

2

Søren Kierkegaard[1]

Escrever uma introdução ao pensamento de Kierkgaard apresenta dificuldades muito particulares. É certo que a razão mais profunda para essas dificuldades não se encontra no fato de que a filosofia de Kierkgaard seria particularmente complicada ou obscura, também não é porque entendimento requer um treinamento filosófico profissional e especial. Ao contrário, Kierkgaard insiste constantemente no caráter pessoal, diletante e despretensioso de seu filosofar. Kierkgaard escreve para todos, e talvez muito menos para o público erudito especializado. Na realidade, essas dificuldades resultam do fato de que a própria filosofia de Kierkgaard tem o caráter de uma introdução.

O filosofar de Kierkgaard tem um caráter introdutório, provisório, preparatório, porque Kierkgaard nega a todo texto filosófico, inclusive aos seus próprios, o direito de poder se passar por portador da verdade. Segundo a famosa expressão de Kierkgaard, "a verdade é a interioridade, a subjetividade",[2] a verdade não pode ser "expressada", e muito menos ser impressa como texto filosófico. Com isso, delimita-se o discurso filosófico, ele não pode mais se tornar um portador da verdade, não pode encarnar a verdade em si mesmo. Um texto somente se torna verdadeiro graças ao consentimento da subjetividade donatária da verdade. As condições, o processo e o tipo desse consentimento, por sua vez, apenas podem ser descritos em um texto de forma introdutória e provisória, e os textos de Kierkgaard querem, de fato, produzir tal descrição introdutória. Para

---

1. Originalmente publicado como Über Kierkegaard (GROYS apud GROYS, 1996).
2. KIERKEGAARD apud GROYS, 1996, p. 328.

16 | INTRODUÇÃO À ANTIFILOSOFIA

Kierkgaard, o ato de consentimento é, sem dúvida, autônomo e livre e não pode ser deduzido de suas próprias descrições. Um texto filosófico é, em primeiro lugar, uma coisa, um objeto entre muitos outros objetos, que, em virtude de sua objetividade, permanece separado da subjetividade do leitor, e também da subjetividade do autor, por um abismo intransponível. O leitor deve saltar sobre este abismo para se identificar com o texto, mas ninguém e nada podem forçá-lo a realizar este salto. Afinal de contas, o salto será dado pela livre vontade do leitor, embora para dar um salto como este somente uma subjetividade viva, finita, existente, isto é, situada realmente fora do texto, será capaz, e não a subjetividade abstrata, apenas pressuposta metodologicamente, que é descrita nos textos filosóficos. A filosofia sempre representa a subjetividade vivaz e existente como a soma de textos, sistemas e métodos que considera exteriores. Um texto filosófico jamais pode irradiar aquela força arrebatadora da verdade espontânea, que convence de forma imediata, com a qual tantos filósofos sonharam, e que aparentemente domina o leitor através do simples ato de leitura. De modo a saltar para a identificação com o texto, o leitor deve tomar uma decisão adequada, que pressupõe certo autodomínio. O ato de leitura é separado do ato de consentimento por um tempo de indecisão e adiamento, ainda que breve. É nesse tempo que a subjetividade se mostra como existente e estranha ao texto, como decisivamente autônoma, e, com isso, não descritível e dominável pela filosofia. Essa figura do salto existencial, executado no lapso de tempo interior da subjetividade, é central para Kierkgaard. Dessa maneira, é conveniente deter-se nessa figura por enquanto.

Acima de tudo, levanta-se a questão sobre a necessidade da figura do salto existencial para Kierkegaard. A filosofia anterior viveu muito bem sem essa figura. Para Kierkgaard, a introdução do salto existencial significa, por conseguinte, o salto de toda a tradição milenar da filosofia ocidental. A propósito, é por essa razão que, às vezes, o tom de seus escritos é tão inquieto e tenso.

A figura fundamental da tradição filosófica europeia foi, desde o princípio, a confiança na evidência imediata, inclusive na evidência da palavra filosófica verdadeira. Desde Sócrates, a filosofia desconfia de todos os mitos, narrativas, autoridades, opiniões tradicionais e revelações transmitidas, porém, o verdadeiro filósofo está ainda mais pronto para confiar no incondicional que se mostre a ele com total evidência. Assim, Platão confiou nas Ideias que se apresentaram com total evidência à sua visão interior, após ter recusado todas as opiniões sobre as coisas do mundo exterior como não evidentes. Descartes, que no início da Idade Moderna renovou a tradição do ceticismo filosófico com uma radicalidade desconhecida até então, submetendo a uma dúvida radical tanto as opiniões transmitidas, como todos os elementos sensíveis que tinham origem na realidade exterior, por outro lado, confiava na evidência interior do *cogito ergo sum*. Essa confiança na evidência, ou, dito de outro modo, na razão, foi celebrada na tradição filosófica como a mais elevada liberdade para o indivíduo. Ao seguir sua própria razão, isto é, ao confiar na evidência, o homem se liberta do poder exterior da autoridade, tradição e das instituições sociais, e conquista uma soberania interior verdadeira.

Foi exatamente essa crença originária que Kierkegaard submeteu a uma dúvida nova e radical. Afinal, a libertação de pressões e necessidades exteriores na tradição filosófica serve apenas para submeter-se incondicionalmente às necessidades interiores, à evidência interior, à lógica interior, à própria razão, interpretada, erroneamente, como a expressão autêntica da própria subjetividade. Com isso, na verdade, o homem se submete a uma pressão exterior contínua, porque confia na evidência de uma argumentação racional, estruturada como um sistema de conclusões lógicas "objetivas". A verdadeira liberdade seria a libertação não apenas das pressões lógicas externas, mas também das pressões lógicas internas da razão. Para isso, a evidência deve certamente perder sua mágica milenar. Precisamos aprender a desconfiar também daquilo que se apresenta com total evidência. Para tal desconfiança, não podemos nomear mais nenhum fundamento racional, pois, quando nomeamos tal fundamento, manifestamos a confiança na força evidente deste fundamento por nós nomeado. Com isso, somos novamente entregues ao poder da evidência lógica. Desse modo, devemos aprender a desconfiar sem motivos, e também a reservar a nós mesmos a livre decisão, e a adiar o ato de nosso consentimento, no caso de estar-

18 | Introdução à Antifilosofia

mos incondicionalmente apaixonados pela evidência lógica da Ideia. Daí decorre a necessidade do salto existencial, que apresenta um efeito desse adiamento, dessa prorrogação, que Kierkgaard quer nos ensinar, porque o salto nos liberta da servidão interna sob o domínio da evidência. O salto existencial é necessário quando a evidência imediata torna-se impotente, porém, é inevitável uma tomada de posição em relação à realidade. Com certeza, esse projeto kierkegaardiano não surgiu acidentalmente em um determinado período histórico. Naquele tempo, a filosofia hegeliana exercia um domínio intelectual quase ilimitado sobre a Europa. E a filosofia hegeliana nada mais é do que uma máquina monstruosamente eficiente para o intercâmbio das pressões externas através das pressões lógicas internas. O leitor da filosofia hegeliana deve compreender com total evidência que tudo que o pressiona do exterior é uma forma objetivada da necessidade lógica e racional interna, à qual o leitor – caso queira ser um bom filósofo – não deve se opor. A narrativa filosófica hegeliana passa de uma suprassunção [*Aufhebung*[3]] a outra, isto é, de uma evidência concludente a outra, até que surge a última evidência, que conclui toda essa narrativa, como também toda a história humana, que deve ser abrangida por essa narrativa. Para o indivíduo que, após essa evidência conclusiva, ainda precisa viver na pós--história, toda a realidade externa se apresenta como imagem da necessidade lógico-evidente interna. Pode-se ver aí a vitória final da filosofia. Pode-se também ver uma paródia da filosofia que definitivamente traiu sua aspiração original à soberania.

A filosofia esteve predisposta a tal traição desde sua origem, precisamente porque ela sempre esteve pronta a renunciar a suas dúvidas em favor de um conhecimento evidente. A subjetividade livre, soberana, também é constituída pela dúvida. Enquanto duvidamos somos objetivos. Quando renunciamos à dúvida, perdemos a subjetividade – mesmo se a razão para essa renúncia tenha sido interna e subjetiva. Assim, a dúvida cartesiana ainda é insuficiente. É certo que essa dúvida constituiu a subjetividade da Idade Moderna, ao libertá-la das pressões exteriores do pensar. Mas Des-

---

3. A "suprassunção", ou *Aufhebung*, representa o movimento dialético de suspensão, revogação e preservação "mais elevada". [N. T.]

cartes enfraqueceu essa subjetividade e, ao mesmo tempo, condenou-a ao fracasso, porque ele introduziu a dúvida enquanto finita, provisória, metódica, de maneira que essa dúvida, graças a sua própria lógica, deveria levar a uma evidência. O sistema hegeliano foi apenas a consequência radical dessa estratégia da subjetividade moderna que nega a si mesma. Enquanto ainda queria escapar das pressões exteriores de sua existência, depois de sua interiorização no sistema hegeliano, Kierkegaard estava perante a tarefa de descobrir uma dúvida nova e infinita, que permaneceria imune contra toda evidência lógica ou não lógica, e poderia estabelecer uma subjetividade infinita e invencível. A dúvida cartesiana foi uma introdução à evidência infinita. Kierkegaard, ao contrário, quer escrever uma introdução abrangente à dúvida infinita.

Toda evidência produz não apenas um efeito fascinante, mas também de sobriedade, racionalizante, trivializante. No fundo, a compreensão filosófica é essa fascinação através da sobriedade. A obra do Iluminismo filosófico, como se sabe, consistia em reduzir tudo o que era maravilhoso, profundo e extraordinário ao trivial e evidente. O Iluminismo se entendia como bem-sucedido caso essa redução tivesse sido alcançada – suprassumindo qualquer outro empenho. O banal, o trivial, o que, portanto, já havia sido explicado e manifesto, foi aceito sem qualquer dúvida adicional, como se mostrava com evidência. Exatamente nesse ponto Kierkegaard coloca sua dúvida radicalizada. Pois, o trivial pode ocultar o extraordinário atrás de si, da mesma forma que o extraordinário oculta o trivial atrás de si. Com essa suposição abre-se o caminho para uma dúvida infinita, absoluta, que não tem mais limites. E Kierkegaard lida virtuosamente com a possibilidade dessa dúvida radicalizada em seus textos. Sempre que fala sobre algo que em algum âmbito da vida reivindica uma validade extraordinária, Kierkegaard procede como um típico iluminista, colocando em dúvida, e rindo desta reivindicação. Porém, sempre que se trata de algo completamente trivial e óbvio, Kierkegaard afirma que ali atrás o radicalmente outro se oculta, convidando a um salto da fé por detrás da superfície das coisas. A subjetividade do autor torna-se infinita, porque ela se movimenta em uma dúvida constante e insuperável. Decerto, a simples

20 | Introdução à Antifilosofia

constatação de que algo se oculta atrás do evidente e do trivial não é suficiente para fundamentar uma dúvida infinita. Adicionalmente, deve ser demonstrado como e por que a evidência pode ocultar o outro atrás de si. Na articulação desta suspeita moderna, o conceito do novo desempenha um papel decisivo em Kierkegaard. Em suas *Migalhas Filosóficas*, publicadas sob o pseudônimo de Johannes Climacus, Kierkegaard indica que desde Sócrates a evidência foi entendida como efeito da rememoração, pois a alma só pode identificar com evidência aquilo que já tenha visto. Por isso, o método de Sócrates não consiste em ensinar às pessoas o novo, mas simplesmente em reconduzi-las a si mesmas, de forma que poderiam descobrir em si mesmas a verdade que sempre existiu em suas almas. Sócrates nega a si mesmo como mestre, porque ele se preocupa em encontrar a verdade em seus discípulos. Sócrates torna-se quase não existente ao extinguir sua existência na evidência à qual guia seus discípulos. O tempo de sua própria vida é apenas a transição para a eternidade, não tendo, portanto, nenhum valor existencial autônomo.

De acordo com Platão, discípulo de Sócrates, a alma reconhece as Ideias eternas com evidência, porque a alma viu estas Ideias ainda antes do nascimento delas no mundo. Por conseguinte, a evidência sempre advém do regresso à origem, ao passado, à memória. Essa figura da rememoração também tem um papel central em Hegel: a compreensão da racionalidade da realidade exterior ocorre através da comparação com as formas históricas que o espírito absoluto acumulou no decorrer de sua história. Assim, os espaços interiores da alma são dotados de imagens que a alma deve ter recebido desde o nascimento, como herança do além, ou da história coletiva da humanidade. O efeito da evidência aparece se as experiências que a alma faz na realidade correspondem às imagens. A reivindicação do sistema hegeliano consiste essencialmente no fato de que nele se encontra completamente disponível a coletânea, o museu, ou o arquivo de todas as imagens que a alma individual precisa para vivenciar o mundo com evidência. Mesmo que recusássemos a aceitar essa reivindicação e que afirmássemos que o sistema hegeliano é digno de complemento, permaneceríamos presos dentro desse sistema – com isso, a vitória teórica desse sistema seria apenas adiada historicamente um pouco mais, como aconteceu com o marxismo, entre outros.

Com isso, o entendimento filosófico tradicional exclui a evidência do radicalmente novo. Pois o novo, para Kierkegaard, é apenas aquilo que não tem modelos, que não pode, em razão de uma comparação, ser identificado com o passado. Mas se a evidência, a razão e a lógica não permitem o novo, elas desvalorizam a existência individual, pois o indivíduo existe no tempo. Se a verdade é a evidência, e a evidência é a rememoração, então isso significa que o indivíduo vive em vão: nada de novo pode acontecer em sua vida que realmente tenha importância. Em contrapartida, Kierkegaard cita um exemplo histórico decisivo: o cristianismo.

O cristianismo é um acontecimento no tempo. E é um acontecimento que não se deixa identificar através da rememoração. Deus se mostrou em uma figura humana que era trivial em seu tempo: a figura humana de um pregador itinerante. Essa figura, todavia, poderia também ser identificada facilmente. Mas os contemporâneos de Cristo não tiveram nenhuma razão aparente em reconhecer Cristo como Deus, pois o divino não se mostrou na figura de Cristo de maneira que pudesse ser identificado externamente com evidência. Não há diferença exterior alguma entre um homem, e um Deus que tenha se tornado homem: se houvesse tal diferença que se deixasse constatar com evidência, o cristianismo não passaria de um acontecimento filosófico.

A novidade absoluta do cristianismo consiste na absoluta trivialidade da figura de Cristo. O radicalmente novo é definido por Kierkegaard pelo fato de não apresentar nenhum sinal exterior de sua singularidade e, assim, não se diferenciar exteriormente do trivial. Se tais sinais existissem, o novo poderia ser reconhecido, isto é, ser novamente reconhecido, e isso significa que em verdade não seria novo. O radicalmente novo é a diferença interior, oculta, idêntica no exterior, ou, se preferir, no absolutamente trivial.

O trivial pode-se definir como a multiplicação inútil, supérflua de determinadas imagens e figuras, para além de sua evidência imediata. Por exemplo, a "figura do pregador itinerante", como afirmaria Nietzsche, foi sempre

22 | INTRODUÇÃO À ANTIFILOSOFIA

conhecida. Desse modo, tantos pregadores itinerantes são triviais e supérfluos: já é suficiente que a figura correspondente exista na galeria dos tipos humanos revogáveis da história das ideias. A existência de cada pregador itinerante individual – no tempo de Cristo e hoje – deve ser uma existência perdida, porque completamente trivial. Contudo, essa existência reconquista seu significado se for possível afirmar que apenas este pregador itinerante, entre todos os outros pregadores itinerantes semelhantes e triviais, é o verdadeiro Deus. Com isso, todos os tais pregadores itinerantes triviais tornam-se igualmente interessantes, pois, através desse novo pressuposto, todos recebem uma importância infinita, ou, ao menos, uma chance pessoal.

Para Kierkegaard, o radicalmente novo, portanto, é uma decisão não fundamentada em nenhuma evidência adicional em benefício do individual, que com isso é escolhido da massa do idêntico, do trivial, do indistinguível. Trata-se de uma diferença absoluta, infinita, oculta, que não pode mais ser reconhecida, porque não se mostra exteriormente de modo algum, podendo apenas ser correspondida através de uma escolha não fundamentada racionalmente. Com isso, abre-se a possibilidade de se admitir no arquivo do espírito, pela segunda vez, determinada figura suprassumida na história das ideias. Se essa figura já tiver sido admitida uma vez no arquivo, ela pode ser admitida uma segunda vez, pois, provavelmente, ela oculta outra coisa atrás de si.

Kierkegaard descobre o trivial, o serial, o que se reproduz como o oculto, que escapa ao discurso filosófico da evidência, pois, neste caso, trata-se de uma aparente multiplicação sem sentido do que já havia sido reconhecido historicamente. Mas se surge a suspeita de que essa multiplicação trivial e reprodutiva, exatamente por sua trivialidade e a aparente identidade, oculta uma diferença radical atrás de si, o trivial torna-se interessante como *medium* do radicalmente novo. Kierkegaard reage em seu discurso, antes de tudo, contra a trivialidade do moderno como consequência do novo domínio da produção industrial, que se faz notar a todos, precisamente no século XIX. Através da nova suspeita kierkegaardiana, um existência trivial, supérflua, seriada, recebe uma nova autorização na qualidade de lugar da diferença invisível, não evidente, e da nova dúvida, que não pode ser acabada através de nenhuma evidência. A propósito, o tempo da dúvida não é mais um tempo histórico, porque ela não apresenta mais uma forma da reflexão histórico-dialética. A multiplicação potencial e infinita do trivial para além de toda dialética histórica corresponde à dúvida infinita de uma subjetividade que se tornou infinita. Essa dúvida apenas pode ser interrompida através de um salto, através de uma decisão, que, no entanto, não suprassume [aufhebt] essa dúvida em definitivo: evidências são definitivas, mas decisões podem ser reconsideradas. O salto existencial não acaba a dúvida, mas apenas a manifesta. A suspeita da diferença que se oculta no trivial inaugura a possibilidade de uma estratégia, que compensa ainda mais a famosa perda da aura através da reprodutibilidade técnica, que Benjamin diagnosticou em seu tempo. Não por acaso, Arthur Danto inicia sua discussão sobre o procedimento do *ready-made*, no qual o artista interpreta um objeto de uma série de produção em massa como uma obra de arte individual, com uma referência a Kierkegaard.[4] A decisão de escolher exatamente esse objeto como obra de arte é tão injustificável, quanto escolher uma pessoa como Deus, quando falta a diferença visível em relação aos outros objetos ou pessoas. Em vez de reagir ao surgimento do trivial com resignação, como fez Hegel, ou com desprezo, como mais tarde fez Nietzsche, Kierkegaard procura encontrar o meio teórico de revalorizar o trivial como objeto legítimo da reflexão filosófica.

Na verdade, a questão sobre a relação com a trivialidade já se encontra no centro do primeiro grande escrito de Kierkegaard, "Ou isso ou aquilo: um fragmento da vida". Aqui é construída a oposição entre duas posições radicalmente incompatíveis: uma estética e uma ética. O esteta quer escapar da trivialidade de sua existência. Ele troca constantemente as máscaras e identidades culturais. Ele transforma sua vida em um teatro, onde ele mesmo assume todos os papéis que a história coloca à sua disposição, a partir das formas culturais, literárias e museológicas suprassumidas. Kierkegaard descreve a figura do esteta com sincera simpatia. O desejo de escapar à monotonia da vida em uma pequena cidade provinciana como era Copenhagen naquele tempo, com certeza, é mais que compreensível.

---

4. DANTO, 1984, p. 17 ss.

24 | Introdução à Antifilosofia

E o único espaço, neste caso, para o qual se pode fugir é a própria imaginação, povoada pelas figuras da história, literatura e a arte, as quais, sem dúvida, parecem ser mais fascinantes do que o cidadão médio de Copenhagen. Kierkegaard descobre, todavia, uma dúvida profunda como o verdadeiro estado interior do esteta, que ele descreve não só em *Diapsalmata*, mas também em cores mais drásticas, no fragmento "O mais infeliz". O número infinitamente potencial de atitudes, papéis e identidades, que o esteta pode assumir, ultrapassa obviamente a finitude do tempo que o esteta, como qualquer outra pessoa, tem a sua disposição. O esteta descobre sua própria existência no mundo como limitação, como falta, como derrota. Com isso, surge a dúvida em si mesmo, em sua própria finitude, que se manifesta como disposição fundamental do estético. Se Kierkegaard descreve essa dúvida autoinfligida do esteta com certo rasgo de satisfação maliciosa, ainda assim ele avalia a postura do esteta como o passo inicial e imprescindível para o autoconhecimento – ainda que primeiramente de uma forma negativa. Se o esteta descobre a si mesmo como seu próprio limite, e duvida de si, essa descoberta abre, ao mesmo tempo, a possibilidade de sua avaliação positiva mais tarde. É que uma dúvida ainda mais radical leva a uma atitude ética, isto é, à resolução de aceitar a própria existência em sua total trivialidade.

Aparentemente, Kierkegaard segue aqui o conhecido método dialético hegeliano: a negação radicalizada transforma-se em positividade. A direção dos ataques teóricos também parece ser a mesma. Kierkegaard argumenta contra a "bela alma" romântica, que se perde em infinitudes ficcionais, e a chama a finalmente reconhecer e aceitar a realidade. De repente, a diferença em relação a Hegel parece mínima.

Mais tarde essa diferença revela-se decisiva. O ético de Kierkegaard não escolhe sua própria existência graças a um melhor conhecimento, nem por convencimento, necessidade interior ou evidência recém-adquirida. O ato da escolha, em si, não anula a dúvida interior. O ético de Kierkegaard não vem a si mesmo. Ao contrário, ele escolhe a si mesmo como uma nova máscara entre muitas outras. A distância infinita entre sua interioridade e sua existência exterior, trivial, ética, permanece insuperável: ela não é levada à síntese por nenhuma evidência interna. Antes, pode-se afirmar que, através da escolha de si mesmo, o ético se encontra a uma distância ainda maior de si do que o esteta jamais esteve.

Essa constatação nos obriga a questionar a natureza exata da escolha existencial, isto é, a escolha de si mesmo. Essa escolha não significa, de maneira alguma, uma transformação do estado em que sempre se encontra aquele que escolhe: mesmo que tal alteração tivesse ocorrido, ainda assim a escolhe seria estética. Ao contrário, a escolha existencial significa, antes, uma renúncia à busca pela transformação. Tal escolha não conduz para fora da interioridade da dúvida, mas radicaliza essa dúvida, pelo fato de que o homem se torna capaz de se observar e se escolher, como uma espécie de peça de museu digna de conservação. Dessa forma, é atribuída uma dignidade infinita, e um valor infinito, a uma existência mediana de um cidadão casado, domesticado, e que se comporta programaticamente de maneira trivial, como Kierkegaard descreve seu ético B., pela alegação de que, atrás da máscara dessa existência trivial se oculta a mais profunda dúvida de toda a história universal, que merece ser acolhida na história universal. Kierkegaard, diferentemente de Hegel, se preocupa sensivelmente menos com a realidade exterior – e, precisamente, menos ainda quando ele escolhe essa realidade como indício de sua dúvida radical. Para Kierkegaard, trata-se apenas de criar a possibilidade para si, bem como para seus contemporâneos, de reencontrar a entrada para a história universal do espírito, depois que Hegel pregou em sua porta o letreiro: "fechado para sempre". Naturalmente, Kierkegaard sabia que seu contemporâneo de Copenhagen não teria quase nenhuma chance de encontrar um lugar nas dependências interiores do espírito, pois, em comparação com todos os Platões, Cíceros e Cleópatras, ele não era aparentemente muito especial. Desta forma, esse contemporâneo deveria ser escolhido por aquilo que ele ocultava em si. E se exteriormente ele não se parecia com nada definido, exatamente por isso ele deveria ter tudo oculto em si.

A escolha de si mesmo faz-se, portanto, em Kierkegaard, a partir de uma distância interior que torna impossível uma identificação consigo mesmo: a escolha de si mesmo não significa, de forma alguma, uma aceitação de si

26 | Introdução à Antifilosofia

mesmo, ou um acordo consigo mesmo. Neste caso é particularmente esclarecedor que, naquele capítulo de *Ou isso ou aquilo*, dedicado à atitude ética, a situação do ético B., que descreve e faz a escolha de si mesmo, é descrita como o oposto da situação em que se encontrava Kierkegaard quando da redação de seu escrito. Kierkegaard concluiu seu texto em Berlim, imediatamente depois que ele, sem fornecer qualquer motivo plausível, desfez seu noivado com Regina Olsen. Com isso, Kierkegaard tomou uma decisão que parecia também ter a forma de uma escolha arbitrária e infundada, mas, ao mesmo tempo, apresentava o oposto da decisão existencial como foi descrita nos escritos do ético B. Neste caso, não se trata, de forma alguma, apenas de uma autoironia do autor, que permaneceu acessível somente a ele. A ruptura com Regina Olsen causou grande escândalo precisamente nos círculos sociais da pequena cidade de Copenhagen, nos quais Kierkegaard devia supor leitores de seu manuscrito. O livro foi endereçado intencionalmente aos leitores, os quais sabiam muito bem, que a figura do ético que escolhe a si mesmo, pelo fato de casar e se integrar completamente à vida familiar, não correspondia, de forma alguma, à figura real de Kierkegaard, de maneira que a escolha de si mesmo não poderia ser confundida com a reconciliação de Kierkegaard ao papel socialmente destinado a ele. O comportamento público de Kierkegaard correspondia, antes, à figura do esteta, que em *Ou isso ou aquilo* é descrito como um sedutor sem escrúpulos, o qual brinca com os sentimentos de moças inocentes. Foi dessa forma que Kierkegaard se apresentou a Regina Olsen, na cena de despedida, caso se possa confiar nas indicações encontradas em suas cartas.[5]

Muito se especulou sobre os verdadeiros motivos da decisão de Kierkegaard de terminar o noivado com Regina Olsen. Mas, seja como for, essa decisão parece ter sido concebida como uma ajuda adicional ao leitor, para que ele possa compreender melhor *Ou isso ou aquilo*. A óbvia discrepância entre a decisão teórica de Kierkegaard em benefício da escolha ética, e sua simultânea decisão de vida, mostra que ambas as decisões se dão em níveis completamente diferentes, que são separados um do outro por um abismo intransponível.

---

5. *Carta endereçada a Emil Boesen*, datada de 1.1.1842, por KIERKGAARD, 1955, p. 82.

Por isso, as acusações que mais tarde foram feitas constantemente a Kierkegaard são um pouco míopes. A escolha da própria existência e o salto existencial foram interpretados, muitas vezes, como figuras de reconciliação com a má realidade, que, em vez disso, deveria ser mudada. Os exemplos de tais juízos são numerosos. Adorno: "A interioridade se apresenta como restrição da existência humana em uma esfera privada, que deve ser destituída do poder de reificação. Como esfera privada ela mesma pertence à estrutura social... Ao negar a situação social, Kierkegaard cai no próprio padrão social".[6] E Sartre introduz o conceito de *mauvaise foi,* para alertar sobre a escolha da má realidade como ela é.[7] Do exposto resulta que Kierkegaard, precisamente no ato da escolha da própria realidade, desloca-se para a maior distância interior possível dessa realidade, duvidando dela da forma mais radical, e manifestando sua não concordância da maneira mais coerente. Se for verdade que Kierkegaard sacrificou sua relação com Regina Olsen para a melhor compreensão de seu livro, então, pela leitura de alguns de seus críticos, deve-se chegar à conclusão de que esse sacrifício foi em vão.

As dificuldades com as quais o leitor de Kierkegaard é confrontado se resultam, entre outras coisas, de que Kierkegaard não aceita nenhum compromisso em sua busca pela possibilidade de transcender o fechamento dialético hegeliano da história universal do espírito. Seria bem mais simples para Kierkegaard, tematizar algo como sua própria identidade dinamarquesa, que não encontra nenhuma atenção especial no sistema hegeliano, e, de um modo que até hoje é praticado com sucesso, contrabandear, *post factum,* essa identidade especial para dentro do museu da história universal. Kierkegaard não sucumbe a esta tentativa, à qual tantos sucumbiram. Ele toma a vida dinamarquesa de seu tempo em sua trivialidade e normalidade radicais – e quer, como foi dito, sacralizar exatamente essa trivialidade pós-histórica na história do espírito. Permanece a questão, todavia, com que poder Kierkegaard tenciona realizar essa sacralização.

---

6. ADORNO, 1962, p. 70.

7. SARTRE, 1943, p. 105.

28 | Introdução à Antifilosofia

A capacidade de falar de forma performática é atribuída por uma função ou uma instituição. Desta forma, um rei pode proclamar uma lei, ou um governo pode pronunciar uma nomeação.[8] Em Hegel, o espírito absoluto rege em cumplicidade com o poder do factual: através dele, apenas o que já sempre se impôs *de facto* é institucionalizado. Mas o indivíduo não é uma instituição. As palavras do indivíduo podem descrever a realidade, mas não criá-la. E o espírito finito, individual, não tem o poder de impor suas proclamações. Kierkegaard se encontra em uma situação que, embora não seja nova para a Teologia protestante, todavia, nunca foi refletida e descrita com tal radicalidade anteriormente. Para que a realidade pós-histórica da interioridade do espírito possa ser reaberta, o indivíduo precisa entender a si mesmo como uma instituição que pode falar de forma performativa. Com isso, a subjetividade finita se coloca o paradoxo da autoinstitucionalização, isto é, da autorização própria. A possibilidade da escolha de si mesmo precisa ser fundamentada na capacidade para tal escolha. Todavia, essa capacidade é paradoxal. Kierkgaard não tenta resolver esse paradoxo, fundamentando, de forma racional e inteligente, a possibilidade de escolha. Ao contrário, ele deseja mostrar que todo conhecimento aparentemente racional possui interiormente a mesma natureza paradoxal que a escolha existencial. Em seus escritos tardios, Kierkegaard pratica com crescente radicalidade essa estratégia de revelação de um paradoxo oculto atrás da superfície escorregadia de um argumento racional.

Com isso, pode-se explicar o tom mordaz, por vezes intencionalmente ofensivo, que Kierkegaard gradualmente adotou. Ele quer provocar o adversário invisível, isto é, o filósofo ou teólogo de pensamento racional, desequilibrá-lo, para arrancar-lhe a confissão de que sua filosofia, ou então sua teologia, na verdade, jamais pode ser fundamentada com total evidência. Kierkegaard zombou de Hegel, que, em espírito, realizou viagens para a China ou a Índia, para provar a si mesmo e aos outros, que não havia se descuidado de nada essencial em suas reflexões – e, ao mesmo tempo, esqueceu-se de perguntar a si mesmo, de que modo adquiriu uma sabedoria infinita durante sua existência humana e finita. Kierkegaard reage, de

---

8. AUSTIN, 1972.

forma não menos irônica, à afirmação de que o cristianismo se estabeleceu universalmente em seu tempo: se um cristão moderno fosse transportado para o tempo no qual Cristo vivia, ele teria as mesmas dificuldades que as pessoas daquele tempo para reconhecer Cristo como Deus. E isso significa, por sua vez, que o cristão moderno não se encontra em uma condição melhor, no que diz respeito à sua fé, do que estavam os primeiros cristãos.

Nem Hegel pode afirmar de si mesmo, o fato de ter reconhecido a verdade de forma definitiva, de modo que, para a próxima geração seria suficiente se recordar de sua filosofia para entrar em contato com a verdade, e nem os apóstolos poderiam reconhecer Deus em Cristo de uma forma tão evidente, que mais tarde bastaria apenas repetir seu ato de fé para poderem se afirmar como cristãos. Se em suas *Migalhas Filosóficas*, Kierkgaard apresenta a prova de que o momento da decisão subjetiva, como já foi exposto no início, não pode ser substituído pela figura da rememoração da origem, em seu subsequente *Post Scriptum Não Científico às Migalhas Filosóficas*, ele quer demonstrar que o recurso reminiscente sobre a história filosófica ou religiosa também não é capaz de dispensar da escolha individual. Para a subjetividade, como tal, não há nenhuma história, nenhum progresso, nenhuma acumulação do conhecimento. A subjetividade vive em seu próprio tempo a-histórico da dúvida infinita. Se a subjetividade sai desse tempo interior, através do ato da escolha, ou através do salto existencial, é por sua livre decisão, que não pode ser imposta a ela por nenhuma evidência, nenhuma lógica e nenhuma tradição. O tempo interior jamais é o tempo da memória – ele é o tempo do projeto direcionado ao futuro, que é capaz de acolher em si o radicalmente novo, o acontecimento, o inesperado. Essa descoberta de um tempo interior de abertura completa ao futuro, graças a uma dúvida radical a tudo – um tempo, que se retira da história da razão e pode decidir livremente sobre si mesmo na história da subjetividade – exerceu uma profunda impressão sobre muitos pensadores depois de Kierkegaard. Sobretudo no *Ser e Tempo*, de Heidegger, o leitor reconhece facilmente os conceitos fundamentais, que Kierkegaard empregou para a descrição da situação, na qual se encontrava uma subjetividade deslocada no mundo: preocupação, medo, determinação, ser-para-a-morte. Da

30 | Introdução à Antifilosofia

mesma forma, muitas outras análises de Heidegger, como, por exemplo, a "descoberta do eu na dispersão e no tédio",[9] demonstram sua semelhança com as análises kierkegaardianas – nesse caso, com as análises de *O Conceito de Angústia*. Sem dúvida, Heidegger interpreta o tempo interior da subjetividade como tempo da decisão, como tempo do ser-para-a-morte, como tempo finito da existência individual, inverso ao pretenso – e enganoso – tempo da universalidade, do "homem" anônimo, um tempo real, verdadeiro, que torna compreensível a verdadeira situação ontológica do indivíduo. Para Kierkegaard, o tempo interior da subjetividade é também um tempo da decisão individual, mas como tal, isto é, como condição existencial para a possibilidade de uma decisão, ele é simultaneamente o tempo da indecisão infinita, que transcende a finitude das suprassunções históricas. A decisão, ou escolha, de que trata Kierkegaard, é precisamente a escolha entre o que se pode chamar de interpretações reais e interpretações irreais da própria existência. Essa escolha permanece, no entanto, aberta para Kierkegaard; o autor Kierkegaard se equilibra constantemente entre as respectivas alternativas, retarda a decisão, ou a torna paradoxal e impossível. Com isso, Kierkegaard conquista novamente o tempo de sua existência interior. Por outro lado, a escolha do ser-finito-para-a-morte, se oferece a Heidegger, inequivocamente, como a única escolha correta, que apenas se pode tentar escapar de forma "irreal". O medo da morte também obriga o indivíduo a essa escolha correta, contra a sua própria vontade, mesmo quando esse indivíduo negligencia subjetivamente a possibilidade de sua morte. Com isso, Heidegger concorda essencialmente com o ético B., de Kierkegaard, em suas análises da verdadeira existência no âmbito da trivialidade moderna, resolvendo a tensão de *Ou isso ou aquilo* através de uma compreensão definida, mesmo que tensa, de modo que o tempo da subjetividade se torna novamente finito.

Em Kierkegaard a escolha ética, contudo, não provoca o fim do tempo infinito da atitude estética. Ao contrário, esse tempo torna-se, por assim dizer, ainda mais infinito, porque aumenta o repertório do jogo com as máscaras da realidade através de mais uma máscara, a saber, a máscara da

---

9. HEIDEGGER, 1983, p. 117 ss.

trivialidade. Nesse contexto, é especialmente estranho que, em sua análise do salto ou da escolha, feita depois de *Ou isso ou aquilo*, Kierkegaard não se pronuncia mais a respeito da escolha de si mesmo – e quando trata da escolha de si mesmo, ele fala sobre si mesmo como aquele que escolhe o outro. Assim, como cristão, ele é aquele que escolhe Cristo como Deus, embora essa escolha seja tão paradoxal como a escolha de si mesmo. A diferença consiste, sem dúvida, em que a escolha de si mesmo como cristão só seria considerada trivial no contexto da sociedade de Copenhagen do século XIX. Mas, quando Kierkegaard insiste que a decisão pelo cristianismo no século XIX no fundo continua tão exótica como a escolha dos primeiros cristãos, Kierkegaard permite à subjetividade também tomar decisões estranhas, não triviais, decisões que na verdade não são decisões, em benefício de determinadas figuras históricas – na verdade, apenas em razão daquilo que elas podem ocultar. Essa estratégia lembra a disposição tardia de Nietzsche em achar os gregos antigos novamente interessantes, precisamente porque sua figura serena, estabelecida historicamente, poderia ser enganosa e ocultar uma tragédia atrás de si.

Para Kierkegaard, como resultado tem-se a possibilidade de duplicar o jogo ético-estético, admitindo novamente as mesmas figuras culturais, reconhecidas e valorizadas, nos espaços interiores da subjetividade. Assim, abre-se a perspectiva de um processo de reciclagem potencialmente infinito, que, sem dúvida, escapa do caráter descompromissado da atitude estética. É certo que se recorre novamente às mesmas figuras históricas. Todavia, elas recebem um significado radicalmente novo a cada vez que são questionadas pela natureza daquilo que ocultam atrás de si. Com isso, coloca-se a questão: de que modo esse segredo interior ainda pode ser subsumido entre as categorias éticas universalmente reconhecidas, pois tudo que se oculta dá uma impressão criminosa. O temor da evidência pode ser interpretado como sinal de consciência pesada. Se o filósofo como iluminista é o protótipo do detetive moderno, aquele que se oculta dele é evidentemente um criminoso.

Kierkegaard percorre esse caminho da reflexão até o fim, com a ousadia diante das consequências do próprio pensar, tão típica para ele. Esse cami-

32 | Introdução à Antifilosofia

nho o leva a seu livro talvez mais radical: *Temor e Terror*. Kierkegaard descreve a figura bíblica de Abraão como aquele que, de uma perspectiva exterior, passa a imagem de um criminoso, um assassino comum, que, por um motivo incompreensível, não está preparado para assassinar seu filho. Com isso, Kierkegaard acentua o fato de que esse ato criminoso não pode ser entendido como um sacrifício trágico, em um sentido tradicional, pois não há uma necessidade evidente que possa justificar de maneira compreensível tal sacrifício. Kierkegaard compara Abraão a Agamenon, que sacrifica sua filha Ifigênia para pode vencer a Guerra de Tróia, mostrando que Abraão não age como o herói trágico que sacrifica seus sentimentos particulares em nome de seu dever perante o público. Ao contrário, Abraão segue sua voz mais interior, que ele até reconhece como a voz de Deus, mas de quem, porém, não chega a saber nenhum motivo para o sacrifício a ele exigido.

Mais uma vez, como no caso do ético B. e dos primeiros cristãos, somos confrontados com uma escolha que não se refere a uma rememoração, e não pode ser justificada por ela, pois falta a diferença visível entre um crime que é cometido por um capricho individual atroz, e um ato de devoção. O ato de Abraão não é convencionalmente trágico, ele tem a aparência exterior da trivialidade do mal. Aqui, como sempre em Kierkegaard, trata-se, entretanto, de uma trivialidade que oculta a diferença crucial atrás de si. Essa figura, já conhecida de um ato que se situa além de toda justificação racional, recebe em *Temor e Terror* uma nova dimensão, pois, dessa vez, o ato rompe com todas as convenções éticas habituais. Abraão prepara um infanticídio sem explicar aos outros seu ato, sem que possa justificar compreensivelmente a diferença entre um infanticídio habitual e um sacrifício sagrado. Essa impossibilidade de comunicação com os outros não é simplesmente a recusa de Abraão em falar com os outros sobre sua decisão. Ao contrário, tal ato não se deixa comunicar, porque a linguagem somente funciona com diferenças visíveis ao articular essas diferenças. A diferença invisível é, ao mesmo tempo, inarticulável. O ético B. ainda tentava se explicar e, com isso, permanecer em sociedade. Abraão se retira da sociedade por seu silêncio, pois a vida em sociedade é a vida na comunicação. Não por acaso, Kierkegaard publica *Temor e Terror* sob o pseudônimo de Johannes de Silentio.

Em *Temor e Terror*, Kierkegaard não se intimida, portanto, em afirmar o crime, abrindo a possibilidade de admitir uma dimensão sagrada ao criminoso: um tema que mais tarde tem um papel central em Bataille, entre outros. Uma interpretação do crime como recusa da sociedade, da linguagem, da evidência, como *acte gratuit*, que mostra a ambivalência do criminoso e do sagrado, é utilizada, neste caso, para emprestar aos atos criminosos exteriormente banais, e às guerras da modernidade, uma dimensão profunda e oculta. Exatamente nesse ponto, o livro mais radical de Kierkegaard indica, na verdade, como se poderia realizar a reconciliação do autor com a realidade. Pois, Kierkegaard se identifica interiormente bem mais com Abraão, do que com o ético B., de *Ou isso ou aquilo*. É evidente que Kierkegaard se vê como um cidadão de Copenhagen que, em essência, costuma ter o mesmo estilo de vida trivial de seus contemporâneos. Por isso, ele quer conseguir um lugar para si mesmo, e também para os outros, na história universal, de modo a escapar do sentimento de ter vivido em vão. Mas o ético B. oculta uma distância infinita de si mesmo atrás da superfície da normalidade e, neste sentido, está o mais distante possível de uma reconciliação com a realidade; na verdade, essa distância interior permanece invisível, não podendo ser decifrada a partir do exterior.

Abraão, ao contrário, cria uma distância visível entre ele mesmo e os outros, precisamente através da aparente inexplicabilidade de seu ato. É, sobretudo, através de seu silêncio interior forçado que ele se exclui explicitamente da companhia dos outros. Com isso, Abraão manifesta a distância interna que o separa de si mesmo e dos outros, de tal modo que também possa ser experimentada pelos outros. As similaridades com a situação de Kierkegaard são evidentes. Através de sua ruptura inexplicável com Regina Olsen, Kierkegaard, como se diz hoje em dia, se assumiu. A interpretação sugestiva não pode ser negligenciada: Kierkegaard sacrificou Regina Olsen, como Abraão queria sacrificar seu filho Isaac. Através desse sacrifício, que permaneceu inexplicável, Kierkegaard caiu em um estado de permanente isolamento social, o qual ele nunca mais tentou superar – seja através de um novo casamento, ou através da aquisição de uma sólida posição social. Ao contrário, ele seguiu seu caminho, sempre afastado socialmente, prati-

34 | Introdução à Antifilosofia

cando o que para os outros era um estilo de vida inimaginável, ascético e solitário, e, ao mesmo tempo, escrevendo livros ininteligíveis. Kierkegaard demonstrou e tematizou publicamente, por toda sua vida, de forma crescente, a distância interior que o separava de si mesmo e dos outros. Mas esse caminho não leva a uma objetivização total dessa distância interior.

Se Kierkegaard fala das três atitudes da existência, que ele também entende como três estágios da existência: estético, ético e religioso, então, a atitude religiosa da existência nada mais é do que uma nova interpretação da atitude estética da existência, assim como a atitude ética da existência representa uma nova interpretação da normalidade social. O paradoxo das religiões desempenha o papel de uma justificação do extraordinário, que a atitude estética da existência não pode realizar sozinha. Da mesma forma que através do ético o trivial adquire uma dimensão oculta, que não o deixa mais aparecer unidimensional, também o estético adquire no religioso, igualmente, um significado profundo e oculto. O aspirar pelo extraordinário, a fuga da realidade trivial são, desse modo, ditadas apenas exteriormente pela busca de dispersão, diversão e alegrias proibidas. Interiormente, a mesma busca pelo extraordinário pode ser guiada por um impulso religioso autêntico e inexplicável. Todavia, como no caso do ético, essa diferença entre o estético e o religioso permanece. Se Regina Olsen, posteriormente afirma que Kierkegaard a sacrificou para Deus,[10] essa interpretação, muitas vezes sugerida em *Temor e Terror*, assim como em outros escritos tardios de Kierkegaard, nunca é proferida diretamente por Kierkegaard. A explicação "estética", que Kierkegaard deu ao despedir-se de Regina é, na verdade, indiretamente revogada. Mas a ambivalência e a indecisão permanecem. A tensão se mantém até o fim da vida de ambos.

Hoje, quase não se pode evitar à impressão de que essa famosa ruptura de noivado foi simplesmente um artifício literário da parte de Kierkegaard, permitindo a ele dedicar-se à escrita. Um intelectual reflexivo de classe média, uma jovem inocente que o ama, sua traição egocêntrica, da qual ele se arrepende amargamente mais tarde, formam uma constelação que

---

10. *Carta a Henrik Lund*, datada de 10.9.1865, por OLSEN apud KIERKEGAARD, 1955, p. 278.

marca toda a literatura do século XIX, que poderia ser descrita, sem exagero, como o mito do século XIX. Repetir esse mito deu ao escritor uma possibilidade bem-vinda de passar direto ao essencial, isto é, às reflexões filosóficas, interiores do herói sobre suas paixões, deveres e culpa, sem se esforçar na busca por um novo assunto, e, com isso, desviar sua atenção e a do leitor do essencial.

Esse procedimento, como se sabe, foi abundantemente utilizado por Dostoievski, que adotou os temas da literatura trivial para, através de um processo sumário, levar os heróis a uma situação sem saída, na qual eles então poderiam filosofar tranquilamente por cerca de 300 páginas sobre sua situação. A propósito, Dostoievski não é diferente de Kierkegaard no caráter desse filosofar: a mesma revalorização da trivialidade, através de uma tensão interior que a atravessa, e o mesmo crime que, por assim dizer, empresta ao herói uma profundidade espiritual.

Essa similaridade demonstra como a escrita de Kierkegaard se ancorava profundamente na imaginação literária de seu século. A principal diferença consiste no fato de que Kierkegaard não apenas adota o tema da literatura trivial corrente naquele tempo, mas também o encena ele mesmo. Sem dúvida, esse artifício apenas foi possível em uma cidade pequena como Copenhagen, e no contexto de uma literatura menor, como era a literatura dinamarquesa daquele tempo. Como os leitores de Kierkegaard conheciam a história de sua vida, e poderiam relacionar sua escrita a esse tema, ele podia se poupar do esforço desagradável de repetir esse tema desnecessariamente em seus escritos. Desse modo, Kierkegaard se tornou o herói de seu romance, em vez de ser seu autor.

Essa estratégia também explica por que Kierkegaard necessitou de tantos pseudônimos, sob os quais ele publicou a maioria de seus escritos, embora ele também jogasse com isso constantemente, seja para se distanciar deles, ou então para novamente anunciar-se como seu verdadeiro autor. Em vez de atuar como Kierkegaard e inventar um herói, Kierkegaard inventa os autores que o descrevem como heróis. Todos esses pseudônimos observam sua história de vida de perspectivas diferentes, dando a esse tema diferentes interpretações. Kierkegaard constrói para si mesmo um

36 | Introdução à Antifilosofia

palco feito de múltiplas interpretações e descrições de situações, entrando em cena como o herói opaco da existência, nesse palco que é densamente povoado pelos autores inventados, pelos heróis inventados por esses autores inventados, pelas figuras históricas inventadas por estes heróis inventados etc. Com isso, ele mantém para si o direito à última aprovação a todos essas interpretações e descrições – e, na verdade, nunca utiliza esse direito.

A partir da própria posição do herói, Kierkegaard nunca revela de uma forma direta seus autores e os leitores desses, mesmo que eles tenham razão, ou não, em suas interpretações das razões interiores dele. Dessa maneira, Kierkegaard inverte, pelo menos simbolicamente, a relação habitual entre o autor onisciente e seu herói transparente. Se Mikhail Bakhtin afirma que Dostoievski busca um equilíbrio entre a posição do autor do romance e dos heróis do romance em seus romances,[11] Kierkegaard encena o triunfo do herói sobre o autor: o herói morre sem que os numerosos autores pseudônimos pudessem afirmar, de si mesmos, que haviam adivinhado suas razões interiores. A aprovação do herói permanece, assim, um ponto cego em toda a encenação literária da subjetividade. A ação da peça permanece inconclusa.

Se o herói de Kierkegaard permanece na dúvida insuperável se a realidade trivial com a qual ele é confrontado tem ou não um sentido elevado e divino, ao mesmo tempo, ele utiliza essa dúvida para se tornar opaco ao observador externo. O herói de Kierkegaard não pode ser julgado ou condenado, porque suas razões permanecem indefinidas. Como espectadores de seus atos, e ouvintes de suas palavras, nós não temos critérios pelos quais possamos julgar se ele é guiado por motivos estéticos, baixos, elevados ou sagrados. Nem o próprio herói, e nem todos os outros, podem chegar a uma evidência conclusiva nessa questão. Mas, para que essa incerteza pudesse aparecer foi necessária toda a imensa realização literária que Kierkegaard levou a cabo, de modo a se colocar nessa situação de indecibilidade.

Aliás, essa constatação obriga a certo cuidado com a avaliação dos discursos filosóficos ulteriores, que se referem direta ou indiretamente à

---

11. BACHTIN, 1990.

Kierkegaard. Já no Heidegger tardio, depois de sua famosa transição, anuncia-se uma modificação ainda mais clara na recepção da herança kierkegaardiana. A dúvida infinita, cujo lugar, para Kierkegaard, encontrava-se na subjetividade do indivíduo, recebe em Heidegger, depois que ele entendeu o ser-aí individual como finito, uma espécie de consolidação ontológica: o ser se oculta a si mesmo atrás da superfície visível do *ente*. E ali, onde o ente se mostra mais distinto, o ser se oculta da forma mais radical. Essa figura do ser que se oculta atrás do ente remete claramente às análises de Kierkegaard. Em Kierkegaard, essa figura atua apenas como parte de toda a autoencenação da subjetividade. O herói que, a partir de si mesmo, não sabe se permanece na superfície estética das coisas ou se segue a voz do Deus que o chama é uma figura literária específica, descrita em Kierkegaard em diferentes textos de autores pseudônimos, frequentemente através de pressupostos diversos e contraditórios. Esse herói é muito singular e idiossincrático – mesmo quando ele reflete e organiza a própria história de sua vida como um assunto trivial.

De qualquer maneira, seria um pouco precipitado descrever esse herói, de forma generalizada, apenas como um "ser humano", como Heidegger o faz em seus escritos tardios, quando ele descreve o ser humano como aquele do qual se reivindica o ser-que-se-oculta.[12] Graças a tal generalização, a iniciativa passa, de fato, do indivíduo ao ser-enquanto-tal, ao chamado do qual, o ser humano pode apenas reagir. A dúvida infinita com respeito à acessibilidade do ser, que constitui a subjetividade do indivíduo, torna-se, em Heidegger, o sinal ontológico característico do ser-enquanto-tal, com a qual é confrontada forçosamente a consciência finita humana: a única coisa que resta à consciência é reagir razoavelmente a esse ocultamento do ser. A subjetividade radicalizada do herói kierkegaardiano sofre em Heidegger uma inesperada democratização, universalização e, finalmente, uma ontologização. Aquilo que em Kierkegaard era escolhido livremente e encenado

---

12. "Em sentido próprio, apenas pode ser levado a cabo, portanto, aquilo que já é. Mas o que "é", antes de tudo, é o ser. O pensamento leva a cabo a relação entre o ser e a essência do homem. Ele não faz, nem realiza essa relação [...] O pensamento, ao contrário, é levado em consideração pelo ser para dizer a verdade do ser". (HEIDEGGER, 1975, p. 53-4). [A doutrina de Platão sobre a verdade, com uma carta sobre o Humanismo]

38 | Introdução à Antifilosofia

com cuidado, em Heidegger será ancorado ontologicamente e com urgência. Muitas das mais interessantes doutrinas e teorias dos últimos tempos podem ser lidas como uma continuação direta dessa estratégia de Heidegger. Quando Derrida, em seu livro *Dinheiro Falso*, quer mostrar que é impossível determinar, a partir das condições da convenção literária – que são, ao mesmo tempo, as condições da escrita em geral – se uma moeda da qual trata um texto, (nesse caso, uma narrativa de Baudelaire), é verdadeira ou falsa, ele recorre claramente à figura da impossibilidade kierkegaardiana de se tomar uma decisão inteligente, evidente e racional sobre a natureza interior do outro.[13] Todavia, como em Heidegger, não se trata, em Derrida, da decisão da subjetividade de se colocar em uma situação na qual domina tal impossibilidade, mas, essa impossibilidade é descrita como condição fundamental da literatura e da escrita enquanto tais, que o indivíduo se impõe, podendo apenas refleti-la. Baudrillard também tematiza constantemente a impossibilidade de se adivinhar o sentido ou a realidade por detrás da superfície das coisas, embora ele enfatize explicitamente que essa impossibilidade é a consequência de uma estratégia do mundo, ou, como ele afirma, é própria do objeto, o qual a subjetividade pode apenas imaginar.[14]

Desta forma, sob o choque das análises kierkegaardianas da evidência racional, surgiram discursos filosóficos que utilizam o próprio paradoxo existencial como formador de sistema. Aqui, o homem não é o lugar da dúvida, mas o ser dúvida de si mesmo, a linguagem duvida de si mesma, ou o escrito duvida de si mesmo. E todos eles duvidam dos homens, que, em consequência disso, são providos de uma consciência constituída por essa dúvida no indivíduo: o homem não pode mais se ver, todavia, todos os outros podem vê-lo ainda mais facilmente. Com isso, a subjetividade parece estar liquidada, porque seu princípio constitutivo lhe é roubado: a dúvida. Agora, ela somente pode se associar inteligentemente à dúvida objetiva do sistema em si mesmo, pois essa dúvida sistemática é interpre-

---

13. DERRIDA, 1993, p. 191 ss.

14. "Não apenas o mundo desapareceu do horizonte de simulação, mas a própria questão sobre sua existência não pode mais ser levantada. Mas, talvez isso seja apenas uma artimanha do próprio mundo". (BAUDRILLARD, 1996, p. 16)

tada como infinita (como tarefa infinita da diferença, ou jogo de caracteres, ou o desejo infinito etc.), contra a qual, a subjetividade do indivíduo permanece finita.

Como consequência, surge a situação paradoxal, que no discurso filosófico atual da subjetividade é confrontada com uma descrição da condição que se origina essencialmente em Kierkegaard; mas essa condição é apresentada ao estilo de Hegel: como uma necessidade condicionada ao sistema, a qual o indivíduo deve pura e simplesmente aceitar. A grande diferença consiste em que antes a subjetividade deveria se associar à infinita evidencia interior do sistema, isto é, ao espírito absoluto. Por esta razão, a escrita filosófica de Kierkegaard é lida hoje em dia com sentimentos mistos. Por um lado, suas análises parecem altamente atuais. Por outro lado, o leitor sente que os hábitos linguísticos de hoje interiorizaram como antiquada a linguagem da filosofia do sujeito, que Kierkegaard utilizou, ao tentar, quase que automaticamente, traduzi-la para a linguagem do discurso pós-estruturalista, especialmente porque tal tradução seria evidente, e já teria sido praticada diversas vezes. Nessa perspectiva, Kierkegaard recebe um lugar histórico determinado como alguém que, provisoriamente, na linguagem da filosofia do sujeito, ainda tentou realizar uma transição provisória entre a construção da evidência e sua desconstrução. Porém, com isso, negligencia-se algo que para Kierkegaard tem um significado decisivo: sua luta contra a historicização do indivíduo, sua tentativa de buscar uma saída para a subjetividade de seu destino histórico. Para Kierkegaard, seu próprio pensar, sua própria dúvida não seriam universalizáveis e passíveis de objetivização na forma de um sistema. O seu próprio nome também soa como um pseudônimo adicional em uma sequência de outros pseudônimos. Kierkegaard encena o segredo de sua própria subjetividade, sobretudo através da ambivalência insolúvel que consegue criar entre seus próprios papéis como autor e o herói de seus próprios textos. Essa construção literária moderna seduz a interpretá-la como uma descrição do mundo radicalmente nova. Mas tal interpretação esquece que a construção literária de Kierkegaard funciona independentemente da descrição do mundo com a qual seu herói será confrontado. A subjetividade finita do indivíduo encontra-se na mesma situa-

40 | INTRODUÇÃO À ANTIFILOSOFIA

ção, tenha ela que concordar com as construções infinitas de Hegel, ou com suas diversas desconstruções infinitas.

Sem dúvida, Kierkegaard se declarou partidário de uma posição real em um mundo real, acabando em uma disputa aberta com o cristianismo oficial da Dinamarca, que dominou seus últimos escritos direta ou indiretamente. Kierkegaard aparentemente abandonou o teatro da subjetividade, transferindo-se para a realidade da crença. Mas Kierkegaard não "continuou" nesse caminho, de maneira alguma. Ele mesmo ironiza a respeito de tais interpretações em uma de suas cartas: "tudo que é moderno continua, continua-se, quando a fé ascende a sistema!"; "Continua-se, quando o indivíduo ascende à comunidade", "ascende-se!". "Continua-se além da subjetividade – ascende-se à objetividade!", e assim por diante.[15]

Se Kierkegaard assinou seus mais importantes textos filosóficos, *Migalhas Filosóficas* e *Post Scriptum Final Não Científico às Migalhas Filosóficas*, com o pseudônimo de Johannes Climacus, já a obra "A doença até a morte" – Uma discussão cristão-psicológica para edificar e despertar" – ele assinou com o pseudônimo de Anti-Climacus. Kierkegaard continua o comentário na mesma carta: "Climacus = Anticlimacus, isso eu considero um epigrama propício". Aqui surge novamente uma identidade que oculta a diferença entre o mais elevado e o mais baixo, tornando-os irreconhecíveis. Assim, a escrita de Kierkegaard permanece nada mais do que uma introdução ao infinito da dúvida subjetiva, sendo praticada por seu autor, até o fim, como provisória e nunca de forma descritiva e definitiva.

---

15. *Carta a Rasmus Nielsen*, de 4.8.1849, por KIERKEGAARD, 1955, p. 218.

3

Leo Schestow[16]

O nome Leo Schestow (1866-1939) diz relativamente pouco ao leitor ocidental atual. Mesmo no período mais ativo de sua vida, entre as duas Guerras Mundiais, ele também era pouco conhecido do grande público. Apesar disso, Schestow era muito estimado nos pequenos círculos intelectuais dessa época, e seu pensamento tinha uma influência significante, embora secreta, sobre alguns dos melhores representantes da cena cultural daquele tempo. Após a emigração da Rússia, no ano de 1920, ele viveu em Paris, onde publicou bastante na imprensa filosófica francesa e nas editoras parisienses, mantendo amizade, ou, ao menos, sendo bem bem conhecido por diversos intelectuais, entre outros, Lucien Lévy-Bruhl, Jean Paulhan, André Gide ou André Mauraux. O jovem Albert Camus foi também profundamente influenciado por seus escritos. E Georges Bataille contribuiu na edição francesa de *Tolstoi e Nietzsche*. Além disso, Schestow teve dois discípulos fiéis na França, os quais divulgaram e comentaram seus ensinamentos: Benjamin Fondane e Boris Schloezer.

Contudo, o verdadeiro interesse de Schestow era a filosofia alemã. Acima de todos, ele admirava Husserl, cujo nome tentava tornar conhecido de forma duradoura ao público francês, razão pela qual, ele até se viu exposto a uma repreensão de Mauraux, que afirmava estar abaixo da dignidade de um pensador da categoria de Schestow se ocupar com tais autores de

---

16. Originalmente publicado como Die Krankheit der Philosophie (GROYS apud SCHESTOW, 1994, p. VII-XXIX). (© da edição original: YMCA-Press, Paris, 1971. A edição original, Dobro w utschenii gr. Tolstoi i Fr. Nitsche, foi publicada em 1900, em São Petersburgo. Cf. BARANOVA-SESTOVA, 1983, p. 132.)

42 | INTRODUÇÃO À ANTIFILOSOFIA

segunda classe, como Husserl ou Bergson.[17] Todavia, Schestow insistia firmemente no fato de que Husserl era o maior filósofo vivo. A propósito, Schestow organizou a viagem de Husserl a Paris, e suas preleções na Sorbonne, no ano de 1929, das quais se originaram as famosas *Meditações Cartesianas*. Schestow não foi menos fascinado pelos primeiros trabalhos de Heidegger, aos quais Husserl o apresentou. Por outro lado, Schestow se esforçou por trazer para a França Martin Heidegger, assim como Max Scheler e Martin Buber, os quais Schestow conhecia bem pessoalmente. Schestow se dedicou de forma muito especial à divulgação do nome e das ideias de Søren Kierkegaard, que naquele tempo era completamente desconhecido na França. Ele também foi um dos primeiros a reconhecer a nova atualidade da filosofia de Plotino. Além disso, as interpretações das obras de Tosltoi e Dostoievski, que Schestow propôs em muitos de seus ensaios e preleções, foram de especial importância para a recepção filosófica desses escritores na Europa. Pode-se dizer que Schestow contribuiu para criar uma atmosfera intelectual na França, que mais tarde possibilitou o surgimento do Existencialismo francês.

Apesar disso, o próprio pensamento de Schestow pertence bem pouco ao paradigma existencial, do que parece ser à primeira vista. Embora, em muitos aspectos, Schestow se sinta próximo tanto a Husserl, como a Kierkegaard, Nietzsche ou Dostoievski, esses autores lhe foram principalmente importantes porque eles incorporaram, da forma mais consequente, a atitute filosófica fundamental, contra a qual Schestow lutou por toda a sua vida com extrema veemência: foi a partir da polêmica com esses autores que Schestow pode articular sua própria posição. Sem dúvida, essa posição se formou muito antes, no contexto da filosofia russa, por volta da virada do século, carregando claramente a marca da condição intelectual russa daquele tempo, embora Schestow fosse especialmente estranho também na Rússia.

Leo Schestow nasceu com o nome de Lew Schwarzmann, na família de um rico comerciante de manufaturas em Kiev. Seu pai se distanciou um pouco da fé tradicional judaica, apoiando o movimento sionista secularizante, que naquele tempo iniciava suas primeiras atividades; ele também

---

17. As memórias de B. Fondane, ver BARANOVA-SESTOVA, 1983, p. 132.

participou da vida religiosa da comunidade judaica em Kiev. Mais tarde, Schestow se uniu com os representantes da chamada renascença religiosa russa, por volta da virada do século – e, sobretudo, com Berdjajew e Bulgakow, igualmente originários de Kiev – tornando-se um dos autores mais conhecidos dessa orientação intelectual, que pregava a renúncia ao positivismo filosófico ocidental em todas as suas formas, e o retorno a uma nova interpretação do cristianismo ortodoxo russo. Ao mesmo tempo, Schestow nunca se converteu à fé ortodoxa cristã. Escrevendo muito raramente sobre Cristo, ele o chamava apenas de "o melhor filho da terra". Ele nunca tomou parte em discussões sobre o dogmatismo cristão. Quando Schestow falava de Deus, ele citava quase que exclusivamente o Velho Testamento.

Se Schestow nunca questionou seriamente sua lealdade à tradição religiosa judaica, ele não opôs essa tradição ao cristianismo. Ele nunca disse algo que não fosse aceitável também aos cristãos, assim como nunca tematizou explicitamente a relação controversa entre o judaísmo e o cristianismo. Esse fato chama ainda mais a atenção, porque quase todos os seus amigos trataram extensivamente de sua relação com o judaísmo em seus escritos. Schestow, ao contrário, não queria ser considerado judeu, nem cristão, e nem mesmo filósofo: a ele interessava, unicamente, como o destino pessoal de um único ser humano se manifestava em sua religião e sua filosofia. Schestow colocava sempre apenas uma questão em relação a todos os autores tratados em seus escritos: o que, enfim, os levou a se dedicar à filosofia em suas vidas? Para Schestow, o conteúdo do respectivo discurso filosófico é apenas interessante se ele for relevante para responder essa questão. Ao mesmo tempo, Schestow não se dedicava a nenhuma Psicologia: ele buscava um acontecimento primário, a causa viva de um interesse teórico, inclusive o interesse na Psicologia. Essa concentração quase traumática em uma "primeira experiência", força o leitor dos textos Schestownianos a buscar tal experiência na própria biografia de Schestow. Todavia, a monomania de Schestow não encontra nenhuma explicação, pelo menos à primeira vista, nas circunstâncias de sua vida.

A atmosfera relativamente liberal na família, o grande círculo de conhecidos e de parentes, assim como a prosperidade familiar, permitiram

44 | Introdução à Antifilosofia

a Schestow, ainda em sua juventude, seguir suas inclinações e viajar bastante. Schestow era prudente, moderado, inteligente e, em geral, eficaz na vida coditiana e prática. Quando, ainda antes da Revolução, o negócio de seu pai não andava muito bem, Schestow veio para Kiev e, em pouco tempo, conseguiu colocá-lo de novo em ordem. Todos que conheciam Schestow lembram-se dele como uma pessoa sempre amigável, comunicativa, com um sentido acurado para o prático. A linguagem na qual os livros de Schestow estão escritos também corresponde a esse quadro: uma linguagem clara, um pouco irônica e fria, que não se esforça para ter um efeito poético, sublime, profundo, ou mesmo místico. Ao mesmo tempo, essa linguagem sempre circunda a verdadeira experiência trágica renomeada, que talvez seja a experiência dessa própria linguagem.

Em todos os textos de Schestow as mesmas citações são sempre discutidas: entre outras, de Tolstoi, Dostoievski, Nietzsche, Spinoza, Tertuliano, Kant, Hegel, Kierkegaard, Husserl. A obra completa desses autores nunca é analisada, seus sistemas nunca são reconstruídos, descritos ou interpretados. Apenas uma expressão, uma frase, às vezes até uma palavra é aproveitada, e citada, repetidamente, como sinal de determinada atitude ou de determinado problema – com consentimento ou com protesto. Essas citações parecem feridas ou úlceras, que uma vez incisas no corpo da linguagem schestowniana não podem mais ser curadas. Schestow coça ou lambe essas feridas constantemente, mas elas nunca saram – continuam apenas queimando e coçando, como em Hiob, o herói favorito de Schestow. Às vezes, o eterno regresso dessas citações parece ser forçado, doentio – quase patológico. Ele lembra a fixação regressiva sobre as experiências traumáticas, descrita por Freud, que estão ligadas à frustração ou à realização do desejo. No fundo, essas citações descrevem experiências comparáveis do *Eros* filosófico schestowniano – elas assinalam, ou uma experiência do desespero, pela inalcançabilidade da "melhor" filosofia, ou a memória do sentimento de ruptura experimentado, e o curto êxtase ligado a ele. Ambas lhe são igualmente dolorosas. Para Schestow, cada encontro com a filosofia é obviamente sempre vivaz, trágico, ofensivo. Determinadas proposições filosóficas traumatizam sua própria linguagem, impossibilitam sua despreocupada existência ulterior, tomam-lhe a força do natural, que é um pressuposto essencial para o desenvolvimento "orgânico" de toda linguagem. O consequente ceticismo filosófico entendido torna toda afirmação – até mesmo uma bem simples e corriqueira – impossível, problemática, inarticulável. Schestow não escreve em uma linguagem filosófica: ao contrário, ele escreve essa linguagem simples, habitual, exposta às ofensas por parte da filosofia, a qual procura constantemente superar.

Essa é a razão pela qual Schestow, obviamente, quer reescrever suas experiências linguísticas como reais, como experiências puramente pessoais: elas são até mesmo descritas como trágicas por ele, mas, ao mesmo tempo, domesticadas, porque transportadas do âmbito linguístico para o âmbito "vivo", que, ao que parece, pode ser descrito por intermédio de uma linguagem cotidiana e viva. A maneira de agir de Schestow segue essencialmente o procedimento da genealogia, desenvolvido por Nietzsche: uma posição teórica, filosófica ou científica não é questionada por sua validade "objetiva", mas por sua origem "na vida". Para Nietzsche, uma afirmação "abstrata", que se refere apenas ao seu pretenso valor cognitivo, sempre funciona, como se sabe, apenas como compensação de uma derrota real: aquele que é vitorioso na vida não precisa de "princípios objetivos", por outro lado, o vencido quer se salvar simbolicamente de sua situação realmente desfavorável. Schestow adota essa estratégia de Nietzsche, mas, ao mesmo tempo, a radicaliza, usando-a contra o próprio Nietzsche. Para Schestow, a "vida", da qual trata Nietzsche, não é menos abstrata do que conceitos como "razão", "ciência", "liberdade" etc.: na verdade, todos esses conceitos são até mesmo sinônimos. Exaltando a vida vitoriosa, ao pregar o *amor fati*, e, com isso, identificar-se com as forças da natureza, Nietzsche quer apenas desviar a sua atenção e a dos outros do fato de que ele próprio é doente, pobre, fraco e infeliz. O problema real e pessoal de Nietzsche, isto é, sua doença, que gradualmente o mata, provoca nele o mesmo ressentimento que ele denuncia em todos os outros, forçando-o a uma pose de quem fala em nome da vida; essa pose é a mesma com a qual habitualmente se fala da razão, da moral ou da ciência.

Schestow diagnostica em Nietzsche a tentativa de universalizar sua situação individual e, com isso, impor aos outros, como uma verdade obje-

46 | INTRODUÇÃO À ANTIFILOSOFIA

tiva, as convicções às quais ele chegou a partir dessa situação. Ao mesmo tempo, para Schestow, essa estratégia é a principal estratégia da filosofia por excelência. Um filósofo torna-se filósofo porque ele entende e descreve sua situação própria, individual e irredutível como uma situação universal, elevando-a à categoria de verdade universal. Com isso, todavia, o filósofo comete dois erros. Primeiro: ele entende sua situação como insuperável mesmo na realidade. Dessa forma, Nietzsche não acredita na possibilidade de realmente curar e superar sua doença – essa descrença se exterioriza em seu *amor fati*, em sua prontidão a se submeter às forças da natureza. Segundo: o filósofo transfere sua própria situação a outros, que talvez estejam em uma situação completamente diferente. Desse modo, outros talvez não sejam doentes incuráveis como Nietzsche, e, por isso, não sintam a necessidade do *amor fati*, mas estejam absolutamente preparados para lutar contra o destino. Por que então impôr a esses outros o nietzcheanismo como uma "doutrina verdadeira"?

Schestow observa esses dois erros – dos quais o primeiro pesa bem mais para ele – em todos os filósofos com os quais ele se ocupa. Nos racionalistas e moralistas, como por exemplo Tolstoi, Platão ou Espinosa, ainda é válida a crítica de Nietzsche. Mas também nos "existencialistas" Schestow não abre exceção. Assim, ele encontra a mesma estratégia em Kierkegaard. Kierkegaad não pode se casar com Regina Olsen, Schestow constata, após uma curta análise dos diários de Kierkegaard, porque Kierkegaard era impotente. Todavia, Kierkegaard generalizou esse problema pessoal, criando um problema universal, existencial e geral do homem.[18] Com isso, ele se esquivou de seu problema exclusivamente pessoal e, por outro lado, afetou todos os outros que talvez nem são impotentes e, portanto, não devem ter nenhum problema existencial.

Schestow ampliou essa crítica também a Heidegger, diagnosticando seu *Ser e Tempo* apenas como uma reescrita do pensamento kierkegaardiano com outros meios. Assim, Heidegger se revela como vítima de um mal-entendido: o caso infeliz entre Kierkegaard e Regina Olsen é apresen-

---

18. SESTOV, 1992, p. 37-8.

tado por Heidegger como uma verdade universal do ser-aí humano. Não há dúvida de que Schestow submeteria à mesma crítica o Existencialismo francês, cujo surgimento ele contribuiu sensivelmente, pois os existencialistas falam sempre apenas sobre a subjetividade como tal, a situação-limite como tal, a escolha existencial como tal, a experiência como tal etc. A atitude filosófica clássica, orientada racionalmente, é superada apenas aparentemente: a tragédia, o êxtase ou o desespero são generalizados e transformados em conceitos abstratos, da mesma maneira que antes o foram a razão e a moral. No fundo, com isso a *condition humaine* é universalizada, como sempre, isto é, descrita racionalmente.

Schestow, todavia, se opõe a tal descrição neutra e não específica da *condition humaine*. Para ele, uma situação pessoal, condicionada fisicamente, não é um caso concreto de *condition humaine* universal. Kierkegaard quer apenas dormir com Regina Olsen e, desse modo, ser feliz. Schestow afirma que, se de fato tivesse dormido com Regina, ele teria esquecido imediatamente seu Existencialismo – e mesmo toda a filosofia: a *condition humaine* dos outros nunca o haveria desconcertado, ou levado-o aos pensamentos filosóficos. Para Kierkegaard, a cura da impotência seria também a cura da filosofia, da mesma forma que para Nietzsche a cura de sua doença seria uma salvação da filosofia. E, segundo Schestow, essa cura era a única coisa que Nietzsche ou Kierkegaard queriam. Dessa forma, a filosofia deles é apenas o sinal de sua ausência de coragem em perseguir com coerência seu objetivo meramente pessoal. Como em Wittgenstein, para Schestow a filosofia é uma doença que ataca o corpo da linguagem. Mas, diferentemente de Wittgenstein, Schestow não acredita na capacidade da linguagem de superar essa doença apenas através de sua própria força, pois o corpo daquele que fala, do filósofo, também está doente e precisa de cura que não pode vir, certamente, da linguagem.

Schestow recusa categoricamente todas as variações da sublimação, metaforização, transformação cultural, criativa, ou a realização apenas simbólica. Tudo o que, aos outros, parece produtivo, poético, criativo, a ele parece apenas ridículo. Ele insiste rigorosamente nessa realização literal, exata, não simbólica, dos desejos individuais, corpóreos – e, basica-

48 | Introdução à Antifilosofia

mente, não está preparado para aceitar um substituto cultural para eles. Em contrapartida, nesse caso não se trata do desejo sexual inconsciente, no sentido freudiano: os desejos dos quais fala Schestow são conscientes a seus portadores, e não são necessariamente sexuais. Sua realização é impossibilitada não pela cultura, sociedade, moral ou convenção, mas sobretudo através da própria natureza. Mesmo se acontecer a libertação social de todos os desejos, mesmo que o inconsciente e o corpóreo sejam aceitos, ainda assim, Kierkegaard não vai poder dormir com sua Regina, e Nietzsche permanecerá doente. Se esses desejos possuem qualquer forma geral, ela é a exigência de triunfar sobre a natureza e o tempo, transformando o acontecido em não acontecido, dando uma nova forma ao passado. Desta maneira, a exigência é que os doentes Dostoievski, Nietzsche ou Kierkegaard nunca fiquem doentes. Para Schestow, apenas uma exigência assim, que não é direcionada para a sociedade e suas instituições, mas para própria natureza, abre o caminho tanto para a filosofia, quanto para a ciência. O que transcende as fronteiras da natureza não é a aspiração pelo conhecimento absoluto ou a moral absoluta: uma exigência completamente elementar e cotidiana é capaz de transportar uma pessoa para além do mundo até a metafísica.

A primeira reação a tal exigência naturalmente significa: sua realização é impossível, não fazendo sentido algum querer insistir nisso. Todavia, a resposta que se oferece espontaneamente é exatamente aquela que Schestow quer combater. Desse modo, sua argumentação corresponde a uma estratégia consistente. A distinção entre o possível e o impossível é uma distinção filosófica. Essa distinção é realizada pela razão. A filosofia e a razão filosófica, por seu lado, são, todavia, o produto de uma catástrofe pessoal, de uma exigência não realizável: a filosofia e a razão surgem após essa catástrofe, e não antes. Isso também significa que a aceitação dessa catástrofe e a decisão de desistir de sua luta pessoal por seus desejos precedem a constituição da filosofia e da razão. Desse modo, a aceitação da derrota real não é a consequência de uma reflexão sobre o possível e o impossível, porque a razão, que poderia executar tal reflexão, ainda não se constituiu. Pelo contrário, a própria razão é o produto dessa aceitação. Para Schestow, a história da razão europeia principia no momento em que Platão aceitou a morte de Sócrates (o "melhor entre os homens"), e a entendeu como expressão do destino universal, em vez de protestar contra essa morte.

Aqui se encontra, para Schestow, a diferença essencial entre a filosofia e a religião ou, como ele afirma, entre Atenas e Jerusalém. A pessoa que tem fé não aceita a "lei irrefutável da natureza". Para ele, a natureza como um todo está submetida à vontade de Deus, que é capaz de mudar também o passado, ressuscitar os mortos e curar os doentes. A aceitação das leis da natureza, que não têm compaixão com as pessoas, toma do infeliz a força de insistir em seu desejo pessoal, o que poderia levar à sua salvação: em vez disso, ele começa a filosofar – e, com isso, está irrevogavelmente perdido. Schestow certamente repete, em uma forma variada, a famosa argumentação de Pascal: devemos acreditar em Deus, pois, se não houver Deus, então estamos com certeza perdidos; mas, se ele existe, então temos pelo menos uma chance de salvação, que não podemos desperdiçar com nossa descrença. Pascal certamente apela para a razão com esse argumento. Schestow, ao contrário, quer definir exatamente o ponto onde a razão surge pela primeira vez, estabelecendo a doença, e tornando-a inalterável, em vez de se esforçar pela cura.

Através dessa insistência na cura contra toda evidência "natural" contrária, Schestow também se encaixa na principal tendência da renascença religiosa russa daquele tempo. Quase todos os representantes desse movimento iniciaram suas carreiras filosóficas como marxistas ou, no mínimo, como socialistas de esquerda. Schestow também escreveu seu primeiro grande trabalho sobre a "situação da classe trabalhadora na Rússia", que não foi aceito como dissertação pela universidade por sua tendência revolucionária. Além disso, ainda estudante, Schestow participou de diferentes atividades oposicionistas e revolucionárias e, em consequência disso, teve grandes dificuldades por parte das autoridades. No entanto, ele perdeu sua fé esquerdista e revolucionária relativamente rápido.

O motivo intelectual para isso foi o mesmo que muitos outros pensadores russos de sua geração. A fé na razão, na ciência e no progresso social,

50 | Introdução à Antifilosofia

que a Rússia importou do Ocidente e se apropriou, no decorrer dos séculos XVIII e XIX, incluía também a promessa de uma organização melhor da vida social e privada, e, com isso, também o crescimento da felicidade individual: o homem parecia mais poderoso depois de haver se libertado do dogma da religião.

Todavia, rapidamente percebeu-se que, na realidade, era exatamente o oposto: com a recusa da fé religiosa, o homem não se tornou mais poderoso, mas sim, impotente. O progresso técnico estava ligado ao reconhecimento das leis naturais autônomas e objetivas, que se mostravam tanto superiores, quanto indiferentes às pessoas. As carências políticas, sociais, técnicas podiam, talvez, ser remediadas – mas não a doença, a loucura ou a morte, que tinham sua origem na natureza. E, caso se acreditasse que através da continuidade do progresso da técnica esse mal poderia ser superado no futuro, esse progresso traria a cura apenas para as gerações futuras, e, com isso, introduziria uma disparidade injustificável no tempo histórico. Por isso, a evidência da lógica, da ciência e da filosofia racional foi sentida por muitos na Rússia como uma coação, como justificativa hipócrita de uma prisão administrada pelas leis da natureza, na qual todo homem está condenado a uma morte sem sentido. Todo projeto político-social utópico tornou-se, assim, uma promessa vazia. Não por coincidência, Husserl foi o adversário favorito de Schestow: como nenhum outro filósofo, ele glorificou e transformou em seu tema principal o poder coercitivo da evidência.

Wladimir Solowjow, Nikolai Fjodorow, Nikolaj Berdjajew, e muitos outros autores jovens e antigos da renascença religiosa russa, voltaram-se para o cristianismo ortodoxo russo, para receber através dele uma garantia, ou pelo menos uma esperança, de um reino eterno da felicidade universal, no qual a própria natureza pudesse se reconciliar com os homens e com a sociedade, e no qual as primeiras gerações também pudessem participar, através da ressurreição dos mortos. De certa forma, a ideologia dessa renascença religiosa representa mais uma radicalização do ideal socialista, do que a renúncia a ele: a natureza também deveria se sujeitar aos homens, as leis da natureza também deveriam se transformar nas leis da arte, como exigia Solowjow. Nesse caso, particularmente a Rússia deveria receber um papel muito especial e messiânico, pois apenas a Rússia, segundo a opinião dos respectivos pensadores, seria capaz de projetar e realizar um projeto tão ousado de transformação completa não apenas da sociedade, mas de todo o universo, pois a filosofia do Ocidente já havia perdido sua força original pela aceitação do existente.

É imediatamente compreensível que esses sonhos extasiantes de uma salvação universal simplesmente não despertavam nenhum interesse em Schestow. Em sua correspondência, de forma privada, ele os ironizava. Publicamente, ele não tomava partido em relação a eles, o que lhe permitia publicar com seus representantes. Schestow permaneceu fiel a si em todas as circunstâncias: o destino do indivíduo era a única coisa que lhe interessava. O problema da humanidade, da natureza, ou da história em geral, era indiferente para ele. Seu protesto contra a evidência da razão ou contra as leis da natureza era manifestado meramente de uma perspectiva pessoal – e, na verdade, ele poderia muito bem imaginar uma pessoa que não tivesse razão alguma para se queixar das leis da natureza ou do domínio da ciência. Por essa razão, Schestow não via motivação em salvar tal pessoa deles. Na antifilosofia schestowniana encontra-se implícita a pressuposição de que a maioria dos homens não precisa de filosofia alguma, porque eles acreditam – não importa se verdadeiro ou falso – que, de qualquer forma, estão saudáveis, felizes e satisfeitos. Apenas bem poucos, que estão particularmente mal, precisam da filosofia – e isso significa que na discussão sobre a problemática filosófica apenas o destino desses poucos é relevante.

O leitor dos escritos de Schestow percebe relativamente cedo que, embora o autor constantemente indique sua experiência original, ele nunca realmente a descreve. Schestow insiste constantemente que se deve falar exclusivamente sobre si mesmo – apesar disso, ele fala apenas sobre os outros. Essa observação levou alguns comentadores à tentativa de descobrir uma tal experiência original também em Schestow. Essa tarefa mostrou-se insolúvel, pelo menos até agora. É conhecido o fato de que Schestow, com a idade de doze anos, foi sequestrado por um grupo revolucionário e anarquista que queria, com isso, chantagear seu pai e receber dinheiro dele. O pai se recusou a pagar. Após alguns dias, o filho foi li-

52 | Introdução à Antifilosofia

bertado. Schestow nunca escreveu sobre esse episódio, mas, por motivos biograficamente plausíveis, ele também não pode ser classificado como a experiência originária procurada. Na época de Kiev, Schestow presenciou alguns *pogroms* antijudaicos – mas também eles não podem ser entendidos como acontecimento desencadeador.

Das memórias de alguns amigos de Schestow, depreende-se que Schestow teve realmente tal experiência do desespero absoluto, no ano de 1895, cuja razão permaneceu inexplicável. Um amigo escreveu que algo especialmente assustador aconteceu a Schestow. E outra escritora de memórias menciona uma "responsabilidade complexa e estranha que pesava sobre a consciência dele". O próprio Schestow se manifestou em um trecho sobre isso quando, no ano de 1920, ele escreveu em seu diário: "Esse ano faz 25 anos que 'o tempo saiu fora do prumo'... Eu escrevo isso, para que nunca esqueça: os acontecimentos mais importantes da vida, dos quais ninguém a não ser você sabe, são esquecidos facilmente".[19]

Esse registro é interessante em muitos aspectos. Ele mostra que Schestow se concentrou para não esquecer um acontecimento e permanecer junto a ele, não se afastando dele. O perigo do esquecimento encontra-se, porém, no fato de que os outros não conhecem esse acontecimento. Por isso, em seus escritos, Schestow cria para si uma pequena sociedade de outros autores, cada um com seu próprio segredo, que serve como metáfora e, ao mesmo tempo, como memória do segredo de Schestow. Na verdade, não é mais importante se as citações desses autores, às quais Schestow retorna constantemente, servem a esse trabalho interior da memória, ou se esse terrível acontecimento original, e a sua constante memória, servem de pretexto e de ajuda mnemônica para a concentração puramente filosófica sobre um tema único, para o qual Schestow, como que coercitivamente, retorna: a violação da linguagem através do discurso filosófico.

Os textos de Schestow chamam a atenção principalmente por sua extrema monotonia. Os mesmos argumentos são usados constantemen-

---

19. BARANOVA-SESTOVA, 1983, p. 22. A citação contém a famosa frase de Hamlet: *The time is out of join* (SHAKESPEARE, 1974, p. 1.151). [N. T.]

te para as mesmas demonstrações. As mesmas citações são mencionadas constantemente nos mesmos contextos. A mesma maneira de pôr um problema – a única – é repetida constantemente, e sua relevância é comprovada sempre com os mesmos exemplos. Schestow não concede apenas aos outros nenhum desenvolvimento, nenhuma criatividade, nenhuma transformação mental, artística ou de cultura em geral da experiência original. Os seus próprios textos também quase não se desenvolvem. Em Schestow não há nenhuma lógica do desenvolvimento, nenhuma evolução criadora, nenhum transcender, nenhuma análise contínua, nenhuma interpretação nova, profunda – em suma, nenhum produzir cultural, no sentido usual dessa palavra. Apenas um constante re-produzir, apenas re-combinar e re-formular sempre os mesmos elementos.

A poética dos textos de Schestow não tem quase nada a ver com com a poética "criadora" do Existencialismo. Ela lembra muito mais a poética de um tempo posterior: os romances de Robbe-Grillets, a música e a arte minimalista, a vontade de repetição, que se anuncia na década de 1960, até a década de 1970. Não importa como Schestow justifique ou torne plausível, ele se ocupa, em primeira linha, com uma escrita filosófica minimalista, repetitiva, re-produtiva, isto é, não produtiva. A necessidade de tal escrita resulta de um profundo conhecimento da situação da filosofia de nosso tempo. Ele sabe que as ciências – as ciências positivas e as ciências humanas – ocuparam todo o terreno do pensamento moderno. Ele também sabe que a história da filosofia substituiu a filosofia. E ele não acredita no sucesso de esforços heroicos de tais filósofos como Husserl, os quais tentam reconquistar esse terreno com novos métodos filosóficos: afinal de contas, ele vê que a razão científica simplesmente ignora essas tentativas. O abundante, produtivo e expansivo discurso filosófico tornou-se incrível nesse século. Quando Schestow comenta tal discurso em outro filósofo, ele apenas sempre questiona: "Como ele sabe tudo isso?".

É por essa razão que Schestow procura um discurso que poderia permanecer puramente filosófico – e não tocar o âmbito das ciências, da política, da arte, ou até mesmo da religião, no sentido estrito da palavra: a filosofia não mais como uma superciência ou como uma visão total de mundo, à qual outras "partes" do saber se submetem metodologicamente, mas a filosofia como um "discurso pobre", que se situa exclusivamente na zona que nem a ciência, nem a política, nem a religião, e nem mesmo a história da filosofia, exigem ou podem exigir para si. Para Schestow, essa zona é a estreita fronteira entre a linguagem cotidiana e a linguagem da razão. O discurso científico, racional infringe constantemente a linguagem cotidiana: ele não apenas renega seus desejos e esperanças, mas também a torna inarticulável, em princípio indizível. Ao mesmo tempo, a linguagem cotidiana relativiza os princípios da razão, que nela soam apenas como concessões da própria desesperança. Por isso, a escolha cuidadosa das citações, dos exemplos e das questões em Schestow: elas são admitidas no discurso schestowniano apenas quando atravessaram as fronteiras entre as linguagens científicas e cotidianas, isto é, quando são capazes de infringir, relativizar e, assim, curar. Apenas após uma verificação cuidadosa, Schestow começa a trabalhar com os elementos do discurso escolhidos por ele – combiná-los de forma diversa, classificá-los, considerá-los. Com isso, Schestow determina o decurso da fronteira observada por ele.

A estratégia schestowniana do discurso "pobre", reduzido, limitado é empregada em muitas estratégias artísticas e literárias desse século. Basta recordar do Tolstoi tardio, na pintura posterior a Cézanne, ou na poesia depois de Mallarmé. Em grande parte, a filosofia simplesmente ainda não está preparada (com a grande exceção de Wittgenstein) para pensar e desenvolver sistematicamente essa estratégia: a antiga exigência de universalidade e riqueza está profundamente arraigada. A institucionalização acadêmica também protege psicologicamente o filósofo habitual da competição com os outros discursos concorrentes, contra os quais a filosofia perderia, caso fosse entregue a esta competição desprotegida. Por essa razão, na verdade, o filosofar de Schestow permanece cativante e instrutivo para poucos, os quais já passaram pela dolorosa experiência original da limitação de todas as suas possibilidades discursivas.

4

Martin Heidegger[20]

Um dos poucos textos desse século que trata sobre a arte em tom mais elevado é *A origem da obra de arte*, de Martin Heidegger. Em certo sentido, que ulteriormente ainda deve ser esclarecido, todos os tons elevados que se poderiam ouvir no discurso de exegese artística, desde o início da vanguarda, são análogos ao tom desse escrito heideggeriano. A arte moderna tentou intencionalmente escapar dos critérios tradicionais de julgamento, classificação e avaliação, quando começou a apresentar novas formas, para as quais não havia modelos com os quais essas formas pudessem ser medidas. Com isso, a arte moderna se estabeleceu não apenas além do bem e do mal, mas além do belo e do feio, do magistral e do amador, do bom gosto e do mau gosto, do bem-sucedido e do malsucedido etc. A arte moderna ultrapassa ou subverte até mesmo a diferença tradicional entre a arte e a não arte. Dessa forma, ela escapa ao âmbito de aplicação das leis estéticas, que antes tinham permitido julgar a obra individual. Em geral, o desejo de escapar ao julgamento dos outros faz supor uma intenção criminosa. Ali, onde falha a lei, onde nenhum juízo e nenhuma sentença podem ser dados, o perigo, o crime e a violência estão à espreita. Desde o princípio, uma crítica antivanguarda e antimoderna acreditou reconhecer esse perigo nas estratégias de autoafirmação e domínio de mercado, às quais o artista moderno se apropriou. A força que tornava esse risco perigoso foi diagnosticada como o poder da moda e a manipulação da opinião pública, permitidos pelas mídias modernas, o que significava, certamente, a mídia escrita.

---

20. Originalmente publicado como GROYS (1997, p. 107-20).

56 | Introdução à Antifilosofia

A arte moderna foi caracterizada como obra de alguns charlatões viciados em sensacionalismo, os quais pregavam o novo para não serem comparados com o antigo. A avaliação original da vanguarda artística, aliás, não foi ultrapassada historicamente, sempre ressurgindo, em diferentes variantes, apesar de todo o estabelecimento da arte moderna.

A teoria de arte moderna geralmente interpretou de uma forma bem diferente esse afastamento do juízo artístico: não como uma estratégia consciente, comercial, mas como efeito de uma irresistível coação interior, que leva o artista, mesmo que contra sua vontade consciente, a realizar o outro, o novo, o criminoso, o perigoso. A razão para essa coação foi procurada em diversos lugares: o trauma pessoal, o inconsciente, ou a pressão das relações sociais. Em todas as interpretações que justificavam a arte moderna, surgiu forçosamente um tom elevado na crítica de arte, pois a força que o artista deveria subjugar precisava, necessariamente, ser descrita como uma força coercitiva, superior, quase divina, de tal modo que ele fosse transportado para além de todos os critérios do julgamento consciente, e transferido para o êxtase do absolutamente novo. Com isso, o artista foi transformado de trapaceiro criminoso em uma vítima sagrada, que torna visível o indisponível.

Tais interpretações até se esforçam por um tom elevado, porém, não especialmente convincente: elas não conseguem deixar claro, porque o arrebatamento por uma suposta força interior irresistível deveria incondicionalmente produzir o novo. Assim, o homem é novamente remetido a uma explicação inicial, modesta, cética: a exigência do mercado, da pressão social e midiática exterior – e não puramente interior – pela inovação, uma estratégia astuciosamente comercial. De mais a mais, Adorno já foi capaz de indicar em sua *Teoria Estética* que o reconhecimento de tal "origem" baixa da obra de arte moderna não tem, necessariamente, como consequência sua condenação estético-moral: é precisamente a cumplicidade relativa da arte moderna com as leis de mercado que a permite, segundo Adorno, tomar uma posição crítica em relação aos acontecimentos do mercado. Por ter ela mesma descoberto a dureza do mercado, a arte moderna pode obter e demonstrar sua própria dureza através da irreconciliabilidade ostensiva de suas inovações. Desse modo, em Adorno, o tom elevado sofre certo arrefecimento. Ao mesmo tempo, ele não se perde completamente: a onipotência do mercado é descrita por Adorno em um tom tão drástico que, com isso, o próprio mercado se torna aquela força sagrada que subjuga o artista, transformando-o em uma vítima, para, através disso, mostrar-se ao mundo.

O interesse especial no escrito heideggeriano *A origem da obra de arte* consiste no fato de que nele o tom elevado da exegese artística moderna atingiu sua altura máxima, e, ao mesmo tempo, porque essa exegese artística se diferencia de uma teoria de mercado da arte bem menos do que anteriormente se imaginaria. À primeira vista, a argumentação heideggeriana segue uma estratégia conhecida da moderna apologética artística: a obra de arte "essencial" surge, de acordo com Heidegger, da coerção interior, da necessidade interior – não de uma avaliação exterior. A força que dita ao artista sua obra é tal, que transforma a coerção em inovação imediata e plausível para o leitor: o tempo. Esperamos do tempo, além disso, que ele traga constantemente inovações e mudanças consigo. Estamos preparados para reconhecer prontamente que, se o artista quiser seguir o curso do tempo, deverá, necessariamente, criar algo que ainda não se viu anteriormente.

Desse modo, fomos sempre treinados a pensar através do historicismo de cunho hegeliano: cada época tem seus próprios costumes e leis do gosto, assim se formam determinadas épocas culturais. Essas épocas culturais se perdem no decurso da história, em consequência disso, também os estilos artísticos seguem-se uns aos outros. Cada época tem seus próprios critérios de avaliação. Uma nova época exige necessariamente uma nova arte. A tradição, ao contrário, pertence sempre a outro tempo passado, não devendo, por isso, determinar o gosto atual. Essa argumentação histórica aparenta ser plausível, e auxiliou bastante na afirmação da arte moderna. Sem dúvida, essa argumentação não é meramente repetida em Heidegger, mas é essencialmente modificada, pois Heidegger reconheceu a fraqueza fundamental dessa argumentação: a época atual não pode ser considerada uma época histórica como as épocas do passado, pois o presente não tem duração epocal, mas representa uma transição fugidia entre o passado e o futuro. Sem dúvida, Heidegger escreve no sentido de um

58 | INTRODUÇÃO À ANTIFILOSOFIA

historicismo tradicional, que o templo grego e as fontes romanas exemplarmente representam, principalmente o ser-aí histórico dos respectivos povos. Ele salienta que a obra de arte apenas tem sua vida na época de seu surgimento, e mais tarde é administrada no museu meramente como um documento morto, pós-histórico, para arquivamento, não se prestando mas a uma relação original com a verdade. É como Heidegger descreve o templo grego: "É a obra do templo que primeiramente acomoda e, ao mesmo tempo, congrega ao redor de si a unidade das vias e relações, através das quais, nascimento e morte, infelicidade e prosperidade, vitória e derrota, resistência e ruína, ganham para o ser humano a forma de seu destino. A amplitude dominante dessas relações abertas é o mundo desse povo histórico. A partir dele, e nele, é que o povo retorna a si mesmo, para realização da vocação a que se destina".[21]

O tom elevado que soa aqui, diminui claramente quando se trata da arte museal: "Assim, essas obras encontram-se penduradas em coleções e exposições. Mas, elas estão aqui como as obras que elas próprias são, ou elas estão aqui bem mais por serem os objetos do negócio da arte?...Organismos oficiais assumem o cuidado e conservação das obras. Conhecedores de arte e juízes de arte ocupam-se delas. O comércio de arte cuida do mercado. A pesquisa histórica de arte transforma a arte em objeto de uma ciência. Mas será que em toda essa maquinação diversa nós encontramos as próprias obras?". A resposta a essa pergunta é simples de acertar: não, pois "o mundo das obras disponíveis ruiu. A retirada e a desintegração do mundo não podem mais voltar atrás. As obras não são mais o que foram. Certamente, são elas mesmas que vêm ao nosso encontro, porém, elas mesmas são as que foram [...] daí em diante, elas permanecem apenas aqueles objetos".[22] A arte museal não é uma arte essencial para nossa atualidade, e jamais poderá sê-lo, porque ela sempre pertence ao passado, extinguindo-se interiormente com ele – mesmo que sua forma exterior, morta, permaneça digna de conservação por motivos científicos e comerciais.

---

21. Aqui e em citações subsequentes: HEIDEGGER, 1960.

22. Ibid., p. 36.

Apesar desse princípio histórico, romântico e anticlássico, em Heidegger, como foi dito, não se trata meramente de repetir a trivialidade de que a arte pertence a seu tempo, e que deve se modificar com esse tempo. Com efeito: a experiência que a arte moderna fez, desde o advento da vanguarda, mostra que se trata de uma arte que não corresponde precisamente aos critérios de seu tempo, que não cabe precisamente em seu próprio tempo. A arte moderna é feita contra o gosto contemporâneo vigente – e não contra o gosto do passado. A arte moderna não se modifica com o tempo, mas contra o tempo, ou ao menos de acordo com outra lógica temporal, diferentemente das noções dominantes sobre a arte e a existência histórica do povo. A arte moderna pode até se chamar moderna, mas ela é estranha a seu próprio tempo. Por isso, surge no observador a suspeita de que ela, assim como a arte museal do passado, é apenas um acontecimento do mercado de arte, e da ciência da arte, não apresentando precisamente nenhuma relação com a "atualidade viva do povo". Para enfraquecer essa suspeita é necessário um tom decididamente elevado.

E Heidegger utiliza esse tom, pois, como logo ficará relativamente claro, ele quer justificar a arte moderna. Se saltarmos e simplificarmos muita coisa, e, ainda assim, tentarmos permanecer fiéis às intenções básicas do texto, poderemos afirmar que Heidegger não credita a obra de arte moderna nem ao passado nem ao presente, mas ao futuro. A teoria artística de Heidegger é, nesse sentido, radicalmente futurista. O artista essencial é, para ele, aquele que está aberto ao que vem, à chegada do futuro, e que pode vislumbrar o futuro, que irá redimir o presente. Heidegger espera do futuro, de acordo com a maioria de seus contemporâneos (o texto é originário dos anos de 1935/1936), mais transformação do que constância, mais ruptura do que continuidade, mais acontecimento do que inércia.

Heidegger define a arte como o "pôr-se-em-obra da verdade", como uma forma original e genuína do autodesvelamento do ser, que apenas pode ser comparado com a fundação do Estado, com a vítima essencial, e com a questão do pensador;[23] mas, talvez não com a ciência, pois a ciência

---

23. HEIDEGGER, 1960, p. 62.

60 | Introdução à Antifilosofia

se ocupa, seja lá o que isso signifique, com a arte, com a fundação do Estado, ou com a vítima fundadora da religião, com o que vem, o que ainda se anuncia, e o que talvez se imponha no futuro. O artista verdadeiro é capaz de vislumbrar o futuro e abrir o caminho para ele através de sua arte: "Justamente na grande arte, e apenas dela se trata aqui, o artista permanece algo indiferente perante a obra, quase como uma transição, que na criação se autoaniquila para o surgimento da obra". O verdadeiro artista é passivo. Mas se trata de um tipo especial de passividade, que abre as portas do poderoso reinado do ser, ou, dito de outra forma, da tendência universal que sempre dominou em segredo, mas que permanece oculta para maioria das pessoas. Por isso a arte é "instituição da verdade".[24] Novamente, a Grécia antiga é exemplar: "O que no futuro se chamou ser, foi [naquele tempo] posto na obra de forma determinante".[25]

O autodesvelamento do ser, ou a autorrevelação da verdade na arte, torna a arte profética. Porém, a arte não está cega, ou meramente fora de si, de forma alguma. O artista é até arrebatado pela força do ser, mas ele se deixa arrebatar. Por seu lado, a passividade da arte verdadeira é estratégica, e, assim, também ativa. A arte nos mostra o futuro – mas ela simultaneamente institui esse futuro. Nesse sentido, a arte é primária, porque ela se encontra no início da história que ainda deve ser vivida. A arte moderna pertence ao presente tão pouco quanto a arte clássica pertence ao passado, ela pertence a épocas futuras. Heidegger estende o historicismo clássico para o futuro, justificando a arte moderna através desse conceito de historicismo estendido.

A definição da arte como a revelação e a instituição da verdade do futuro ser empresta o mais alto elogio à arte que o filósofo é capaz, ele, cuja profissão exige, sobretudo, que se preocupe com a verdade. Essa fórmula marca o tom mais elevado possível no qual se pode tratar da arte, embora, como foi dito, nesse tom trate-se apenas a arte "essencial". É apenas a arte essencial que não pode ser criticada, julgada e analisada cientificamente,

---

24. HEIDEGGER, 1960, p. 77.

25. Ibid., p. 79.

porque ela mostra a verdade futura de forma original e inicial, situando-se acima do presente: "Não se pode julgar sobre o caráter coisal [*das Dinghaft*] na obra, enquanto o puro estar-em-si da obra não se mostrar claramente. Mas será a obra alguma vez acessível em si? Para que isso pudesse ter êxito, seria necessário retirar a obra de todas as referências que não ela mesma, e deixá-la repousar apenas em si e para si".[26] Apenas se uma obra de arte é libertada de todas as referências de seu presente e de todas as possibilidades de seu julgamento crítico, ela pode se mostrar como símbolo do ser futuro. Então, é a própria obra que julga o presente, ao mostrar-lhe o futuro dela e, simultaneamente, ao colocar esse futuro em obra. As posições da obra de arte e de seu observador trocam de lugar: não é o observador quem julga a obra de arte, mas é a obra de arte quem julga o observador, ao mostrar-lhe um futuro, no qual esse observador talvez não mais exista.

Já em *Ser e Tempo*, a verdade do ser-aí individual se abre a partir do projeto existencial, isto é, na verdade, a partir do futuro antecipado. Mais tarde, esse projeto individual primário seria pensado como equivalência, para consolo do ser, isto é, como uma aceitação profética do inevitável futuro histórico, como disposição de acatar o destino do ser, como *Engagement pour l'être*, como Heidegger escreve em sua obra *Carta sobre o Humanismo*. Em todas as etapas do pensamento heideggeriano o futuro é, todavia, claramente privilegiado. A filosofia essencial, assim como a arte essencial, são aquelas que, formulando-se na linguagem de gerenciamento de hoje em dia, estão orientadas para o futuro – e, como tais, devem permanecer não criticáveis, não analisáveis, não contraditórias. Nenhum crítico atual pode decidir a respeito de tal pensamento ou criação orientados para o futuro. Pois ninguém pode realmente saber o que o futuro nos traz. Em todo investimento no futuro, o fator de risco não é eliminável. Apenas o próprio futuro pode decidir se um investimento do pensamento ou da arte valeu a pena ou não. Mas, de qualquer forma, aquele que assume o risco, está fundamentalmente acima do cientista que calcula, porque mesmo seu fracasso diz mais sobre o ser-do-ente, do que todas as análises científicas. Ao menos nesse sentido, a exegese artística de Heidegger é uma filosofia

---

26. HEIDEGGER, 1960, p. 35.

62 | Introdução à Antifilosofia

gerencial, uma filosofia de mercado, assim como uma filosofia da luta, da guerra. Trata-se das chances de nosso sucesso no futuro, que nos permanece insuperavelmente oculto, mas também de nossa determinação de ir ao encontro do futuro, instituí-lo, possibilitando sua imposição na história universal. Todas as referências e entendimentos atuais para a solução dessa tarefa têm, na verdade, um valor questionável. Se, todavia, nossa capacidade de vivenciar a obra de arte "só para si, repousando em si mesma", depende da decisão de que nós a retiremos de todas "as referências àquilo que seja diferente dela", tal decisão deve ser fundamentada, de algum modo, se ela tiver de ser seletiva. De resto, pode-se imaginar que é possível proceder assim com toda obra de arte. A distinção que Heidegger quer manter entre uma arte "essencial", e não essencial, ou entre uma arte "grande" e uma que "não seja grande", torna-se nula nesse caso, pois apenas através de uma operação de retirada de uma obra de arte de todas as suas referências aos outros, isto é, ao museu, ao mercado de arte etc., podemos transformar toda obra de arte favorita em uma obra de arte essencial. Com relação à arte museal do passado, Heidegger segue silenciosamente a tradição estabelecida na escolha das obras: evidentemente, ele parte do princípio de que o museu, o mercado de arte e a ciência da arte se ocupam exclusivamente com obras de arte que, em algum tempo na história, sempre se afirmaram como instituição do destino histórico de um povo histórico. Em primeiro lugar, uma obra de arte deve se afirmar na realidade histórica viva, então, em algum momento se torna obsoleta e acaba no museu. Essa é a única sequência imaginável para Heidegger.

Como reconhecemos uma obra de arte nova, essencial, que meramente promete seu sucesso histórico futuro? Como diferenciamos uma arte essencial de uma arte não essencial, que ultrapassa o horizonte junto com todos os seus critérios?

A resposta a essa questão, que nos escritos heideggerianos é mais sugerida do que manifesta, indica que a ultrapassagem completa do presente pela obra de arte essencial não acontece de verdade. Um critério central permanece ainda intocado: trata-se do critério da inovação formal. A obra de arte essencial se mostra através do fato de que é inovadora. Heidegger escreve: "O pôr-se-em-obra da verdade faz irromper o incomum e, simultaneamente, faz cair o comum e aquilo que assim se considera. A verdade que se abre na obra não pode jamais ser justificada ou deduzida a partir do existente. O existente é refutado em seu efeito exclusivo pela obra. O que arte institui não pode, por isso, jamais ser reparado ou compensado pelo existente e disponível. A instituição é uma abundância, uma oferta".[27] Em outro trecho: "Quanto mais essencialmente esse choque se revela, tanto mais a obra se torna estranha e solitária".[28] O que nesse trecho se mostra como mera descrição é obviamente uma colocação normativa: a obra de arte essencial é aquela que não pode ser entendida a partir do existente, que rompe os hábitos da percepção. Com isso, o critério formal para a determinação da arte essencial é indicado: a arte essencial é uma arte inovadora, pois, se uma arte determinada não pode ser entendida a partir do existente, ela deve ser entendida a partir do futuro. Se pessoalmente, Heidegger não tem um gosto artístico francamente progressivo, permanecendo, ao que tudo indica, no Expressionismo moderado, sua teoria da arte privilegia claramente uma arte radical, de vanguarda, inovadora, ao encorajar o artista a apresentar o "incomum". E assim, a teoria de arte heideggeriana se mostra como uma apologia do artisticamente moderno.

A premissa geral do pensamento heideggeriano sobre a arte parece, assim, imediatamente evidente: tudo o que acontece na arte, acontece no tempo. Se uma obra de arte não tem suas referências nem no passado, nem no presente, ela deve ter vindo do futuro. Aquilo que hoje se mostra como novo é uma promessa de uma norma histórica futura: a obra de arte inovadora é uma perspectiva sobre um sucesso histórico tardio que vem desse lado. Isso parece plausível. Mas como é possível que aquilo que apenas acontecerá no futuro põe-se sempre agora, no presente, na obra, e pode ser visto como arte?

A resposta a essa questão é dada no discurso sobre a "clareira". Ou, dito de outro modo, a possibilidade de antecipar o futuro é descrita e postulada

---

27. HEIDEGGER, 1960, p. 77.

28. Ibid., p. 66.

64 | Introdução à Antifilosofia

como clareira do ser: "No meio do ente, em sua totalidade, permanece um lugar aberto. É uma clareira. Pensada a partir do ente, ela é mais ente do que o ente. Por isso, esse meio aberto não é circundado pelo ente, porém, o meio que clareia circunda até mesmo o nada, e todo o ente que quase não conhecemos".[29] Se, em geral, o ente é tudo aquilo que sempre é, isto é, o presente, que pode ser pesquisado através da ciência, a clareira propicia a perspectiva sobre o vindouro, o futuro, o incerto, que certamente é mais poderoso, e mais ente do que o meramente existente, porque é capaz de revogar o presente. Nesse ponto, o tom elevado de Heidegger alcança sua manifestação mais clara.

Aliás, o tom elevado marca sempre uma ameaça. E toda ameaça tem essa forma geral: "você logo vai ver o que vai te acontecer"; "Agora mesmo você vai experimentar algo que você ainda não experimentou"; "Eu vou lhe mostrar algo tão incomum, que você vai perder a visão" etc. O tom eleva-do é sempre apocalíptico: ele promete a luz no meio da clareira, que nos mostra o incomum e oculta tudo o que é comum. Toda profecia evoca um perigo para os descrentes, que querem medir e julgar o futuro com os crité-rios de ontem e de hoje. Na clareira do ser, pressente-se o que terá validade no futuro, o que se imporá, o que terá sucesso. Se quisermos novamente falar na linguagem gerencial, a clareira do ser é um nicho de mercado, para o qual o empresário orientado ao futuro deve saltar.

A filosofia de Heidegger é a filosofia do sucesso histórico, até mesmo por isso, talvez ela própria se tornou um sucesso historicamente. Ao mes-mo tempo, ela é uma filosofia da luta. Todavia, diferentemente de Nietzs-che, que também foi um filósofo da luta, mas que não acreditava na ques-tão do outro lado, do futuro, Heidegger promete a seu leitor a possibilidade da vitória no futuro e, com certeza, a possibilidade de uma mudança, um acontecimento, a chegada de algo completamente novo. A nietzscheana desesperança no eterno-retorno-do-sempre-mesmo não é considerada como uma possibilidade. Por isso, para Heidegger, a inovação formal ou o incomum é o sinal de sua aptidão em ter uma perspectiva no futuro.

---

29. HEIDEGGER, 1960, p. 51.

No entanto, toda filosofia da vitória deve, simultaneamente, ser uma filosofia da derrota. E a derrota pode nos esperar na clareira, assim como a vitória: "Mas a ocultação existe também, ainda que de outra forma, no interior do que está na clareira...Aqui a ocultação não é aquele puro negar-se: o ente de fato aparece, mas se mostra diferente do que é. Esta ocultação é a dissimulação. [...] Que o ente como aparência possa iludir é a condição para que nos enganemos, e não o contrário.[30] Nota-se que Heidegger já havia deixado para trás as experiências de seu tempo de Reitor. Mas apenas aquele que arrisca ganha, aquele que se atreve em prosseguir na "luta entre a revelação e a ocultação". É especialmente a materialidade e a coisidade da obra de arte que a ligam à terra e ao ente, o qual oculta o futuro ente atrás de si. Como uma obra de arte é apenas uma coisa, ela não pode ser inovadora de ponta a ponta. A terra suporta isso. Na verdade, Heidegger adverte o leitor que a terra não é como o que se oculta, e a verdade não é como o que se abre: Suas longas exposições no início do escrito devem mostrar, exatamente, que a coisidade da obra une o mundo que abre a obra de arte ao existente. Heidegger quer mostrar, com extrema determinação, que em uma obra de arte não há nada que não seja material, coisidade. Toda obra de arte, seja lá quais forem suas pretensões, é apenas uma coisa, diz Heidegger, assim como a arrumadeira que faz a limpeza de um museu conhece e maneja essa coisa. Apenas a capacidade dessa coisa em abrir um mundo a diferencia de todas as outras coisas. Mas essa capacidade não muda nada no fato de que uma obra de arte permanece do começo ao fim uma coisa. Como se sabe, Heidegger demonstra no exemplo de um quadro de Van Gogh, o qual exibe um par de sapatos, que a coisa como obra de arte pode tornar visível o mundo. Esse exemplo tornou-se famoso e foi discutido de forma pormenorizada e controversa em diversos escritos de outros autores.[31] Todavia, aqui nos interessa um aspecto central do texto heideggeriano: será que a origem da obra de arte, como Heidegger afirmou, encontra-se realmente no "conflito entre a clareira e a ocultação", que

---

30. HEIDEGGER, 1960, p. 52.

31. Sobre essa discussão, ver: DERRIDA, 1978, p. 293 ss. (Em alemão: *Die Wahrheit in der Malerei.* Wien, 1992). [A verdade na pintura] [N. T.]

apenas à primeira vista lembra a dualidade do dionisíaco e do apolíneo, como foram descritas por Nietzsche em seu tempo? Ou, melhor dizendo, para Heidegger esse conflito determina nossa relação com o futuro, com o ser futuro: encontra-se realmente no futuro a origem da obra de arte essencial? Em primeiro lugar, pode-se afirmar que a inovação formal de uma obra de arte não significa absolutamente que ela venha para nós do futuro. Heidegger se detém na noção tradicional de que a obra de arte deve, sem falta, surgir de uma visão que a antecede: se a obra de arte não representa a realidade como ela nos é imediatamente conhecida, ela deve, ao menos, representar suas possibilidades futuras, como o incomum, que desde sempre se oculta no conhecido. Essa visão de futuro é possibilitada ao artista pela clareira do ser: ela lhe envia uma nova visão – mesmo que talvez enganosa – e, assim, permite a ele ultrapassar o comum, o que até agora era habitual. Todavia, essa visão original não é condição necessária para o surgimento de uma obra de arte. Uma inovação artística pode surgir de um jogo puramente técnico, material, coisificado e manipulador, de repetições e desvios formais. Para a produção da inovação, bastam uma visão geral sobre a arte já existente e a decisão de produzir algo formalmente novo em comparação com essa arte existente. Em verdade, só é possível compreender que a clareira do ser deveria ser necessária para atribuir a essa nova forma uma origem no futuro e, com isso, uma dimensão profética, depois que já se viu essa nova forma. Assim, pode-se afirmar que a clareira só pode ser pensada à luz dessa nova forma, e não o contrário. Somente depois que se tem uma nova forma artística diante de si é que se pode, de modo algum, ter a necessidade da clareira do ser como explicação para a origem dessa forma. Portanto, a clareira do ser tem sua origem na obra de arte moderna, e não o contrário.

Onde se encontra a origem da obra de arte moderna senão no futuro? A resposta a essa questão é dificultada pelo preconceito de que toda obra de arte surge em um determinado tempo histórico, cujo ser histórico ela manifesta, preconceito o qual Heidegger, como foi dito, compartilha totalmente. De acordo com esse preconceito, o museu coleciona (o mercado de arte negocia, a ciência da arte discute etc.) exclusivamente a arte que sempre se impôs, afirmou e estabeleceu na realidade histórica. Desse modo, parece que uma obra de arte inovadora deve, da mesma forma, primeiro afirmar sua realidade futura, para que mais tarde possa tomar seu lugar ao lado das obras de arte do passado, enquanto testemunha de sua própria época. Primeiro existir na realidade, depois ir para o museu. Mas é exatamente essa sequência que foi questionada pela arte moderna.

O fato é que a obra de arte moderna segue um caminho inverso: primeiro deve se afirmar no museu, para depois poder ir para a realidade – assim como todas os outros produtos técnicos de nossa época devem passar por uma inspeção técnica, para que possam ser liberados ao consumo. O princípio moderno da autonomia artística se fundamenta exatamente nessa inversão da relação entre as instituições de arte e a realidade histórica. Na modernidade, o museu apresenta um reservatório enorme de signos que podem ser utilizados pelas pessoas da atualidade para a autodescrição. Por isso, é também errôneo afirmar, como Heidegger o faz, que a obra de arte do passado perdeu definitivamente sua relevância para a vida, levando sua existência museal exclusivamente como documento da memória histórica. Nós sabemos que as formas artísticas do passado podem ser inteiramente reutilizadas para marcar uma determinada posição no presente. Da mesma forma, uma forma artística nova, inusitada pode ser utilizada para emprestar a alguém ou algo um visual futurista.

A produção das novas formas artísticas, que sob as condições da modernidade logo vão para o museu, quando parecem novas e interessantes, em comparação com as formas artísticas conservadas ali, servem para aumentar o repertório de signos que a sociedade tem à disposição para uma autodescrição diferenciada. Com isso, todavia, ainda não se afirma que essas novas formas artísticas determinarão o ser histórico do futuro, e também não se afirma que elas podem, enfim, ser utilizadas no futuro, no contexto da realidade histórica. Talvez sim, porém, talvez também não. Por isso, em sua origem, não é possível diferenciar a obra de arte "essencial" da não essencial. Por essa razão, a obra de arte individual não pode ser "essencial", no sentido heideggeriano, isto é, apontar o futuro, porque, sob as condições da modernidade, o futuro já não se opõe a nós como um modo de ser novo, totalizador, histórico, mas, ao contrário, como a chance de

68 | INTRODUÇÃO À ANTIFILOSOFIA

utilizar os modos de ser que nos estão disponíveis, sejam eles essenciais ou não essenciais. A justificação da obra de arte moderna como sendo orientada ao futuro e profética, o que forçosamente provoca um tom elevado na forma correspondente da escrita crítica, certamente significa uma sobrestimação da obra de arte – mas, ao mesmo tempo, também sua possível subestimação, caso fique evidenciado que o futuro parece diferente do que foi prometido pela obra de arte.

O sucesso de um nova forma de arte no contexto museal e interno das instituições de arte, ainda não significa a promessa de sua utilização histórica real. Todavia, a ausência dessa promessa não é, de forma alguma, um sinal do insucesso, da derrota, do engano. Aliás, o discurso crítico de arte dispõe de instrumentos que o permitem fornecer uma justificativa completamente racional de que determinada obra de arte é nova, em comparação com outras obras de arte. Caso essa justificativa seja aceita, a obra de arte será admitida no repertório dos signos socialmente aceitos, e liberada para utilização. Tanto essa justificativa, quanto a aceitação museal, ainda continuam existindo quando a procura desaparece por um longo tempo, e a obra de arte em questão não tem um amplo sucesso . É verdade que as instituições de arte moderna, em certo sentido, são orientadas pelo mercado, mas, ao mesmo tempo, são relativamente independentes do mercado. Nessas condições, a inovação artística não significa nenhum risco totalmente incalculável. O artista não é entregue totalmente à luta, ao mercado, à clareira do ser, os quais lhe ocultam seu destino, porque enganam seus destinos e ofertas.

Comparado ao tempo histórico, como ele é pensado pelo historicismo tradicional, o tempo do museu é outro, um tempo heterogêneo. O tempo "histórico" é o tempo sequencial da arte e das formas de cultura determinadas, que se tornaram históricas e estão em oferta para a sua utilização, ou não. Na modernidade o museu não se encontra no fim da história, mas em seu início, construindo talvez a verdadeira origem da obra de arte moderna.

5

Jacques Derrida[32]

Nos últimos tempos, o apocalipse e o apocalíptico tornaram-se temas da moda da publicidade intelectual. Hoje, pertence ao bom tom reclamar sobre o progresso tecnocientífico, a destruição da natureza, o perigo da guerra e a decadência de valores tradicionais. O otimismo da modernidade foi substituído pelo pessimismo pós-moderno. Não muito tempo atrás, a queixa contra o progresso técnico era um privilégio dos "direitistas", enquanto o progresso, para os "esquerdistas", significava a libertação do homem do poder da natureza e da tradição. Atualmente, as queixas contra o progresso migraram para a publicidade de esquerda, enquanto a necessidade de crescimento econômico é sublinhada pela direita. O "progressismo" se tornou "oficial" e, por isso, os movimentos "alternativos" o recusam, servindo-se, muitas vezes, de uma argumentação clássica "reacionária": como mestres-pensadores, Nietzsche e Heidegger substituíram definitivamente Marx, com sua crença no poder de salvamento das "forças produtivas".

Entretanto, a apropriação de argumentos tradicionais no meio dos esquerdistas pós-modernos, naturalmente, não se realiza sem as modificações essenciais. Os "reacionários" do passado defendiam a tradição enquanto ela ainda estava viva, enquanto ainda se acreditava nela. Hoje, essa tradição que um dia foi viva pertence ao passado, sendo reanimada de forma estilizada, como retrô. De forma comparável, Léon Blois, que definia a

---

32. Originalmente publicado como: GROYS apud ACKERMANN; UFFELMANN, 1995, p. 201-16.

70 | INTRODUÇÃO À ANTIFILOSOFIA

si mesmo como "católico não crente", simulava para a intelectualidade de seu tempo, através dos últimos meios retóricos, uma harmonia perdida, que, naturalmente, não era harmonia nenhuma, mas a mesma luta pela sobrevivência como em qualquer época da existência humana, inclusive a de hoje em dia. Trata-se da simulação e dos simulacros, cujo caráter inofensivo e asséptico é garantido exatamente pelo progresso técnico atual. A manutenção do equilíbrio na natureza torna-se um problema da ecologia, a manutenção da paz, um problema do pacifismo, que se ampara no fantasma da "arma absoluta", isto é, da bomba atômica.

A apocalíptica antiprogressista atual apela às novas realizações da ciência, que foram incorporadas pela ecologia contemporânea, com o objetivo de restaurar o paraíso perdido através de instrumentos tecnológicos. Novamente, tornam-se audíveis as reflexões sobre a vida paradisíaca e natural, sobre a consciência ecológica, sobre um povo que vive uma vida em harmonia com a natureza. O projeto individual de tradicionalistas e reacionários se torna social, seu antimodernismo é apresentado com uma fundamentação científica, transformando-se em um programa de proteção do meio ambiente. O passado torna-se o modelo de uma nova utopia técnica idealizada. A triunfante consciência técnico-científica dos novos tempos anuncia, nobre e benevolamente, a prontidão em concretizar os ideais de seus inimigos mortais e, desse modo, coroar o próprio triunfo. Movimentos alternativos de esquerda abrem novos mercados para a indústria, no campo da produção de "produtos ecológicos" e do "meio ambiente limpo", reanimando, assim, a conjuntura econômica.

À procura de um equilíbrio social, é preferível não se lembrar das pessoas individuais. A morte individual de uma pessoa em sua própria cama não é um problema que mereça atenção. Apenas a morte causada pela guerra e pelo terror, isto é, uma morte violenta e social, atrai a consideração sobre si. A "morte natural" é considerada um elemento normal da harmonia ecológica natural, e nenhum pacifista se insurge contra ela. Na melhor das hipóteses, levanta-se a questão de como se pode dar uma forma mais "humana" à morte e, por esse motivo, não tratar a pessoa por tempo demais, evitando, assim, despesas inúteis em progressos técnico-científicos abdicáveis, de modo a oferecer a qualquer pessoa a possibilidade de morrer com dignidade e com o sentimento de dever ecológico cumprido.

Entre a inundação da literatura apocalíptica recente, destaca-se o livro de Jacques Derrida, "Sobre um tom apocalíptico adotado recentemente na filosofia".[33] Na edição alemã, o livro foi enriquecido com um importante artigo do mesmo autor, *Apocalipse não, agora não*. Posteriormente me referirei a esta edição alemã. Derrida é corretamente considerado um mestre do pensamento, já por essa razão seu livro merece atenção especial. Mas, também considerados em si, ambos os pequenos ensaios incluídos no livro distinguem-se claramente pela profundidade da análise e, acima de tudo, através da capacidade, que é uma característica de Derrida, de compreensão simultânea das implicações filosóficas diferentes e extensas dos problemas levantados por ele, e suas possíveis soluções. Essa capacidade torna a leitura dos trabalhos de Derrida sempre um prazer. No que se segue, tentarei, na medida do possível, fazer uma apresentação clara, ainda que inevitavelmente incompleta, do significado dessa argumentação no contexto da discussão "apocalíptica" atual.

O título do livro de Derrida remete ao conhecido folheto de Kant "De um tom enaltecido, recentemente percebido na filosofia" (1796). Nesse folheto, Kant polemiza com as obras de seus contemporâneos, nas quais é apresentada a pretensão a um conhecimento intuitivo imediato da verdade, acessível apenas aos iniciados, e que negligenciava todo método filosófico rigoroso. Kant caracterizava os autores dessas obras como charlatões e "mistagogos", os quais, com um entusiasmo atrevido, pretendiam levantar o "véu de Ísis" e avistar a verdade nua e crua. Kant surge como um iluminista contra tais pretensões, mostrando que subjaz a elas uma pretensão de poder, uma pretensão ao papel de líder espiritual, resumindo, um interesse baixo, e não um interesse elevado. A verdadeira filosofia requer esforços, e não uma revelação imediata; em compensação, ela é democrática e acessível a todos, não tolerando nenhuma liderança irracional.

---

33. Aqui e em outras citações, segundo DERRIDA, 1983.

72 | Introdução à Antifilosofia

A estratégia que Derrida escolhe para comentar esse texto de Kant, e que ele também considera atual para a presente situação na filosofia, frente ao crescimento do irracionalismo e a inimizade contra os métodos racionais, surge de sua própria posição "pós-moderna" no discurso filosófico atual. Por um lado, o próprio Derrida se distingue como o mais determinado inimigo do racionalismo ou, como ele o expressa, o "logocentrismo" da filosofia europeia; mas, por outro lado, ele compreende sua própria crítica do logocentrismo como a continuação da tradição do Iluminismo. Desse modo, seus esforços consistem em se mostrar simultaneamente como sucessor e oponente de Kant.

A princípio, Derrida dirige a atenção para a etimologia do termo "Apocalipse": *apokálypsis* significa em grego des-coberta, ou seja, a retirada da manta, do véu, o desnudar. "Discursos apocalípticos" também significavam, em grego, "discursos obscenos", nos quais falava-se das partes do corpo habitualmente encobertas. Naturalmente, Derrida se refere nesse contexto ao trecho de Kant sobre "o arrancar do véu de Ísis". Trata-se, em ambos os casos, da conquista da verdade – da verdade nua e crua – que desponta após a corajosa retirada do manto. Em outros trechos, Derrida fala não apenas de logocentrismo, mas também de falogocentrismo, embora ele tenha em vista o caráter agressivo e sexualmente carregado do ideal europeu da "total apropriação da verdade". Aqui, Derrida se solidariza com Kant: a pretensão à intuição direta da verdade revelada, segundo sua essência, é obscena, pornográfica. Essa pretensão tem, em sua base, motivos de posse e de cobiça, os quais é necessário "encobrir", e acerca dos quais deve ser "esclarecido".

Mas, nesse trecho, vem à luz a mudança decisiva na argumentação de Derrida: a aspiração iluminista pela "descoberta" e "luz" tem sua origem no mesmo falogocentrismo. Kant é guiado, essencialmente, pelo mesmo impulso que seus oponentes: ele quer ver a verdade nua da mesma forma, ele aspira possuí-la da mesma forma. Ou, dito de outro modo: na luta contra os "mistagogos" e "chalatões", a filosofia repete seu movimento fundamental, ela apela para a luz e para o descoberto, da mesma forma que a inspiração intuitiva, não filosófica, e o apocalipse que a tudo descobre. Derrida surpreende Kant especialmente na frase traiçoeira: a mudança dos mistagogos para a intuição direta, em vez da razão, seria "a morte da filosofia". Isso significa que a proclamação do fim, do apocalipse, serve a Kant como instrumento de intimidação e de imposição de sua própria estratégia. Nessa função de intimidação e sugestão, o discurso apocalíptico após Derrida constitui um traço característico de toda a tradição do pensamento europeu. Derrida escreve: "Cada um de nós é, ao mesmo tempo, o mistagogo e o iluminista do outro";[34] observando a diversidade de discursos escatológicos, ele prossegue:

> Todas essas diferenças não tomaram a forma de uma sobrepujança de eloquência escatológica, de modo que todo novo princípio quer ser mais clarividente, alerta e cruel do que o outro, para também acrescentar ao novo: eu vos digo, na verdade, esse não é apenas o fim disso, mas também, e antes de mais nada, o fim daquilo, o fim da história, o fim da luta de classes, o fim da filosofia, a morte de Deus, o fim das religiões, o fim do cristianismo e da moral (o que é uma grande ingenuidade) o fim do sujeito, o fim do homem, o fim do Ocidente, o fim do Édipo, o fim da terra, Apocalipse agora, eu vos digo, no dilúvio, no fogo, no sangue, no terremoto que sacode a terra, no napalm que cai do céu pelos helicópteros, assim como as prostitutas, e também o fim da literatura, o fim da pintura, da arte como coisa do passado, o fim da psicanálise, o fim da universidade, o fim do falogocentrismo, e sei lá eu o que mais. E quem quer que leve tudo isso a cabo, e disser o refinadíssimo (*le fin du fin*), ou seja, o fim do fim (*la fin de la fin*), o fim da finalidade (*la fin des fins*), que o fim já começou sempre, que talvez se devesse diferenciar entre o encerramento (*clôture*) e fim (*fin*), assim ele também, queira ou não, se afinaria ao concerto total.[35]

Derrida apresenta aqui, de forma irônica, uma lista completa das últimas modas apocalípticas parisienses pós-marxistas, pós-freudianas, pós-nietzscheanas e pós-estruturalistas. A ironia não deve induzir ao erro: Derrida não aspira tanto abandonar ironicamente o tom apocalíptico,

---

34. DERRIDA, 1983, p. 50.

35. Ibid., p. 57.

74 | INTRODUÇÃO À ANTIFILOSOFIA

quanto, ao contrário, mostrar que mesmo o tom irônico, iluminista, é uma variante do tom apocalíptico. E ainda mais: é precisamente na tradição apocalíptica que o Iluminismo recebe, pela primeira vez, sua justificativa interior. Derrida escreve:

> Nós, os iluministas dos tempos modernos, continuamos, portanto, a denunciar o apóstolo fraudulento, o "suposto mensageiro", que ninguém enviou, os mentirosos e infiéis, a presunção e o empolamento de todos os encarregados de missões históricas, aos quais ninguém pediu coisa alguma, ou encarregou de algo. Sigamos então a melhor tradição apocalíptica, denunciando os falsos Apocalipses.[36]

E imediatamente ele levanta a questão: "Quais podem ser os limites de uma desmistificação?".[37] Ou seja, é possível diferenciar um Apocalipse verdadeiro de um falso?

A resposta de Derrida consiste, fundamentalmente, no fato de que toda pretensão à verdade é falsa, mas a revelação de todas essas pretensões, ainda assim, possui uma intenção verdadeira, quando ela não leva à anunciação de uma nova verdade definitiva. Não é por essa razão que um texto apocalíptico é capaz de revelar, isto é, porque nele alguma verdade se revelaria, em cuja luz o erro se torna evidente, mas, ao contrário, é precisamente porque nele a origem da luz permanece encoberta. Como exemplo, Derrida observa a revelação de São João, em Patmos, e mostra que João não escreve sobre o que lhe foi revelado de forma evidente, isto é, ele não desempenha o papel do mistagogo, mas apenas repete o que lhe é ditado. Na análise suscinta da revelação, Derrida aponta a mudança constante dos endereços das mensagens apocalípticas que João transmite: ele ouve uma voz, que cita Jesus; Jesus também fala diretamente; um anjo que cita a palavra de Deus é enviado, e assim por diante. Todas essas mensagens e citações se entrecruzam continuamente, seus destinatários mudam, e nunca acontece uma revelação imediata ou uma intuição direta: a sequência das citações, mensagens, autores e destinatários estende-se ao infinito. Derrida

---

36. DERRIDA, 1983, p. 59.

37. Ibid., p. 75.

escreve: "Não há certeza, se é o homem quem está no centro dessa linha telefônica ou desse infinito computador. Não se sabe bem ao certo quem, o que, e para quem se dirige".[38]

Dessa forma, o Apocalipse se revela como modelo da consciência estruturalista, pós-moderna. Há a comunicação, e há também a estrutura – mas a comunicação recebeu um número infinito de participantes, e, por isso, os comunicados vagabundeiam através dos canais de comunicação, falsificando-se, mudando o destinatário, sendo impossível verificar sua correspondência com o signo original, cuja origem se perde em um passado indeterminado, que a princípio é inalcançável e irreconstruível, e não pode ser atualizado: desse passado resta apenas um "vestígio", um hiato de sua presença, que não pode se tornar presença. O estruturalismo da estrutura infinita desempenha o papel de mecanismo de destruição de qualquer sentido, ao contrário do estruturalismo clássico, que ambicionava se tornar a garantia de permanência do sentido.

Assim, o Apocalipse se torna um texto absoluto, isto é, um texto "sem verdade": torna-se revelação superada, que mantém apenas sua forma, seu estilo, seu tom, para o qual, em princípio, qualquer um que tenha interceptado um comunicado apocalíptico perdido pode fugir, um triunfo da estética pós-estruturalista (apenas observemos: o "Apocalipse sem verdade" serve para Derrida como descoberta da verdade, a verdade do pós-estruturalismo, através de um texto paradigmaticamente pós-estruturalista). Derrida escreve: "O Apocalipse não é uma condição transcendental de todo discurso, mesmo de toda experiência, toda marcação ou todo vestígio? E o gênero dos denominados escritos "apocalípticos", em sentido restrito, seria apenas um exemplo, uma revelação *exemplar* de uma estrutura transcendental".[39] E continua: "Eu pronuncio aqui a palavra *sem* de acordo com a tão necessária sintaxe de Blanchot, que frequentemente diz X *sem* X",[40] isto é, como forma pura, como invólucro, estilo e entonação, como citação absoluta.

---

38. DERRIDA, 1983, p. 71.

39. Ibid., p. 72.

40. Ibid., p. 89.

76 | Introdução à Antifilosofia

Mas, esse Apocalipse sem Apocalipse ou, mais precisamente, Apocalipse do Apocalipse consegue, pela primeira vez, a possibilidade de se tornar um "Iluminista": aqueles que escrevem, e os que falam, capturam essa voz, esse tom, que vem do "do ser do além", do "além do bem e do mal", do "além do ser como acontecimento". Os receptores de mensagens acidentais, que vagabundeiam a partir de lugar nenhum, escritores, filósofos, literatos, passam-nas adiante, falsificando-as ao acaso. E nisso, eles têm completa razão, porque eles constantemente ouvem um "chegar" apocalíptico,[41] que não possui nem remetente, nem destinatário e, portanto, também é endereçado a eles, e vem daquele que é mais elevado do que o ser e o detrás-do-ser.

Em traços gerais, assim se parece o Apocalipse de Derrida. É conveniente observar aqui, que ele *de facto* repete o modelo clássico: o Apocalipse revela a verdade, ou seja: a desconstrução; essa verdade envia uma mensagem a seu profeta, isto é: Derrida, que deve anunciá-la, revelando-a àqueles que são contra ela, isto é, àqueles que acreditam em uma verdade visível e pagã, e, por isso, não querem saber de uma verdade além da diferença entre verdade e mentira, ou bem e mal, da verdade que é a mesma para os culpados e os justos, e que ilumina a todos da mesma forma, apesar de que ela mesma é invisível, não imediata e perceptível. Essa posição tradicional permite voltar-se a Derrida com as mesmas questões que ele dirige aos outros: quem, por quê, e para que Derrida quer intimidar com suas profecias? Quais objetivos concretos ele estabelece para si? A resposta a esta pergunta também poderia ser dada com base no ensaio há pouco referido, mas, em grande medida, quem fornece essa possibilidade é o artigo *Apocalipse não, agora não*, que é a anotação de um discurso de Derrida. Ele proferiu esse discurso como resposta a uma questão da conferência dedicada à "crítica nuclear", realizada nos Estados Unidos da América. Literatos excepcionais, a serviço da humanidade, participaram dessa conferência, discutindo os problemas da guerra atômica.

Em seu discurso, Derrida questiona, acima de tudo, o que dá aos literatos o direito de falar sobre a estratégia nuclear, da qual, como parece,

---

41. DERRIDA, 1983, p. 81.

eles não entendem nada. Sua resposta consiste no fato de que, sim, eles têm direito, na medida em que a guerra nuclear é linguística, e, em grande medida, apresenta um problema literário. Primeiro, toda a estratégia da corrida armamentícia é retórica, pois procura sugerir algo ao inimigo. Segundo, se a guerra começasse em algum tempo, ela seria composta por uma série de comandos, os quais seriam baseados em informação puramente verbal, cuja verificação prática seria impossível. Terceiro, e esse é o principal, a guerra atômica ainda não começou; mas, se acontecesse, não haveria ninguém para se expressar sobre esse assunto, não fazendo sentido algum dizer algo sobre ela; por isso, a guerra atômica era um caso de absoluta ficção, uma pura Fada Morgana linguística e literária.

Nos últimos tempos, desenvolveu-se o pensamento de que a tendência geral da Idade Moderna consistia em uma teorização permanente e constante, e, com isso, também em uma ficcionalização da realidade, e a razão para isso se encontrava no medo do Apocalipse e da destruição do mundo. A consciência secularizada europeia, que não é mais capaz de voltar-se para Deus com o pedido de clemência, tenta se convencer de que, como o mundo é uma ficção, ele não poderia ser destruído por um "acontecimento real", como o Apocalipse deve aparecer. Derrida, assim me parece, vai ainda mais longe e declara o próprio Apocalipse como ficção. Mas é exatamente aí que sérios obstáculos o aguardam. O problema é que: como Derrida ficcionaliza tudo, tanto o mundo como sua finitude, ele é obrigado a materializar a própria ficção. Para ele, toda ficção encontra sua fundamentação na "literatura" ou, como ele afirma, no "arquivo", o que significa uma infinita diversidade de textos, que se remetem uns aos outros, e que seriam impossíveis sem a cultura humana e todo o pensamento. A destruição desse arquivo, no decorrer de uma guerra atômica, também significa o declínio de toda ficção que tiver suas raízes na realidade do arquivo da literatura. A destruição da literatura é, assim, a destruição de tudo, pois, fora da literatura, tudo é ficção literária, não permanecendo nenhuma realidade depois de seu declínio.

Desse modo, aquele Apocalipse sem Apocalipse, que Derrida deduziu em seu primeiro trabalho, mediante uma análise de texto, recebe aqui con-

78 | Introdução à Antifilosofia

tornos realistas e concretos. O Apocalipse do Apocalipse é a guerra atômica: ela destrói tudo, sem revelar nenhuma verdade, e sem deixar realidade alguma para trás de si. A literatura se mostra, em sua totalidade, como um único texto apocalíptico, um texto sobre a guerra atômica, pois a literatura escreve sobre sua própria mortalidade, sobre o declínio de seus comunicados, e a vulnerabilidade infinita deles. Derrida considera Mallarmé ou Kafka como a melhor literatura sobre a guerra atômica, os quais escreveram sobre o abandono, o declínio da comunicação literária e o declínio da ficção literária. Derrida afirma: "Se, conforme uma hipótese estruturadora, ou um fantasma estruturador, a guerra atômica corresponde à destruição do arquivo, e mesmo da terra, então ela se torna o referente absoluto, o horizonte e a condição de todos os outros referentes".[42] Quando, mais adiante, ele observa que "toda guerra é feita em nome do que é mais válido que a vida",[43] mas que, depois de todo o extermínio da vida como tal, nenhum nome poderia permanecer, Derrida demonstra que uma guerra atômica é travada em nome *do nome* como tal, isso significa, afinal, em nome da literatura, feita em nome da destruição da literatura. Significativamente, Derrida vê a única esperança no possível, e sempre suscetível, erro de destino (*destinerrance*).[44] É bem possível que foguetes enviados a um alvo, por algum acaso, não o atinjam, assim como as mensagens literárias restantes não cheguem aos destinatários. Erros na formulação dos endereços oferecem a garantia para a manutenção e o prosseguimento da vida. Uma mensagem compreendida é tão mortal como um foguete bem lacrado que atinge o alvo. A esperança pela salvação da guerra atômica é o texto do Apocalipse: exatamente porque ela é ininteligível e infinita, não revela a verdade, é ininterpretável e, nesse sentido, literatura exemplar. A literatura pós-moderna revela-se, assim, como uma garantia antes da destruição total que ameaça a teoria literária do estruturalismo clássico, segundo o qual, todos os significados e foguetes precisam alcançar seu objetivo. O Apocalipse do Apocalipse aparece como ameaça e esperança que deve manter

---

42. DERRIDA, 1983, p. 120.

43. Ibid., p. 130.

44. Ibid., p. 125.

unida a escola ou seita pós-moderna, assim como a autoridade de seu líder – Derrida, em pessoa.

Todavia, em Derrida o rompimento com os adversários racionalistas, modernistas, e com o mundo da total destruição, em verdade, não é tão grande como parece. Sobretudo, porque já a ideia de uma destruição total do arquivo revela o caráter naturalista de sua filosofia, que, nesse sentido, se incorpora a uma série de teorias materialistas baseadas em pressupostos da atualidade. Derrida não repara aqui na contradição evidente de sua argumentação: ou o mundo inteiro é uma ficção, assim, o arquivo não é parte do mundo, não podendo ser destruído por um acontecimento intramundano, ou o mundo é uma realidade; mas então, a destruição do arquivo, como parte do mundo, é apenas uma modificação dessa realidade, que não tem um significado fundamental. Como muitos outros teóricos do pensamento naturalista de nosso tempo, Derrida quer escapar do paradoxo, segundo o qual, o ser humano mortal e passageiro tem condição de sondar a verdade absoluta e infinita, reconhecê-la, penetrar nela, e torná-la sua. Por isso, ele traz uma explicação "objetiva" da convicção subjetiva do falante, ou daquele que escreve, através do impulso apocalíptico, que é recebido pela literatura de suas distâncias infinitas, de seus começos inconcebíveis, continuando até um fim indeterminável. Essa explicação é evidentemente mais atrativa do que outros esquemas naturalistas, como "relações de produção", "libido", "vontade de poder", "estruturas linguísticas", mas não se distingue deles, substancialmente, em nada. Às vezes, o próprio leitor imagina a diferença, quando ele lê as reflexões de Derrida sobre o texto, sobre o espaço interior da subjetividade, sobre os precursores silenciosos da voz, sobre o livro que precede o mundo, que é comparável à *Tora,* na interpretação da mística judaica. Mas, em suas palestras sobre temas atômicos, de forma um pouco inocente, Derrida mostra suas cartas, revelando que o "arquitexto" é entendido por ele como a literatura conservada em bibliotecas, passível de destruição física.

Disso resulta que toda essa literatura material pode provocar acessos de fantasia apocalíptica, de cuja ficção e função ela própria se revela. Como ficção, como guerra atômica ficcional, ela destrói o mundo, mas, na reali-

80 | Introdução à Antifilosofia

dade, ela mesma se extingue. A realidade destrói a ficção, e a ficção destrói a realidade, a ficção cria a realidade, que cria a ficção, e assim, essas transformações mágicas continuam *ad infinitum*. A fonte do conhecimento sobre o Apocalipse não pode ser atribuída à consciência individual, mas há ainda menos razão em atribuí-la a qualquer tipo de processo material, ou mesmo a algum processo material de autorreprodução e automultiplicação da literatura.

O conhecimento sobre o princípio e o fim do homem, e de todo ente, não pode ser alcançado nem "subjetivamente", nem "objetivamente", da mesma forma que ele atesta a destruição tanto do sujeito, quanto do objeto. O ser individual dispõe tão pouco sobre esse conhecimento como a "sociedade". Admitir que o indivíduo tem acesso imediatamente direto à verdade oculta, ou que pode conseguir tal acesso no processo do "reconhecimento", é naturalmente "idealista", ou melhor, "ideológico". Mas não é menos ideológico admitir que a consciência humana está envolvida no jogo de forças materiais, estruturais, sociais ou literárias, que se deixam descrever, e, mesmo que seja de uma forma apocalíptica, ela recebe seu conhecimento dessas forças. Tal aceitação não resolve o problema, mas o duplica: em vez de uma resposta à questão de como o ser humano criado poderia entender o "ideal", surge a questão adicional sobre como esse ideal pode ser criado por criaturas provisórias, isto é, materiais.

A resposta à questão "como pensar o Apocalipse?" deve ser: Não pensar, de forma alguma! O conhecimento apocalíptico, como conhecimento dos limites do mundo, não pode ser reduzido a nenhum processo de pensamento intramundano, seja ele um processo de reconhecimento ideal, ou um processo material real da produção de literatura, da produção de signos. Perante esse conhecimento, o pensamento para e revive seu próprio Apocalipse, enxergando seu próprio limite e o tomando como fundamento. É exatamente por essa razão que a apocalíptica resiste a ser pensada como qualquer tipo de "ser". Em seu trabalho sobre o Apocalipse, Derrida retorna à questão colocada por Leibniz, e repetida por Heidegger, como fundamento de toda metafísica: "Por que há simplesmente o ente, e não antes o nada?" Heidegger responde a essa questão quando ele começa o discurso sobre o "ser" que "dá", "envia" e "põe" todos os entes necessários. Essa resposta, que Derrida utiliza como ponto de partida principal para seu teorizar sobre as "mensagens" apocalípticas, expõe a fórmula abreviada do pensamento naturalista atual. Esse pensar, que nos é "dado" a partir do ente, avança para o fundamento inconsciente ou subconsciente do ser, de forma que a apocalíptica, como Derrida descreve, não é uma época, mas uma *époche* (isto é, segundo Husserl, a abstenção de todos os juízos em relação à existência, ou a não existência do mundo), assim, ele nos revela o ser, ou, como no presente caso, a literatura e o arquivo.

Por essa razão, o Apocalipse recebe um caráter naturalista, social e técnico em Derrida, manifestando-se como a guerra atômica, embora seja claro que toda guerra permanece um acontecimento intramundano. A guerra apenas tem traços apocalípticos, na medida em que ela mata, por isso, o caráter apocalíptico da guerra pressupõe a aceitação de que toda morte individual é apocalíptica. Agora, a diferença entre guerra e paz deixa então de ser fundamental: o homem é mortal tanto em tempos de guerra, quanto em tempos de paz. Na verdade, o medo da guerra atômica – e aqui Derrida tem completa razão – não é de modo algum o medo da morte. É o medo da destruição dos museus, das bibliotecas e mesmo de todos os depósitos das criações, dos escritos, pinturas, e assim por diante, os quais os intelectuais de hoje em dia procuram pela falta de crença em uma imortalidade transcendental, social, intramundana e histórica. A guerra atômica, isto é, a viabilidade técnica da destruição dos estoques de museus e bibliotecas, causa espanto no pensamento contemporâneo, não porque ele destruiria a vida, mas porque ela ameaça aniquilar sua imortalidade social. A edificação de museus e bibliotecas no centro das mais importantes cidades do mundo esclarecido, assim como a criação de numerosos arquivos, parques nacionais, monumentos arquitetônicos, zonas de proteção ecológica, e assim por diante, transformam o planeta inteiro, gradualmente, em um gigantesco museu. E essa tendência aumenta constantemente: logo serão criados museus automobilísticos, museus da aviação, museus da aeronáutica etc. A conservação segue de perto a produção, e quase a ultrapassa: os artistas já trabalham hoje "para o museu". O perigo de uma guerra atômica deveria

82 | INTRODUÇÃO À ANTIFILOSOFIA

trazer os intelectuais de volta à razão, mostrando-lhes o caráter ilusório e artificial da imortalidade histórica, que transforma a vida em mausoléu; deveria lembrá-los que tudo o que eles possuem nesse mundo é sua própria vida. Mas nada disso: a frustração encontra sua expressão na luta pela paz, em "sentimento de responsabilidade", ou algo similar. Os intelectuais – aos quais Derrida faz o papel de porta-voz – fecham seus olhos aos fatos, preferindo considerar a revelação apocalíptica como não tendo acontecido, e apenas a guerra como real.

Quando se fala do perigo da guerra atômica, o "homem da rua" sente instintivamente que essa problemática não o atinge: ele não tem nada a perder, porque ele não será exibido em um museu, e sua obras não serão conservadas em bibliotecas. A problemática da luta pela paz é, segundo sua natureza, profundamente elitista, embora ela se mostre como universal e humanista. Nesse sentido, Derrida é muito verdadeiro. Ele observa que o homem "sempre morre". Mais adiante ele dá à morte a seguinte interpretação:

> Igualmente, se posso dizê-lo, como indivíduo, minha própria morte pode ser antecipada fantasmagoricamente, ou, simbolicamente, a qualquer tempo, como uma negatividade no trabalho: uma dialética da obra, da assinatura, do nome, da herança, imagem, luto; todos os recursos da memória e da tradição podem anular-lhe a realidade dessa morte, cuja antecipação permanece entrelaçada de ficcionalidade, simbolismo ou, caso se prefira, de literatura; não há nenhuma medida comum que me convença, razoavelmente, que um luto individual é menos grave do que uma guerra atômica. Mas uma cultura e uma memória social poderiam se incomodar simbolicamente com toda morte (isso é até mesmo sua função essencial e sua razão de ser). Elas limitam, nesta medida, a "realidade" daquilo que anulam "simbolicamente". O único referente absolutamente real consiste, pois, em grande escala, em uma catástrofe atômica absoluta, que destrua irreversivelmente o arquivo completo, bem como toda capacidade simbólica de "sobrevivência", mesmo no coração da vida.[45]

---

45. DERRIDA, 1983, p. 121.

Em toda a literatura mundial não se deixa encontrar uma segunda confissão tão comovente e inocente. Derrida pensa sobre sua própria morte, simplesmente, como uma perda para a cultura mundial, por isso ele a lamenta já agora. A única coisa que o consola, é que a humanidade, com a ajuda de representações, assinaturas, e assim por diante, pode reconstruir simbolicamente sua imagem, de forma que a cultura e a literatura mundiais não vão sucumbir por causa da perda. Apenas a morte atômica de toda a cultura poderia interromper esse luto eterno por suas obras e sua produção cultural atual, a qual é mais real do que a própria vida, e permite "sobreviver na vida". Isso significa que a vida representa um perigo bem maior para o luto simbólico do que a morte. Não é possível imaginar maior sacrifício próprio, nem maior dissolução na própria produção literária, nem maior capacidade de olhar para si mesmo com os olhos dos outros, e, ao mesmo tempo, maior vaidade e falta de compaixão com a vida viva. Derrida nos convoca, por assim dizer, a nos esclarecermos sobre os motivos políticos do discurso apocalíptico, mas ele mesmo se esquiva de uma apreciação política, ao evocar o chamado do próprio ser que a ele diz: "venha!". Afirmando a finitude radical de toda experiência, ele se reserva o direito de receber mensagens do infinito. Sob esse aspecto, ele atua como um típico teórico: as considerações políticas, profanas e utilitárias são subsumidas à teoria, recebendo o *status* de mero movimento de xadrex no jogo político, mesmo que com um número de regras infinito. A própria estrutura – o resultado do jogo enquanto puro conhecimento teórico – prevalece sobre todo passo político e, portanto, sobre tudo o que é político. Nisso, Derrida concorda também com o Marxismo, Nietzscheanismo, Estruturalismo, e outras formas de pensamento de nosso tempo.

Entretanto, a teoria política de Derrida corresponde a uma estratégia razoavelmente tradicional da filosofia europeia. O filósofo se encontra habitualmente entre o teórico e a multidão, incitando-os um contra o outro. Ele assusta a multidão afirmando que os teóricos preparam sua destruição, e usa o potencial de confusão resultante contra os próprios colegas, acusando-os de se afastar da experiência viva, da diversidade do cotidiano, da irredutibilidade das formas da experiência humana etc., a favor de uma esque-

84 | Introdução à Antifilosofia

ma morto, que aponta para a dominação sobre a vida. Ao mesmo tempo, o filósofo usa a teorização contra "o bom senso", para que ele mesmo consiga o poder sobre a multidão, roubando-lhe a convicção da justificativa de seu conhecimento trivial, seu "bom senso", para aparecer a ela como o salvador, tanto de seu próprio desconhecimento, como das manobras pseudoesclarecedoras de seus colegas. Toda essa política da manipulação depende, em grande parte, de como o filósofo se mostra capaz de "falar apocalipticamente" em todo caso concreto, isto é, na consciência da unidade do destino – próprio e dos outros – no acontecimento universal da finitude.

Sem dúvida, Derrida deu exatamente esse passo fundamental, ao direcionar o olhar de teorias concorrentes das ciências humanas, de forma conjunta, sobre sua origem comum no arquivo unificado, mesmo que seja inacessível e indescritível. Mas, através dessa manobra, ele apenas deu aos intelectuais, por assim dizer, a possibilidade de ter consciência de si, como classe. O pós-estruturalismo ou, de forma mais ampla, o pós-modernismo é a doutrina de dominação de classes dos intelectuais, a ideologia de amplas camadas da elite intelectual. Essa é profundamente indiferente a todos aqueles que "não conseguem chegar ao museu", não entram na história, não são admitidos nos sagrados registros bibliotecários. Para esses, ela não conhece nem mesmo o Apocalipse: como eles não viveram a imortalidade do arquivo, eles também não podem morrer. Mas isso também não significa que exatamente esses outros, os quais já habitam no tempo apocalíptico, podem falar disso melhor do que os pós-estruturalistas, os quais estão em constante luto por si mesmos?

Post Scriptum, oito anos mais tarde.

Esse texto sobre os escritos apocalípticos de Derrida foi escrito no ano de 1986 e publicado no ano de 1987 na *Beseda,* pequena revista de emigrantes russos, que surgiu irregularmente em Paris, nos anos de 1980. O contexto político daquele tempo, que influenciou tanto o tom desses escritos, assim como o tom de minha reação a eles, agora pertence à história.

Entretanto, os temas fundamentais do arquivo e do Apocalipse ganharam continuamente importância na obra de Derrida.

Em seu livro *Os espectros de Marx* (1993), Derrida insiste na necessidade de defender a perspectiva apocalíptica do Marxismo contra qualquer tentativa de se afirmar a situação atual do mundo como o fim da história. Com isso, Derrida julga essa perspectiva apocalíptica como coletiva: o Apocalipse gera primeiro o "nós", ao abrir "a nós todos" a possibilidade do imprevisível, do acontecimento pleno, do absolutamente outro. Nós estamos isolados por nossas evidências, e unidos por nossos medos e esperanças. Para Derrida, a literatura ainda remete a algo que promete a ela um referente, além do papel, no qual ela é escrita. Esse referente permanece sempre inalcançável, a literatura sempre se revela como o escrito sobre o papel, que lhe bloqueia o caminho à presença do referente. Mas esse papel não pode se tornar a última evidência: a promessa do referente deve permanecer – como a cenoura diante da boca do burro, para que o burro continue a andar –, para que o escritor continue escrevendo; para que a comunicação, o coletivo, o social continuem funcionando, embora o papel seja o primeiro a criar a ilusão apocalíptica de que algo "outro" se oculta por detrás de sua superfície.

E quando o papel queima? Em seu mais novo livro, *Mal de arquivo* (1995), Derrida trata novamente da questão da destruição radical e física do arquivo, e se ela, ainda assim, pode ser inscrita nesse arquivo, como pressupunha seu texto, citado por mim acima. Ao final do livro, Derrida chega à conclusão de que partes do arquivo poderiam ser irrevogavelmente destruídas, e se perder para sempre. Essa possibilidade da perda puramente material já nós é conhecida através da polêmica de Derrida contra Lacan: essa possibilidade torna toda a psicanálise impossível.

Então, o particular pode queimar no arquivo? Mas, e o arquivo completo? O coletivo no arquivo?

A ambivalência original permanece. Se o arquivo for puramente material, caso se trate meramente de uma massa de papel, então, todo o arquivo pode queimar. Mas essa destruição total do arquivo não revela nenhum referente que estivesse permanecido oculto atrás do papel: tal referente (inclusive o referente do nada) é apenas uma ilusão, apenas um efeito criado pelo próprio arquivo. A destruição paralela dentro do arquivo é também possível, mas a destruição total do arquivo continua sendo impensável.

Por outro lado, se uma destruição apocalíptica total e coletiva de todo o arquivo não pode ser pensada, então resta apenas o papel, e esse papel se torna ele mesmo o fim da história. Todavia, o papel é igual em toda parte, ilimitadamente divisível: o arquivo se desfaz nos escritos individuais. E se todo papel individual pode queimar, então todo papel pode queimar. Com isso, desaparece o infinito espaço de signos do estruturalismo.

Desse modo, Derrida se encontra preso na contradição entre duas pressuposições fundamentais de seu pensamento: a materialidade dos signos, e a infinidade do jogo de signos, a diferença, a desconstrução. Nenhum papel é infinito no espaço e no tempo. O material, todavia, tem sempre certa inércia, certa constância. Depois que escrevemos algo no papel, retiramos algo do jogo de signos, antes mesmo de qualquer destruição possível. Quando todo o texto está escrito no papel, então, tudo se paralisa, tornando-se o objeto passivo da manipulação externa. Apenas a consciência se movimenta constantemente, não podendo ser dividida materialmente. O meio apropriado para o arquivo derrideano seria apenas a infinita memória de Deus (que, todavia, não exclui o esquecimento). Aparentemente, o papel não é suficiente.

6

Walter Benjamin

A relação do intelectual com a política é geralmente descrita em termos de um compromisso. Desse modo, surge a impressão de que o intelectual encontra-se relativamente livre em relação à política: ele pode se comprometer ou não. Mas existem conflitos, dos quais o intelectual não pode escapar, que o obrigam a fazer política, queira ele ou não. Um desses conflitos é o conflito entre a religião e a filosofia. No contexto da cultura europeia, esse conflito é inevitável para um intelectual. De uma forma ou de outra, todo intelectual é obrigado a tomar partido nesse conflito, e isso significa: declarar-se partidário desse ou daquele lado, conciliar ambos os lados, declarar o próprio conflito como ilusório, transcendê-lo, desconstruí-lo etc. Todas essas posições estratégicas têm uma natureza política, atraindo para si outras posições relacionadas a outros campos de conflito. Pois o conflito entre religião e filosofia, no contexto da tradição cultural europeia, pode ser facilmente interpretado como o conflito entre Jerusalém e Atenas, ambos geralmente reconhecidos, mesmo que extremamente heterogêneos, como a origem daquela tradição. A partir desse conflito, o caminho para outros conflitos ainda mais graves no campo "de fato" da política é curto. Mas, no que se segue, eu gostaria de me contentar em comentar a política de Walter Benjamim em relação ao conflito entre religião e filosofia, deixando outros conflitos em segundo plano.

Em vez da palavra "religião", frequentemente a palavra "teologia" é empregada para definir exatamente o discurso teológico que se situa em relação de concorrência com a filosofia. Como se pode então diferenciar a filosofia da teologia? Eu tenho a completa consciência de que é muito di-

88 | Introdução à Antifilosofia

fícil, ou mesmo impossível, pretender tal diferenciação, porque, com isso, levantam-se questões centrais da filosofia e da teologia que não foram ainda respondidas, e que não podem ser tratadas de forma breve nesse trecho. Apesar disso, eu gostaria de arriscar uma diferenciação, com o objetivo de formular uma hipótese sobre alguns textos de Walter Benjamin, ou até mesmo sobre a maioria, como por exemplo o *Fragmento Teológico-Político*, que pode ser entendido, na verdade, como teológico, e não como um texto político.

A teologia, assim como a filologia, como se sabe, ocupa-se com a questão da verdade – isto é, a verdade do "todo", seja lá como ele for entendido. A relação de ambos para com a verdade é fundamentalmente diferente. Por definição, a filosofia é o amor pela verdade, que pressupõe a real ausência da verdade, da sabedoria, da *sofia*. A filosofia almeja a verdade, mas ela não possui a verdade, e também não pode possuí-la. A filosofia espera constantemente a verdade a partir do futuro. Para ela, apenas uma verdade radicalmente nova, futurista, desconhecida, ainda não pensada, e talvez até mesmo impensável pode ter validade. O projeto filosófico é um projeto aberto, infinito, que se opõe à sua realização definitiva. A filosofia vive da impossibilidade de jamais satisfazer seu desejo pela verdade, ou seja, da impossibilidade de uma união definitiva com *sofia*. Se essa união algum dia se realizasse, seria uma catástrofe para a filosofia, seria o fim da filosofia. A filosofia é apenas possível se *sofia* nunca desistir de seu jogo de sedução, nunca se entregando aos que filosofam. Nesse sentido, como a filosofia é o puro desejar, ela também é pura atividade, trabalho. A filosofia realiza um trabalho ininterrupto, trabalho de reconhecimento, trabalho de crítica, e também o trabalho de desconstrução. Desse modo, esse trabalho é também uma forma de produção, isto é, a produção de discursos, escritos, sistemas, métodos, atitudes e modos de pensar filosóficos sempre novos.

A teologia, ao contrário, pressupõe que a verdade já tenha se mostrado desde sempre, que a união com a verdade já tenha ocorrido desde sempre, e que a verdade já tenha se revelado e se anunciado desde sempre. Mas isso não significa, de forma alguma, que a teologia acredite possuir completamente a verdade, pois a verdade anunciada é constantemente ameaçada pelo esquecimento. O tempo progressivo leva os teólogos cada vez para mais longe da verdade. Dessa forma, o trabalho dos teólogos não é o trabalho da produção, mas o trabalho da reprodução. Trata-se, primeiramente, de um trabalho da memória, do cuidado com a memória, no momento em que, pela primeira vez, a verdade se mostrou ao homem e, pela primeira vez, conversou e foi misericordiosa com ele. Quanto mais o teólogo se ocupa com o trabalho da memória, mais claramente ele percebe que é impotente contra o poder do esquecimento, que toda reprodução ainda destrói o original, e que todo trabalho da memória favorece o esquecimento. A razão para isso é facilmente compreensível: o projeto de se produzir, preferencialmente, uma reprodução exata ou que recorde exatamente o original, também permanece um projeto, isto é, permanece infectado pela filosofia, pelo futuro e pelo progresso. E tudo que é infectado pelo progresso afasta mais ainda o homem da verdade que foi exposta, anunciada e vivenciada no passado.

Assim, é incontestável que Benjamin foi, sobretudo, um pensador da memória e da reprodução, e, por isso mesmo, um teólogo. De uma forma absolutamente acentuada, ele evita apresentar seu próprio discurso como uma doutrina filosófica nova, e ainda desconhecida da verdade, mostrando até que ponto seu discurso difere de outros discursos anteriores, e porque seu próprio discurso é melhor, mais inteligível, e mais convincente do que todos os outros. Em resumo: ele evita as provas de que seu discurso se aproxima mais da verdade do que todos os discursos anteriores, as provas que normalmente são consideradas inevitáveis para um texto filosófico. Todavia, Benjamin está preocupado não com a produção da verdade, mas com a reprodução da verdade. A confiabilidade da reprodução não é garantida por inovações filosóficas, mudanças, rupturas, mas com as regras, classificações, restrições e garantias de proibições, cujo objetivo é talvez descartar um eventual desvio da reprodução do original. Em vez de formular provas, Benjamin formula exatamente tais regras e classificações. Em seu *Fragmento Teológico-Político*, Benjamin afirma: "A ordem do profano deve se erguer de acordo com a ideia da felicidade". Isso soa como uma ordem. E também é uma ordem, uma ordem para que o profano tome esse

90 | Introdução à Antifilosofia

e não aquele lugar, na topografia do todo. Ou ainda: "Pois, messiânica é a natureza de sua fatalidade eterna e total. Aspirar a esta [...] é a tarefa da política mundial, cujo método deve-se chamar de niilismo". Isso também é uma tentativa de traçar uma topografia da existência humana, que separe o terreno do messiânico e estabeleça uma relação entre o profano e a ideia do reino etc.

O discurso benjaminiano é teológico e, ao mesmo tempo, topológico. Isso significa: esse discurso não formula uma nova verdade do todo, mas define lugares, *topoi*, aos quais os discursos e práticas já existentes devem se adaptar. A filosofia é indeterminável topologicamente, ela espera pela verdade e não sabe exatamente quando, onde e de qual direção a verdade surge. A teologia, ao contrário, é determinada topologicamente, pois ela sempre sabe em qual lugar, e em qual tempo, a verdade surgiu. E, acima de tudo: toda teologia que deseja manifestar, formular e codificar a verdade de uma determinada religião, deseja também distanciar-se dos lugares nos quais são proferidas e cuidadas as falsas verdades, as inverdades. A teologização da verdade significa também sua topologização, a determinação de seu lugar, seja ele um templo, uma igreja, na universidade ou em um partido. A reprodução da verdade não deve levá-la a abandonar seu lugar, desorganizando a topologia do mundo; tal verdade sem lugar e sem lar, que se espalha regularmente por todo lugar, não é mais verdade. Tal reprodução da verdade, que se espalha indeterminadamente, ainda segundo Benjamin, perde definitivamente sua aura, isto é, sua verdadeira relação com a verdade. Caso ocorra tal declínio da topologia definida teologicamente, apesar de sua indicação e atribuição, a memória da verdade parece estar definitivamente perdida.

E isso significa: a teologia definitivamente se extingue, e a filosofia triunfa. A verdade é indeterminada topologicamente, tudo o que se pode fazer é esperar por ela, pois ela pode chegar de todos os lados, e a qualquer hora. Dessa forma, a verdade emigra do passado para o futuro. Como consequência, surge a crença no progresso, na criatividade, na utopia desse mundo. A emigração da verdade do passado para o futuro pode ser interpretada, ela própria, como progresso, até mesmo como um progresso decisivo. Desse modo, se saudamos essa diáspora, e nos unimos a ela, isso é uma decisão puramente política. Estamos sempre tentados a nos unir ao vencedor, nesse caso, a filosofia. Mas o desejo de se unir ao vencedor, como se sabe, é uma testemunha de mau gosto: o verdadeiro *gentleman* se dedica apenas à causa perdida. Walter Benjamin, que, sem dúvida, se entendeu como um aristocrata do espírito, opera da mesma forma, optando não pela filosofia, mas pela teologia. Essa decisão política não significa que Benjamin assuma uma atitude defensiva, "reacionária" em relação à filosofia, e toda a cultura secularizada da modernidade influenciada pela filosofia. Ao contrário, sua estratégia é ofensiva. Ele descreve, aliás, todo o mundo moderno não como o lugar da produção, mas da reprodução, e, com isto, não o lugar da espera pela verdade, mas da perda da verdade, pois, reproduzir a verdade significa perdê-la.

Para tornar plausível essa descrição, Benjamin atribui ao mercado e à cultura de massas e de mercadorias realizada pelo mercado, o significado central na diagnose da modernidade. Ao descrever a cultura de massas, que não opera com o original, mas com a cópia, como a verdadeira cultura da modernidade, ele pode, sem dizê-lo diretamente, considerar irrelevantes a ciência avançada e a arte da vanguarda, as quais se assentam na evidência, criatividade, produção, inovação, isto é, nos valores da filosofia. Por isso, em Benjamin, a diagnose da modernidade tem um resultado radicalmente diferente, em comparação com a diagnose padrão. A diagnose padrão é constituída pelo fato de que, na modernidade, a teologia é substituída pela filosofia; a orientação no passado, pela orientação no futuro; a tradição, pela evidência subjetiva; a fidelidade à origem, pela inovação etc. Em vez disso, Benjamin descreve a modernidade não como a época do declínio da teologia, mas como a época de expansão no profano, sua democratização, sua massificação, sua diáspora. Antigamente, o ritual, a repetição e a reprodução eram coisas da religião, praticadas em lugares isolados e sagrados. Na modernidade, o ritual, a repetição e a reprodução tornaram-se o destino de todo o mundo, de toda a cultura. Agora, tudo se reproduz e se multiplica: o capital, as mercadorias, a arte. Na verdade, o progresso também é reprodutivo, ele se constitui na repetitiva destruição

92 | Introdução à Antifilosofia

do antigo. Benjamin entende a modernidade como a época da reprodução total e, assim, da teologização total da cultura. Sua estratégia política, no conflito entre a teologia e a filosofia, consiste em unir a teologia e a cultura de massas contra a filosofia. Contra tal aliança, a filosofia, e a cultura de vanguarda que ela carrega, não podem fazer frente – em face dessa aliança, a filosofia encolhe até a completa invisibilidade.

Em seu famoso texto sobre a obra de arte na era da reprodutibilidade técnica, Benjamin demonstrou que a cultura de massas é uma cultura de reprodução. Mas já em um texto escrito bem anteriormente, em o *Capitalismo sobre religião* (1921), Benjamin descreve o capitalismo, em seu todo, como um culto, um ritual, que é celebrado ininterruptamente – um eterno domingo, ao qual não se segue nenhum dia de trabalho. Essa descrição parece, a primeira vista, contrariar a intuição, pois o capitalismo, na maioria das vezes, é descrito como uma máquina de produção e trabalho. Mas, para Benjamin, o capitalismo é, segundo sua essência, uma prática reprodutiva, isto é, a prática da constante reprodução da culpa, do mesmo modo que o ritual da igreja, ao reproduzir constantemente nosso dever perante Deus. Em ambos os casos, trata-se de uma reprodução permanente, que não é e nem pode ser interrompida por nenhum dia de trabalho, isto é, através de nenhuma produção, nenhuma inovação, nenhuma verdade nova, isto é, nenhum perdão da antiga culpa. O capitalismo é apresentado aqui como uma prática reprodutiva e cultural, como o lugar no qual o mundo profano e o cotidiano humano se transformaram. Um trabalho filosófico e produtivo é impotente contra essa prática reprodutiva do capitalismo. E como o capitalismo é onipresente, não podendo mais ser localizado em uma igreja ou em um templo, a chegada do capitalismo significa o definitivo fim da filosofia – o fim da espera por uma aparição "original" da verdade. Além disso, o capitalismo é um culto sem dogmática, sem teologia – isto é, um culto para além de uma legitimação linguística. O capitalismo não necessita de nenhuma legitimação linguística adicional, porque ele transforma o mundo todo, inclusive toda a linguagem, em templo de seu culto – por essa razão, também não é possível criticar ou contradizer o capitalismo através de meios linguísticos.

De fato: o poder tradicional, assim como o poder comunista, ou, se quiser, o poder socialista, se fundamenta em um discurso ideológico, em uma narrativa histórica. Tanto o indivíduo, quanto o poder, devem constantemente se justificar ideologicamente. A linguagem funciona tanto como instrumento de autoafirmação e repressão estatais, assim como instrumento de oposição. Afinal de contas, todos os conflitos sociais devem ser resolvidos linguisticamente. O discurso filosófico da oposição se levantou contra a teologia oficial do poder. Lutava-se contra a pretensão do poder sobre a verdade absoluta, pelo direito de uma democracia pública, que discutisse abertamente esse discurso, e também questionasse toda decisão, todo julgamento de poder. Essa luta foi, até certo ponto, vencida. A sociedade se emancipou da teologia do poder. Mas, ao mesmo tempo, ela se emancipou de todo discurso. Ela se tornou uma sociedade pós-discursiva. O capitalismo, como Benjamin com razão afirmava, é um culto sem teologia. O capitalismo é um trabalho silencioso de repetição, reprodução. O capitalismo representa uma teologia além da teologia – um pensamento da reprodução que contempla apenas a forma da reprodução, não questionando mais o que, em verdade, vai ser reproduzido. A teologia do capitalismo e da cultura de massas, desenvolvida por Benjamin, é tal teologia além da teologia – uma teologia da reprodução além da questão do original. Assim, ela produz uma forma de teologia aparentemente elevada e não mais passível de crítica.

Ao descrever uma cultura da reprodução total, na qual a filosofia não tem mais lugar, o discurso de Benjamin pressupõe o fim da filosofia. Nesse sentido, no contexto de seu tempo, ele naturalmente não se encontra de forma alguma sozinho. É suficiente apontar aqui para um autor que, mesmo de uma outra forma, também interpretou a modernidade como transição para a reprodução total – a saber, Alexander Kojève. Em seu famoso seminário sobre Hegel, apresentado na *École des hautes Études*, em Paris, entre os anos de 1933 e 1939, Kojève, como se sabe, qualifica o livro de Hegel, *Fenomenologia do Espírito*, como um livro que torna impossível a espera pela verdade e, assim, também qualquer outra forma de filosofar. A única possibilidade de se falar ou escrever sobre a verdade, segundo Kojève, é reprodu-

94 | Introdução à Antifilosofia

zir e repetir a *Fenomenologia do Espírito*. Para isso, basta sempre reimprimir o livro, sem mesmo o ler ou comentar. Desse modo, o amor do filósofo pela verdade permanece por tanto tempo irrealizado, impulsionando o processo do filosofar, até que a verdade, *sofia*, retribua o amor do filósofo. Exatamente isso acontece ao final da *Fenomenologia do Espírito* hegeliana, pois a chegada do espírito absoluto significa o reconhecimento de todo indivíduo pelo "todo". Caso ocorra esse reconhecimento universal, o homem se torna sem desejos – e, com isso, sem espírito. O espírito abandona o homem, tornando-se o livro, a coisa. O homem torna-se o responsável pela reprodução, porém não mais da produção da verdade. O próprio Kojève, como se sabe, abdicou da pretensão de desenvolver seu discurso individual, novo e original – em vez disso, ele afirmou estar constantemente apenas repetindo o discurso de Hegel, sem também querer, de forma alguma, continuar o desenvolvendo. Dessa forma, Kojève se posiciona como o Duchamp da filosofia: ele tratou a *Fenomenologia do Espírito* como um *ready-made* – e viu sua autoridade autoral apenas no fato de expor esse *ready-made* em um novo lugar – ou seja, na Paris daquele tempo.

O fenômeno da reprodução é igualmente central em Kojève. Na verdade, a questão é: por que devemos começar um novo discurso filosófico, se já é suficiente reproduzir um livro já existente, dar cursos sobre ele, ou expô-lo em um novo lugar e para um novo público? Na era das religiões tradicionais, a prática da repetição e reprodução reduziu-se a lugares sagrados; o profano, ao contrário, foi abandonado ao rio indeterminado do tempo. Nessas circunstâncias, a filosofia atua como expressão da esperança de uma evidência profana, como a aparição da verdade no profano, e também como o reconhecimento, e como imortalidade, situada além do lugar sagrado da reprodução garantida institucionalmente. Porém, a situação se modifica fundamentalmente, se o processo da reprodução abrange todo o âmbito do profano. Trata-se aqui de uma garantia de reconhecimento social, político e técnico, da duração, e até mesmo da imortalidade, que – ao menos potencialmente – deve valer para todos. Desse modo, toda filosofia que ainda consiste na diferença entre verdadeiro e falso torna-se supérflua. Sob as condições da cultura de massa espalham-se e reproduzem-se textos e imagens, independentemente se são verdadeiros ou falsos, se "merecem" ou não a imortalidade através da reprodução. Hoje em dia, qualquer um pode comprar uma câmera, um gravador, uma câmera de vídeo, um computador, imortalizando-se através da reprodução técnica. Com isso, uma teologia democrática e técnica, que conquista o profano, mostra-se como uma força ainda mais democrática, em comparação com a filosofia, cuja diferença entre verdadeiro e falso aparece cada vez mais como elitista e obsoleta.

A ocupação total do espaço profano pelas técnicas de reprodução não deixa chance alguma para que a filosofia, que necessita do espaço livre e profano para seu surgimento e desenvolvimento, se constitua. Se tudo se torna reproduzível, a filosofia, enquanto espera por um acontecimento único da evidência, torna-se impossível e, acima de tudo, desnecessária. Sem dúvida, a "verdade original" e a aura original são danificadas e falsificadas por essas técnicas de reprodução profanas, que não consideram a topologia do sagrado, e transportam as cópias do original sagrado para a profanidade da diáspora. Como se sabe, Benjamin descreve essa danificação como a destruição da aura. Na verdade, se a reprodução se torna total, o desejo pela aura original perde qualquer sentido. Desse modo, parece que a vitória total da reprodução sobre a produção significa, ao mesmo tempo, a vitória final da teologia – entendida como teologia além da teologia – sobre a filosofia. Mas, apesar disso, a situação continua indecidida.

Uma pergunta obrigatória ameaça colocar essa vitória em dúvida: até que ponto uma cópia é realmente uma cópia – e não algo totalmente diferente? E de fato, como Benjamin escreve no ensaio sobre a obra de arte, se nem mesmo a perfeita identidade material entre o original e a cópia não poderia garantir a identidade verdadeira entre eles, não podendo fazê-lo porque o original possui uma aura que falta à cópia, então, parece que não estamos mesmo autorizados a descrever "uma cópia" sob as condições de sua difusão profana e diaspórica. Se uma obra de arte se detém em um lugar aurático, sagrado, protegido pela topologia teológica, como por exemplo um ícone na igreja, ou uma obra prima da pintura no museu, a identidade dessa obra de arte é sempre garantida pela reprodução. Reproduz-se uma obra de arte ao se restaurá-la – e, sem a restauração, uma obra de arte não pode se conservar por um período mais longo. O aspecto, o estado e a duração material de uma obra de arte restaurada sempre diferem muito claramente daquelas antes da restauração. Tal reprodução em lugar aurático certamente não modifica o *status* do original, porque ela não ameaça a topologia protegida teologicamente, que, afinal de contas, protege a originalidade do original. A situação é completamente diferente, no caso de uma difusão incontrolada, indeterminada topologicamente e diaspórica da obra de arte no profano. Mesmo que a duração material e a completa similaridade com o original estejam garantidas, a mudança de lugar significa uma profanação do original, uma perda da aura – e, com isso, uma ruptura com o original.

Desta forma, não há apenas um processo de reprodução, mas dois processos completamente diferentes, um topologicamente determinado, que garante a continuidade do original no tempo, e um topologicamente indeterminado, diaspórico e profano, que não garante essa continuidade. Até que ponto temos o direito de dizer que a segunda reprodução é uma reprodução – e não uma espécie de produção? Se uma cópia se encontra em outro lugar e em outro contexto que seu original, esse fato já é suficiente para dizer que essa cópia é diferente do original. E ainda mais: que possivelmente a cópia é tão diferente do original, que não temos, de forma alguma, o direito de falar sobre essa cópia como cópia, ao contrário, devemos vê-la como outro original. Aliás, desde Duchamp essa reflexão é utilizada de uma forma bem pragmática pela arte, especialmente pelos artistas da arte *pop* e da arte de apropriação, para estabelecer como originais seus próprios trabalhos, que "originalmente" são cópias, através de sua recolocação no contexto museal. Desse modo, a cópia diaspórica não é uma cópia com *status* assegurado. Antes, parece se comportar de tal forma, que, em lugares profanos e diaspóricos, nós nos envolvemos em um jogo infinito de diferenças, que a primeira vista desconstrói a oposição entre original e cópia, oferecendo a chance de produzir o original através da cópia. A própria palavra "cópia", assim como a palavra "reprodução", pressupõe uma identidade entre o original e sua cópia – ou, ao menos, a identidade entre duas cópias diferentes (por exemplo, entre duas cópias diferentes do mesmo filme, que, de fato, nunca podem ser idênticas). A filosofia recebe uma nova chance através do discurso da diferença: com isso questiona-se, fundamentalmente, o processo da reprodução total, da repetição. Assim que a reprodução se torna diaspórica, por ser ela reinterpretada como produção da diferença.

O discurso da diferença se apresenta, com frequência, como discurso revolucionário, porque ele desconstrói a linguagem da identidade, através da qual, o conhecimento científico dominante hoje em dia supostamente fala. De fato, as ciências empíricas, de pensamento positivista, se encontram há muito tempo do lado da diferença. Em uma perspectiva puramente científica e positivista, os fenômenos individuais sempre se apresentam como empiricamente diferentes – sua classificação em conceitos e princípios universais é vista apenas como um mal inevitável, que não se deixa superar. E diferenças não empíricas não existem. Mesmo a suposta diferença não empírica entre a presença e a ausência da aura, como foi demonstrado acima, pode ser descrita como diferença empírica entre formas determinadas e indeterminadas da reprodução. Uma diferença sempre pode ser comprovada empiricamente. A identidade, ao contrário, deve ser reconhecida, pois ela sempre permanece controversa.

Portanto, designar-se uma cópia como cópia ou como original não é um problema do conhecimento, mas do credo – um problema da decisão política, ou, melhor, da decisão teológico-política. Podemos aguardar, ou até mesmo esperar, que a cópia diaspórica seja diferente do original, da identidade, que mostre a face do novo, do inesperado. Isso significa: sob a condição da reprodução total, também se pode, caso se queira, conservar a atitude filosófica e aguardar pela evidência do novo, do não pensado, do outro. Essa atitude é confirmada empiricamente pelo fato de que uma cópia perfeita é uma coisa impossível – e, assim, sempre há a possibilidade de se reinterpretar o processo de reprodução como processo de produção. Sem dúvida, Benjamin não aposta na divergência do original, mas na fidelidade da reprodução. Para ele, a diáspora no profano não é o lugar da nova esperança, mas, ao contrário, o lugar onde a antiga esperança sucumbe. E ela sucumbe extamente pelo fato de ser reproduzida fielmente, pois a fidelidade no profano leva à perda da aura, à perda da topologia sagrada. Para uma reprodução total, que abarque o mundo todo, a garantia daquilo que seja realmente uma reprodução pode apenas ser extramundana, isto é, messiânica, manifestando-se, exclusivamente, como força pura do além, que a tudo iguala e que destrói toda diferença. A espera pelo inesperado também não ajuda aqui. O outro da cópia diaspórica não se apresenta ao observador como a face do radicalmente outro. Ao contrário, ele se manifesta como um tapa em sua própria cara.

7

Theodor Lessing [46]

O famoso mandamento: "ama o teu próximo como a ti mesmo" é o alicerce e a base da ética europeia. Com isso, muitas vezes pressupõe-se que toda pessoa ame a si mesma, sem mesmo a necessidade de uma instrução adicional. Entretanto, Aristóteles já apontava, em sua *Ética a Nicômaco*, que apenas o virtuoso poderia amar a si mesmo, sendo virtuoso aquele que seguisse as leis de seu povo, que fosse moderado e justo, como quer o costume. Para Aristóteles, o amor próprio não pode ser separado da vida feliz em meio ao próprio povo, daquele amor e consideração que o homem vivencia em seu meio original. Para um pagão como Aristóteles, era impossível imaginar um expatriado, um pária entre outros povos, que estivesse cheio de amor por si mesmo e pelos outros, e, ao mesmo tempo, que fosse feliz.

O judeu é sem dúvida um pária entre os povos, mas isso significa que o judeu não pode amar a si mesmo. E significa também que o judeu é perigoso, pois lhe é negado o acesso ao "ama ao próximo como a ti mesmo", alicerce e base da ética. Na melhor das hipóteses, o judeu permanece indiferente a esse apelo. Entretanto, é possível que ele o siga e comece a odiar os outros, da mesma forma que ele se odeia. É assim que entende a lógica tradicional do antissemitismo. Segundo essa lógica, para ser feliz e virtuoso, e, além disso, inofensivo a seu meio, o judeu deve "ser como todos". Em seu escrito, Lessing também incita a isso: os judeus devem abandonar seu papel de expulsos desse mundo e, finalmente, viver todos juntos, de acordo com suas antigas tradições judaicas.

---

46. Originalmente publicado como: GROYS apud LESSING, 1984, p. VII-XXXIV.

100 | INTRODUÇÃO À ANTIFILOSOFIA

Em primeiro lugar, não se pode contestar que esse apelo é prático e racional. Com efeito, o judaísmo europeu, emancipado na modernidade, não conseguiu, nem desejou, aquilo que os antissemitas tradicionalmente o culpam – ou seja, através de sua própria influência social, recém-adquirida, preocupar-se com seu bem estar ou, ao menos, com sua segurança. A completa atomização e ineficácia do judaísmo, como grupo social, veio inteiramente à tona na Segunda Guerra Mundial, quando o disperso judaísmo europeu, privado de qualquer coesão interna, foi unificado por um poder externo e hostil a ele – com o objetivo do extermínio. Nesse momento, paradoxalmente, a consciência da unidade e da missão histórica do judaísmo era mais forte entre os antissemitas do que entre os próprios judeus, os quais, representados por sua elite intelectual esclarecida, em favor da "humanidade" e do "progresso", abdicaram apressadamente de sua missão e, com a mesma pressa, quanto mais essa abdicação os tenha agradado, incitaram também os outros povos a isso. Os outros povos viram nessa mensagem um sofisma inteligente, com a ajuda do qual, os judeus, o povo "mais universalmente humano", sem um Estado próprio, sob o pretexto de ideais universalmente humanos, lutava pela primazia. No entanto, esse não foi o caso, não se tratava de um sofisma. Quem dera tal plano houvesse ocorrido. Primeiro, em consequência de seu baixo número e dispersão, os judeus não teriam, de qualquer forma, conseguido a soberania mundial, mas pelo menos poderiam salvar algumas vidas. Segundo, toda ideia que é colocada em prática com hipocrisia e ironia, em verdade, é incomparavelmente mais atraente do que uma ideia, atrás da qual se oculte a habitual sobrevalorização de si mesmo.

Lessing reconheceu claramente o perigo eminente. Na posição honesta, tola, ingênua e presunçosa dos intelectuais judeus de seu tempo, a ingenuidade deles o indignava verdadeiramente: homens que não são capazes de amar a si mesmos, e interceder por si mesmos, dispõem-se a falar em nome de toda a humanidade e interceder por ela, embora eles esqueçam que toda essa humanidade restante é bem mais capaz de interceder por si mesma e, na dúvida, intercederia por essa gente em último lugar. Por isso, Lessing queria novamente trazer à memória dos judeus cultos seu próprio destino de povo expulso entre os povos da Europa, destino para o qual eles gostariam de fechar os olhos.

Como alternativa a uma absorção na Europa cristã, um processo que ameaçava os judeus com o autoalheamento e, além disso, era inútil, pois os povos europeus, segundo a opinião de Lessing, não estavam preparados para receber os judeus em seu meio de uma forma ou de outra – como alternativa, Lessing propõe aos judeus retornar a uma vida em meio a seu próprio povo, e a também viver como todos os outros povos. Esse projeto que, à primeira vista, parece bem natural, logo revela suas contradições: as tentativas de superá-las constituem, na verdade, o *pathos* do escrito de Lessing. Lessing vê o grande perigo para uma vida nacional dos judeus em seu desejo de universalidade: os judeus não são capazes de se dobrar às tradições e aos ideais, quando não os consideram universais, universalmente válidos. À procura do universalmente humano, os judeus poderiam virar até mesmo as costas a si mesmos, a seu povo e a suas tradições, caso chegassem à conclusão de que sua própria herança cultural é um impeditivo para alcançar a universalidade almejada. Em suas concepções filosóficas, Lessing é, sobretudo, um discípulo de Nietzsche: para ele, o universal está incorporado na ciência e na racionalidade moral, que, em sua totalidade, forma a esfera do "espírito". Por isso, Lessing, seguindo Nietzsche, vê no "espírito" seu principal oponente. Nem a ciência, nem a moral podem dar a felicidade e a paz interior aos homens: elas são abstrações mortas que, caso subtraiam do homem sua terra natal, podem ter um efeito ainda mais prejudicial e destruidor da vida. Por isso, Lessing exige dos intelectuais judeus que abandonem a fidelidade unilateral para com o "espírito", e retornem à terra, às tradições populares judaicas originais.

O paradoxo dessa exigência aparece claramente quando se recorda que para Nietzsche, assim como para seus sucessores na filosofia europeia daquela época – como também para Klages, amigo de infância de Lessing, cujas concepções filosóficas Lessing compartilha até o fim de sua vida –, o povo judeu é precisamente o portador do "espírito" inimigo da vida, o "povo de sacerdotes" por excelência. O judaísmo, que opõe o mundo de um Deus transcendente ao mundo de um Deus que culpa, é visto na tradi-

102 | Introdução à Antifilosofia

ção de Nietzsche como origem de todas as correntes espirituais na Europa, e, principalmente, do cristianismo. O apelo de Lessing para retornar à tradição judaica autêntica serve, por isso, como indicação de que o ódio judeu a si mesmo tem raízes mais profundas do que apenas a reação interior à perseguição secular – esse ódio a si mesmo se fundamenta na religião judaica, de acordo com a qual um judeu, em razão de sua vida terrena, é sempre culpado perante Deus. Desse modo, o ódio a si mesmo revela-se, desde tempos imemoriais, como o destino judeu, do qual não há escapatória.

Lessing está inteiramente consciente dessa dificuldade, por isso ele escolhe a única saída possível em sua lógica: ele diferencia entre tradição popular e cultural judaica, e judaísmo. De fato, ele afirma que a tradição popular religiosa judaica, segundo sua essência, é pagã; como prova, ele cita especialmente aqueles trechos do Antigo Testamento, onde muitos judeus são condenados por idolatria; além disso, ele segue o rastro de temas pagãos nas tradições populares judaicas. Lessing aponta para a origem asiática dos judeus e para o fato de que eles são estranhos à Europa cristã, com isso, ele faz uma ponte entre teorias que apontam para a origem asiática dos arianos. Em outro escrito, Lessing descreve, sem rodeios, o cristianismo como o inimigo comum de judeus e arianos.

Segundo a opinião de Lessing, o domínio do "espírito" sobre a vida é exclusivamente uma obra do cristianismo, na qual o judaísmo é inocente; isso permite a Lessing, por outro lado, transformar o anticristianismo ariano de Nietzsche, assim como o antissemitismo (no sentido de "antijudaísmo", mas aqui se trata, naturalmente, apenas de um trocadilho, similar ao "antissionismo" moderno) em aliados ideológicos, e até mesmo em mestres.

Os leitores de Lessing estão diante de um problema intelectual extraordinariamente interessante e importante, o qual, graças à habilidade teórica franca e dialética de Lessing, ganha claros contornos: o apelo aos judeus a se isolarem e procurarem a própria tradição leva, simultaneamente, ao apelo de romper radicalmente com aquilo que sempre foi visto pelos próprios judeus, e por todo o mundo, como um bem primordial da tradição judaica: o consequente monoteísmo, a crença na transcendência de Deus.

Desde o início, o Sionismo se posicionou como uma oposição ao judaísmo, o qual acreditava que apenas através do Messias, no fim dos tempos, Israel poderia ser reestabelecido; por fim, o Sionismo compreendeu a si mesmo como um movimento puramente laico, que não se encontrava em uma oposição fundamental à religião judaica. O escrito de Lessing levanta a questão sobre a dimensão religiosa, metafísica do Sionismo, sobre seus pressupostos místicos. E, ao reconstruir essas pressuposições, Lessing chega a uma negação radical daquilo que serviu como fundamento para a definição e a preservação da identidade judaica por séculos.

É necessário notar que a tese inicial do escrito de Lessing – o amor próprio é dependente da relação com o próprio povo, com a própria terra e a natureza – já contém um certo distanciamento da concepção de mundo judaica. Da mesma forma que o Cristo crente, o judeu crente cria o amor a si mesmo a partir do amor de Deus aos homens. Esse amor de Deus é independente de coisas exteriores, tais como o povo, a tradição, a terra. Lessing compreende o "espírito" como o homem emancipado da religião, para o qual apenas a ciência e a moral são princípios universais, dos quais não se deve esperar amor. Para o homem crente, todavia, Deus não é apenas aquele que acusa, mas também o protetor e auxiliador amoroso. Naturalmente, pode-se levantar a objeção de que essa concepção de Deus e do amor divino já seria, ela mesma, o resultado da dispersão judaica, e uma compensação pela ausência de amor humano habitual. Em primeiro lugar, tal objeção certamente já reconhece que o ódio a si mesmo não pertence essencialmente ao destino do judaísmo, mas foi superado com sucesso na religião judaica; e segundo, essa objeção superestima a especificidade da situação judaica. Sem esquecer de que a miséria e a expulsão não são privilégios absolutos dos judeus, a universalidade do Deus transcendente representa, acima de tudo, uma resposta à universalidade da morte.

Nas polêmicas contra o judaísmo e o cristianismo, acusam-se frequentemente essas religiões de que elas estragam a existência do homem pela referência à morte. Essa acusação foi levantada de forma muito persistente por Nietzsche e seus seguidores. Todavia, essa acusação é, no mínimo, es-

104 | Introdução à Antifilosofia

tranha. Nem o judaísmo, ou o cristianismo foram jamais necessários para infundir o medo da morte nos homens, ao contrário, essas religiões tentam libertar os homens desse medo, prometendo-lhes a ressurreição após a morte e a vida eterna. O judaísmo liga o homem a um Deus que se situa fora e acima do mundo; a experiência dessa ligação auxilia na superação do medo da morte, o qual seria inevitável, se o homem – como é o caso no paganismo – pudesse sentir-se apenas como uma parte do mundo. Nesse aspecto, é extremamente interessante o fato de que Lessing define o sentimento religioso autêntico no sentido inverso, isto é, como a experiência de ser uno com o mundo, ou, por assim dizer, como antijudaico.

No século XX, a vida foi frequentemente propagandeada como o mais alto valor, e a experiência da vida, do "sentimento cósmico", louvada como a experiência mais elevada acessível ao homem. Mas tudo na vida é consagrado à morte – o que, em verdade, também foi reconhecido pelos filósofos da vida, se eles quisessem ser verdadeiramente consequentes e sinceros –, por isso, em sua limitação, a experiência da vida também é uma experiência da morte, e a vida verdadeira surge no homem apenas no processo de sua autodestruição, quando desmorona o seu eu humano, e todo o mundo dos fenômenos. A vida, como o mais elevado valor, é alcançada apenas na morte, com seu "eterno retorno"; toda filosofia da vida baseada em autoconservação, como por exemplo o "pacifismo ecológico" de hoje em dia, é uma inocente trivialidade. A filosofia da vida apenas pode se justificar quando ela se orienta pela morte, soa simplesmente cômico que o judaísmo seja acusado de hostilidade à vida e ao mundo por tal filosofia.

Naturalmente, a filosofia da vida tem toda razão quando ela opõe seu ser à morte da ciência, da moral, do reformismo social, do sonho de uma "paz eterna" etc., ou seja, contra tudo o que Lessing descreve com a palavra "espírito", o que, todavia, representa apenas um sortimento de bobagens bem intencionadas: se o homem é consagrado à morte, não é indiferente se ele morre no Capitalismo, no Socialismo, na guerra ou em sua cama, com cultura, ou sem cultura? Tais "valores transcendentes", que são indiferentes à vida e à morte do homem, também merecem, naturalmente, que os homens lhe sejam indiferentes. De forma que, enquanto o "espírito", para

Lessing, nada mais for que a "verdade" e "o bem", o homem pode partilhar completamente de sua indignação. Algo completamente diferente é quando Lessing identifica esse "espírito" impotente com o judaísmo e o cristianismo – nenhuma dessas religiões reconhece o poder da morte.

Aqui se poderia naturalmente levantar a objeção de que a crença na imortalidade e na ressurreição é um absurdo, que é indigna de um entendimento "elevado", que o homem realmente pertence ao mundo, e que o paganismo teve a coragem de admiti-lo e de viver com essa consciência, enquanto o judaísmo e o cristianismo, por serem "religiões de escravos", consolavam-se com contos de fadas. Essa consideração – o argumento central, quando a superioridade do espírito ariano e greco-romano sobre o cristão-judaico é comprovada – sofre, no entanto, de um defeito grave: ela compreende como algo natural a doutrina da unidade do mundo e do homem, como parte dessa unidade. Em seu tempo, Nietzsche levantou a questão sobre a genealogia da moral, chegando à conclusão de que a moral surgiu na vida privada de direitos; impotente em restituir seu direito, a vida se voltou contra si mesma. Seguindo Nietzsche, poder-se-ia levantar a questão sobre a genealogia do "mundo" e da "vida" – em verdade, de onde eles vêm? Naturalmente, no contexto do presente ensaio apenas uma breve resposta pode ser dada a essa questão, mas ela é importante para compreender a essência do dilema perante o qual Lessing se encontrava.

Seguindo Klage, Lessing tendia a conferir ao paganismo a "experiência cósmica", a unidade do mundo e a unidade do homem e do mundo. Todavia, tal experiência era totalmente estranha ao paganismo. A essência das religiões pagãs consistia exatamente no fato de que o espaço sagrado e o espaço profano estavam bem separados um do outro, não formando uma unidade. Desse modo, a experiência religiosa do paganismo não poderia, de forma alguma, relacionar-se com o "mundo como um todo". A matemática e a razão moral mantinham seu significado também em uma tradição pagã e socrática, pois se supunha que elas descreviam o âmbito sagrado da vida (a vida das estrelas) e, por essa razão, quem as dominava alcançava a imortalidade. O fato de que a ocupação com a matemática e com a ciência é insignificante para a vitória sobre a morte não é, de forma alguma, uma

106 | INTRODUÇÃO À ANTIFILOSOFIA

descoberta do paganismo, mas do judaísmo. O judaísmo e o cristianismo realizaram a dessacralização do sagrado, e sua equiparação com o profano, de onde deriva a ideia contemporânea da unidade do mundo e da vida terrena e, ao mesmo tempo, também o famoso "sentimento cósmico". Esse sentimento não corresponde, de modo algum, a uma realidade original. Ao contrário, ele representa um correlato emocional à ideia abstrata da unidade do mundo, isto é, a uma ficção ideológica que tem uma determinada história de sua formação. A ideia da unidade do mundo e a inclusão do homem nessa unidade é geralmente utilizada para demonstrar o caráter ficcional da imortalidade. Mas, se essa própria ideia mostra-se como ficção, a questão da imortalidade também mostra-se, no mínimo, aberta. E quem tentar resolver essa questão não está autorizado a basear-se em qualquer fato indubitável.

Se a ideia de unidade do mundo, e da vida do mundo, deriva do judaísmo, parece ainda mais significativo que precisamente o judaísmo, segundo a opinião de Lessing, carece da verdadeira experiência religiosa, do "sentimento cósmico". Esse exemplo pode ser considerado como paradigmático para a relação entre o pensamento filosófico europeu e a tradição judaico-cristã. Nessa tradição, assim que se chegava a um conceito geral, universal, ao mesmo tempo, a própria tradição era definida como um caso particular desse conceito, mostrando-se automaticamente como algo caracterizado de forma negativa. Se a unidade do mundo e o primado do "sentimento cósmico" fossem aceitos, entre todas as religiões, apenas o judaísmo os prescindiria. Se o princípio do Estado laico fosse estabelecido, apenas o judaísmo proclamaria ser seu inimigo irreconciliável. Se a igualdade social fosse elevada a princípio, o judaísmo se declararia o portador do espírito capitalista etc. Se o particularismo fosse reconhecido universalmente, o judaísmo, em razão de sua aspiração por universalidade, também se mostraria como exceção. Nesse ponto, surge aquele último paradoxo, o qual forma o pronto crucial do escrito de Lessing: se os judeus querem ser "como todos", então eles devem separar-se de todos e tornar-se diferentes de todos – mas para tornar-se diferentes de todos, eles devem, antes de tudo, abdicar daquilo que constitui sua originalidade.

Essa caracterização negativa do judaísmo pode ser facilmente explicada de forma meramente lógica: qualquer teoria que reivindique universalidade tem condições de explicar tudo, menos como ela mesma surgiu, e, em consequência disso, precisa transformar sua origem em um tabu. Trata-se da questão, todavia, de onde vem essa aspiração por uma universalidade sem pressupostos. E aqui, deve ser possível descobrir diferentes pressupostos psicológicos em europeus e judeus. Um tal pressuposto seria, entre os europeus, sua constante aspiração em se identificar com a própria cultura, e sua incapacidade de alcançar essa identificação.

A facilidade com a qual os judeus europeus se afastaram de suas tradições culturais específicas, no tempo do Iluminismo, por sua vez, provocou um espanto geral e, em parte, também um desdém entre os povos cristãos. Os europeus viram nesse afastamento, em seu radicalismo e no sentimento que beirava o ódio, o qual os judeus cultos daquele tempo nutriam por seu passado, uma confirmação de seus amplos preconceitos antissemitas. Essa reação da Europa à rápida assimilação dos judeus pressupunha, todavia, que se ocultasse, ainda que deliberadamente, uma série de verdades, cuja revelação não podia mais ser postergada. A mais importante dessas verdades consiste no fato de que os judeus não viam a cultura europeia como algo estranho, e nem poderiam ver. Os livros sagrados do cristianismo são, simultaneamente, a história do povo judeu, sua poesia, sua sabedoria e sua esperança religiosa. Embora a Europa cristã tenha assimilado muita coisa dos gregos, dos romanos e de outros povos, a ruptura em sua consciência, causada pela adoção da Bíblia como o livro sagrado, foi insuperável. A tradição espiritual judaica tornou-se o fundamento da cultura europeia; a Europa não possuía outra cultura. Por essa razão, não é de se admirar que os judeus da época do Iluminismo adentraram a cultura europeia como se fosse sua própria casa, procurando esquecer o mais rápido possível o tempo em que a entrada lhes era negada. Não poderia ter ocorrido de outro modo. A surpresa da Europa, e o simples pensamento de que as coisas poderiam ter sido diferentes, mostra toda a dimensão da cegueira, na qual a Europa se encontrava até então.

Naturalmente, no mais profundo de sua alma, a Europa estava consciente de que possuía uma cultura de segunda mão, tomada de empréstimo

108 | Introdução à Antifilosofia

de outro povo. Disso decorre também o antissemitismo histérico dos europeus, que tem pouco a ver com a inveja e a irritação moderada, normalmente demonstrada por um povo em relação a outro. O antissemitismo dos europeus é um problema meramente europeu. O antissemitismo se eleva das profundezas da alma europeia, quando essa alma não encontra em si mesma a origem espiritual da cultura à qual ela se declara partidária e que ela denomina como sua, apenas pelo fato de não possuir outra cultura.

Disso também decorre a eterna insatisfação e o desassossego, tão característicos da Europa cristã. Os europeus são sempre nostálgicos, e sua nostalgia é agressiva, porque eles nunca possuíram aquela pátria à qual anseiam – essa pátria pertence a outro povo, pertence aos judeus. Se o europeu culturalmente consciente voltar seu olhar para as profundezas de seu ser, ele encontrará ali um outro – o judeu. Além do judeu, na alma do europeu existe apenas o puro nada, a aridez agressiva – uma herança daqueles desertos áridos da Ásia, dos quais os europeus surgiram como do nada, da falta de consciência histórica, para se apropriar de algo estrangeiro.

A história espiritual europeia pode ser compreendida como o esforço constante e inútil de expulsar o judeu de sua alma, para finalmente se situar no início de sua própria cultura. Os guetos judeus na Europa medieval foram um símbolo desse esforço; o extremo isolamento territorial dos judeus da massa restante da população criava a ilusão de uma distância interior. Os cristãos europeus sentiam nas raízes mais profundas da história judaica a continuação histórica de sua própria vida, e a vida isolada dos judeus no gueto mantinha para eles essa ilusão tranquilizadora. Mas a ilusão não foi suficiente para trazer paz interior, e assim, os cavaleiros europeus puseram-se nas cansativas cruzadas, a fim de tomar posse, ao menos territorialmente, da origem de sua própria religião e cultura – a terra dos judeus, Israel. A derrota militar dos europeus apenas encobriu sua derrota espiritual – logo se verificou que os europeus não tinham nada a procurar na terra sagrada.

O fracasso das cruzadas levou ao projeto de se apoderar interiormente da origem espiritual. O Protestantismo anunciou que os europeus se encontravam na origem da fé, fora da tradição e da continuidade, frente a frente com Deus. O messianismo da comunidade protestante, assim como o antissemitismo militante de Lutero, foi destinado a reprimir definitivamente o messianismo judaico. Muitas comunidades protestantes denominavam-se "a nova Israel", davam-se aos filhos nomes protestantes e, finalmente, puseram-se a caminho da terra prometida, para a América, para através desse gesto – o rompimento definitivo com o velho mundo – identificar-se definitivamente com os judeus e reviver a história judaica. Todo esse empreendimento deveria, sem dúvida, acabar em uma estilização – assim como o louco projeto de Kierkegaard de se fundir interiormente com Abraão, seguindo o eterno chamado, cuja origem, Kierkegaard, diferentemente de Abraão, conhecia muito bem.

Esse esforço intensivo para se posicionar no início da própria história, imitando interiormente e exteriormente a história sagrada do povo judeu, esse esforço renasce constantemente na religião e na cultura europeias. Encontramos com a mesma frequência o esforço para interromper a ligação com a história judaica. Já nos gnósticos apareceram doutrinas que interpretavam o Deus dos judeus como o demônio, contra o qual Cristo lutou, libertando o mundo de seu domínio. Muitos gnósticos não viam os profetas judeus como mensageiros do cristianismo, mas como construtores da Torre de Babel, os habitantes de Sodoma e Gomorra, Caim e não Abel – ou seja, todos que se colocaram contra o Deus judeu. Como se sabe, a Igreja, por seu lado, condenou os gnósticos como hereges. A linha da tradição desde o Velho Testamento até o Novo Testamento faz parte da essência da doutrina de fé cristã e, ao mesmo tempo, fixa a dependência espiritual interior dos europeus em relação aos judeus – uma dependência dolorosa, sobre a qual, palavras amargas e mesmo ofensivas foram ditas no Novo Testamento. É necessário apenas pensar nas palavras que Cristo disse à mulher de Canaã: "Eu apenas fui enviado para as ovelhas perdidas da casa de Israel...Não é certo que se tome o pão das crianças, e se jogue aos cães" (Mateus 15.14 e 26), ou sobre as longas discussões do apóstolo sobre a revelação dos pagãos. Sem dúvida, essas palavras ainda soam no ouvido do europeu, mesmo que ele faça de conta que não as considere verdadeiras, ou que as interprete de tal forma, que elas percam seu claro sentido polêmico. Afinal, Cristo não encontra essas palavras duras no Velho Testamento, mas no Novo Testamento. Ele ouve esse juízo sobre si mesmo da boca de Cristo ou dos apóstolos – e, no fundo de sua alma, ele sempre soube que era dele que se falava, embora ele costumeiramente agisse como se não fosse assim, como se o povo de Israel significasse, em verdade, a Igreja, isto é, ele mesmo, e os outros fossem os judeus. É mais que natural que os europeus, de tempos em tempos, pretendam se livrar dos judeus definitivamente, ansiando por uma suposta origem de sua cultura. É necessário notar aqui que o antissemitismo, em todas as suas variedades, revela-se como uma luta contra a Igreja, a qual, constante e corajosamente, afirma que a espiritualidade europeia deriva da judaica. A luta contra o judaísmo transformou-se, inevitavelmente, em uma luta contra a Igreja, e, ao contrário, a luta contra a Igreja levou, inevitavelmente, ao antissemitismo.

A Renascença europeia foi uma tentativa de se libertar definitivamente dos judeus e da Igreja, mas seu próprio nome profetizava seu fracasso: a estilização dos europeus enquanto romanos ou gregos tinha ainda menos chances do que sua estilização protestante como judeus bíblicos.Os filósofos da Renascença e do Iluminismo não jogaram menos lenha na fogueira do antissemitismo – eles viram na Igreja o principal mal da Europa, mas eles identificaram a Igreja com o espírito judeu. Na verdade, as tentativas de encontrar na "razão" – entendida segundo o espírito da Antiguidade – um novo fundamento, e rejeitar a tradição não tiveram sucesso. Não se deve esquecer que a herança da Antiguidade foi conservada nos mosteiros. A razão neoeuropeia não era de forma alguma similar à grega – e logo sua origem bíblica se revelou. Na verdade tão rápido, que em pouco tempo a ciência e a ética racional foram denunciadas como uma mera invenção judaica, destinadas a isolar a Europa de suas tradições. A esterilidade e a universalidade da razão iluminista apenas deixaram a aridez na alma europeia tornar-se mais evidente. O Iluminismo atribuía uma importância especial às ideias "claras e nítidas", ao autoevidente, e, como era de se esperar, verificou-se que os europeus consideravam como claro e evidente o que sua cultura europeia – isto é, judaica – os havia ensinado a ver. Essa conclusão exata se impôs aos europeus, de repente, com a maior clareza e nitidez, ao final do Iluminismo. Precisamente quando a Europa, embriagada por sua ruptura total com a tradição judaico-cristã, pela primeira vez, se sentia forte o suficiente para derrubar os muros do gueto e permitir o acesso dos judeus à vida social, convencida de que agora os judeus não tinham mais nada a procurar, de repente, verificou-se que os judeus apenas estavam esperando por isso, e que o conhecimento livre de preconceitos, que os europeus espontaneamente incorporaram, era exatamente aquela cultura judaica com a qual os judeus sentiam-se mais que familiarizados.

Um verdadeiro choque foi provocado na Europa quando se teve consciência desse fato: o europeu finalmente havia olhado para sua alma sem preconceito, e ali ele viu novamente o judeu. Esse choque provocou uma nova onda de antissemitismo, que eclipsou tudo que até então havia ocorrido nesse campo. O fato de sentir que, no mais profundo e secreto da própria alma estava presente o judeu, encontrava sua correspondência exterior na quase não concretude territorial dos judeus, os quais se espalharam por toda a Europa após abandonarem o gueto. Em decorrência disso, o europeu perdeu a confiança em si mesmo, em sua própria razão, e perdeu a confiança em tudo que parecesse ser convincente na argumentação dos outros. Um pensamento atormentou constantemente o europeu: não foi o esperto judeu quem o enganou com esses argumentos aparentemente convincentes? Será que ele não estava tentando tirar proveito de sua superioridade cultural no contexto de uma conspiração mundial e não evidente? Como é sabido, a reação mais extrema contra a razão judaico-iluminista expressou-se na filosofia alemã.

A tradição aponta para o fato de que os alemães se consideram – não sem razão – o povo mais interessante da Europa. Se os europeus pertencentes às raças latinas esqueceram sua herança cultural, de tal forma que não têm memória de outra herança cultural que não seja a romana, e apenas podem contrapor à cultura estrangeira judaico-cristã a cultura da Antiguidade, não menos estrangeira para eles, os alemães ainda conservaram em sua alma a memória de seu distante passado pagão, a memória de outras imagens e mitos. Por essa razão, os alemães sentem-se interiormente o mais afastado possível de sua cultura "oficial", o que neles se expressa como insegurança interior e melancolia. Os alemães ainda sabem que em algum outro tempo eles tiveram algo diferente, mas não sabem mais o que foi isso, não importa quanto forcem sua memória. Os alemães ainda sentem aquele nada asiático dentro deles, que o restante dos europeus esqueceu para sempre. E a filosofia alemã eleva esse nada à posição de virtude: o romantismo alemão anseia saudosamente por distâncias que desapareceram; eles querem fugir, se ocultar dos judeus, sem ouvir aos princípios da razão. Eles proclamam – chegando até a Heidegger – que apenas o "nada" é criativo, e "reúne" o homem e a cultura; como toda a esfera da palavra falada foi ocupada pelo judeu, o lugar da verdadeira palavra encontra-se no silêncio. O alemão se isola da cultura, partindo para uma "unidade cósmica" – seja ela qual for, para a qual, segundo ele afirma, o judeu não tem acesso. Sem dúvida, o escrito de Lessing serve como uma refutação a essa tese. Lessing desenha uma galeria de retratos psicológicos, cujos heróis são todos intelectuais judeus, os quais, em consequência do Iluminismo, foram envenenados pela ruptura com seu povo; eles odeiam sua essência judaica, encontrando-se fascinados com o Arianismo, embora incapazes de se identificar com ele. Os judeus de Lessing, simpáticos ao Arianismo, são possivelmente ainda mais românticos e refinadamente decadentes, vivendo ainda mais no nada que os românticos arianos – e, para o leitor atento, isso já é uma indicação de que nem tudo está em ordem com o sonho ariano. É certo que Lessing se divertiu com seus heróis, mas o que o interessava mesmo era consolá-los. Como foi dito, ele enxerga uma possível consolação no fato de que o homem se aproprie da concepção ariana da superioridade da "alma" sobre o "espírito" (Klages), assim como da concepção do povo e da terra sobre o cosmopolitismo e a ideia abstrata de humanidade, e não se esforce mais em se fundir com o Arianismo, concretizando a ideia ariana no judaísmo, o que transformaria o judaísmo em uma variante do Arianismo. Com isso, o destino do judaísmo se revelaria novamente como o destino universal da humanidade, pois o judaísmo teria se afastado mais que todos os outros de suas raízes, ansiando ainda mais por elas. Desta forma, antes que os arianos desaparecessem no nada, e se fundissem com a natureza, o judeu está novamente à frente. Possivelmente, o escrito de Lessing é mais do que tudo um exemplo extremo do ódio judeu a si mesmo, do que tudo que é descrito ali: em sua ruptura com a verdadeira tradição cultural judaica, Lessing realiza não apenas uma ruptura com o judaísmo, como os heróis de seu livro, mas ele tenciona até mesmo destruir essa tradição cultural, reconstruindo a vida do judaísmo em bases completamente diferentes, prometendo a ele, por sua vez, a posição de liderança no mundo. É completamente inteligível porque a filosofia europeia foi constantemente perseguida pela ideia de buscar um novo fundamento – pode-se até afirmar que essa busca constitui a própria essência da filosofia europeia, sua definição, sua *raison d'être*: a filosofia europeia expressa a necessidade da alma europeia de se libertar do judeu, da tradição judaico-cristã, que ela sempre sentiu como se fosse estrangeira. Da mesma forma, é natural que a filosofia europeia estava preparada para explicar e justificar tudo – menos os judeus: justificá-los significaria admitir que era impossível a tentativa de "sair de um apuro com suas próprias forças",[47] isto é, baseado apenas em si, explicar a si mesmo – ou seja, admitir que a filosofia europeia é, na verdade, apenas um ritual daquela tradição, cuja negação é o motivo de sua existência. Todavia, levanta-se a questão sobre o porquê dos judeus, por seu lado, manifestarem-se com tanta solicitude nessa tradição filosófica europeia – embora tenham sido exatamente os judeus que criaram as doutrinas mais radicais, basta pensar em Marx, Freud, Husserl e Wittgenstein. Há razões para isso também, no entanto, elas parecem um pouco diferentes das razões dos europeus.

Os judeus sofrem de algo que se poderia chamar de "complexo dos escolhidos". Esse complexo também contagiou aqueles intelectuais europeus que haviam adotado completamente a tradição judaico-cristã. Os judeus foram escolhidos por Deus sem o mínimo mérito pessoal – Abraão era um

---

47. Em alemão: *sich am eigenen Schopf aus dem Sumpf zu siehen*. Em português algo como "sair de um atoleiro puxando os próprios cabelos". A expressão remonta às incríveis narrativas do Barão Karl Friedrich Hyeronimus von Münchhausen (1720-1797), que dizia haver saído de um pântano puxando os próprios cabelos. Por analogia, passou a expressar a tentativa (muitas vezes tola) de pretender sair de uma situação difícil sem a ajuda de outrem. [N. T.]

homem simples em sua cidade. A chamada escolha secundária dos judeus, no tempo de Moisés, é ainda mais característica; naquele tempo, os judeus eram escravos, uma raça desprezada no Egito. E Deus se dirige exatamente a eles, os proscritos – exatamente pelo fato de serem proscritos, porque eles não serviam para nada. Por todo o Velho Testamento é salientado constantemente que os judeus não servem para nada, não apenas por suas qualidades práticas, mas também por suas qualidades morais, e que Deus não os havia escolhido em razão do que eles representam, mas pela razão oposta. Embora os judeus não receberam sua condição de povo escolhido, sua religião e cultura, de segunda mão, como os europeus, mas de primeira mão, eles não possuem esse orgulho e a segurança de si mesmos, como os helenos – e por que deveriam? Os judeus apenas se sentem seguros enquanto Deus não os abandona – ou quando eles mesmos não abandonam Deus. Tão logo a sensação de que o direito deles "que não é desse mundo" os abandone, os judeus são tomados pela imediata consciência de sua situação infeliz e sua própria imperfeição. Pode-se facilmente criticar o fariseu, de que ele se orgulha de ser um homem justo perante o cobrador de impostos, mas esse orgulho é o único refúgio do fariseu, ele não tem outro. É por isso que o ódio a si mesmo afetou o judaísmo europeu da Modernidade, o qual perdeu sua fé, pois, após ter eliminado Deus de sua própria história, ele não encontrou nada a não ser a infelicidade e a autoincriminação. Eles foram forçados, pela necessidade, a voltarem-se à cultura europeia, onde reencontraram seus próprios valores espirituais, embora enfeitados e cheios de orgulho de si mesmos. Todo o sucesso exterior na cultura europeia – é o que Lessing demonstra de forma excepcional em seu escrito – não foi capaz de consolar os judeus, pois eles haviam perdido o sentimento de ser justos, assim como o amor de Deus. Daí surge o projeto de conseguir novamente o *status* de povo escolhido, de tornar-se novamente o povo de Deus. Contudo, esse projeto não conseguiu trazer de volta a seu povo o intelectual judeu que perdeu sua fé. Isso significaria retornar à fé de seus antepassados, o que era psicologicamente impossível. Em um momento de confusão, e com força irresistível, o judeu foi apoderado pelo "complexo de escolhido", o qual ele já havia mamado no leite materno, assim, ele diz coisas como: "Proletariados de todos os países unam-se!". Em outras palavras: o judeu busca em seu ambiente os despossuídos e reprimidos, como os judeus, quando eram escolhidos por Deus, ardendo de desejo de escolhê-los e vê-los como o novo povo de Deus. O próprio povo também poderia ser escolhido, mas apenas se os judeus o vissem sofrendo; todavia, ao final do século XIX e início do século XX, os judeus não sofreram suficientemente na Europa ocidental.

A história do cristianismo serviu, naturalmente, como modelo para esses processos de escolha. A verdade cristã revelou-se aos tolos desse mundo, permanecendo velada aos sábios – principalmente aos judeus conhecedores da lei. Para os apóstolos judeus, seu pasto transformou-se em seu povo, e seu povo virou seu inimigo. É significativo como a palavra "judeu" tem duplo sentido, desde a Antiguidade até os dias atuais, e até seu estabelecimento nas leis do Estado de Israel. Por um lado, é judeu quem pertencer ao povo judeu em razão de sua origem, quando descender do "sêmen de Abraão", por outro lado, todavia, quem confessar a verdadeira fé, quem Deus tiver escolhido. A partir desse duplo sentido, nada é mais simples do que se chegar à conclusão de que aquele que não tiver sido escolhido por Deus não é judeu, mesmo que ele seja judeu, de acordo com seu sangue. Se os apóstolos antigos se voltaram àqueles que, como eles próprios, estavam prontos para acreditar e ser escolhidos, os apóstolos modernos escolheram, eles mesmos, seu povo, buscando se fundir a ele, o que, naturalmente, os levou a uma difícil situação.

Judeus que escolheram um novo povo – judeus como Marx, por exemplo – fizeram sua escolha com o mesmo fanatismo religioso. O povo escolhido foi dotado de uma função messiânica, toda a fama desse mundo lhe foi prometida, enquanto o próprio povo foi frequentemente difamado, pois sua pretensão a ser escolhido precisava ser radicalmente negada (nesse sentido, permaneceu-se indiferente em relação a todos os outros povos). Não apenas a memória de escolhas anteriores deveria ser apagada, deveria-se também reverenciar futuras tentativas, pois os novos profetas sabiam muito bem que o processo de escolha, possivelmente, não teria um fim com eles, e que, enquanto a civilização judaico-cristã existisse, também

116 | INTRODUÇÃO À ANTIFILOSOFIA

existiria o perigo de que os portadores atuais da ideia messiânica poderiam ser substituídos por novos; de forma que, para tornar a escolha irrevogável, o fundamento que a possibilitou deveria ser destruído. Assim, os judeus que sofriam do "complexo de escolha" se uniram com os portadores da ideia messiânica, que não queriam ser escolhidos por ninguém, mas desejavam, eles mesmos, estar no princípio de seu caminho.

Entre a universalidade de ser escolhido e a condição humilhante original há uma relação direta: apenas quem não fora considerado humano anteriormente poderia tornar-se um símbolo universal de humanidade – até mesmo por motivos lógicos. É conhecido como Marx realizou essa relação, e também é conhecido o que se originou a partir disso: em todos os países do "proletariado vitorioso", os direitos da *intelligentsia* – que proclamou a classe do proletariado como a classe messiânica – foram reduzidos; até o ponto de se negar aos filhos da *intelligentsia* o acesso às universidades: elas recebiam os filhos dos trabalhadores, que agora estudavam no que anteriormente havia sido criado pela *intelligentsia*. Após a Revolução de Outubro, em todos os pôsteres da Rússia, os típicos rostos intelectuais dos fundadores do marxismo-leninismo olhavam para a multidão – enquanto quem realmente tinha um rosto como aqueles (um óculos, ou outro atributo cultural) era espancado, apanhando até a morte, apenas e tão somente em razão de sua aparência. Há uma clara analogia à perseguição dos judeus no tempo de Cristo, tendo como pano de fundo as cenas do Novo e do Velho Testamento. (Assim, como o desenvolvimento da filosofia europeia pode ser entendido como uma sucessão histórica de tentativas de se libertar do "judeu no interior", ou ainda, como dizia o apóstolo Paulo, da "circuncisão do coração", também a evolução da arte europeia pode ser entendida como o esforço para se livrar do judeu – sobretudo na Renascença, a época decisiva para ela.)

Apesar das experiências amargas referidas, os judeus e a *intelligentsia* europeia não abandonam sua busca pelo "povo escolhido". Diga-se de passagem, que a escolha dos "humilhados e insultados" está sempre relacionada a objetivos práticos – a busca por mercados para a própria produção intelectual, que não encontra mercado nas metrópoles saturadas de ideias. De maneira tranquilizadora, os objetos da escolha são cada vez mais exóticos nos últimos tempos: China, Camboja, Cuba, Nicarágua. Ou ainda, os doentes mentais, para Freud e Foucault; os índios da Amazônia, para Lévi-Strauss; e para os "verdes" alemães, as árvores das florestas alemães. Em seu tempo, a escolha feita por Lessing, e pelos heróis de seu livro, não foi menos exótica, mesmo que mais arriscada: eles escolheram aqueles alemães que proclamavam a superioridade da raça ariana como os representantes, "humilhados" pelo destino, de um princípio humano universal.

Essa escolha, estranha à primeira vista, na verdade é profundamente motivada. Principalmente em seu caráter filosófico-histórico: os teóricos do arianismo podem até mesmo ter dado preferência ao particular ante ao universal (isto é, a ideia ariana ante a ideia de humanidade), mas, por outro lado, eles fundamentaram esse favorecimento em algo ainda mais universal do que a humanidade e sua cultura – na ideia de um cosmo que abarca tudo que é vivo e morto; de resto, eles fundamentaram a primazia dos arianos no fato de que os arianos estariam em uma posição privilegiada em relação a essa universalidade. Embora os teóricos dos arianos também criticassem a procura pela universalidade, na verdade, eles deram continuidade à teoria de expansão judaico-cristã. Nesse sentido, Nietszche é um típico iluminista. Não apenas porque, como foi dito, ele fundamenta sua concepção de cosmo na concepção judaico-cristã, mas, sobretudo, porque ele dá prosseguimento à tática desmascarada do Iluminismo, ao desmascarar a razão como uma aberração. Lessing destaca essa situação, sugerindo ao leitor que o verdadeiro criador da doutrina de Nietzsche e, consequentemente, da ideia ariana, em sua forma aceitável intelectualmente, é o judeu Paul Rée, ao qual, diferentemente de Nietzsche, faltava apenas superficialidade, energia, autossatisfação e sangue ariano para chegar à fama.

Além disso, Lessing e seus heróis não estimam o ariano lá onde ele promete e tem sucesso: em Maximiliam Harden, Lessing apresenta ao leitor o típico judeu carreirista, com o qual ele não tem a mínima simpatia. Lessing se sente atraído pelo arianismo trágico de Nietzsche. O herói de Nietzsche é solitário e desamparado; ele, o único forte, resiste à conspira-

118 | Introdução à Antifilosofia

ção dos fracos que abarca o mundo inteiro, tornando-se mais fraco do que o mais fraco. Nada resta no mundo para o herói de Nietzsche, a não ser a morte, que ele ama, e a qual ele aspira. Os judeus de Lessing são todos heróis de Nietzsche por excelência. Em sua realização a ideia ariana parece comoventemente desamparada, provocando emoção sentimental, e assim parece ter se mostrado a muitos na Alemanha, após a guerra perdida.

Sem dúvida, há ainda mais uma razão para Lessing ter sido atraído pelo antissemitismo ariano de Nietzsche: no tempo em que Lessing escreveu, o judaísmo adquiriu um significado grandioso e providencial, principalmente em Nietzsche e Klages – em comparação com todas as outras forças históricas. Esse significado é meramente negativo e destruidor, mas esse fato não é especialmente importante – ao contrário, se pensarmos no apelo de Nietzsche em "viver perigosamente". Em Nietzsche, o judaísmo torna-se a força motriz da história mundial, sem a qual os povos arianos se petrificariam em "amor ao destino"; pode-se até dizer que o judaísmo é esse destino que o ariano espera amar, exatamente por querer destruí-lo.

Em comparação a essa missão cósmica e metafísica do judaísmo, parece bem probo o apelo sionista de que os judeus deveriam permanecer judeus, e, ao mesmo tempo, "ser como todos os povos", ou o apelo liberal de renunciar do judaísmo e, através disso, tornar-se igual a todos os outros povos.

A verdadeira tragédia dos judeus daquele tempo, no qual Lessing viveu – e também de nosso tempo –, encontra-se no fato de que eles foram se acostumando cada vez mais a aceitar as confirmações antissemitas de sua histórica predestinação, enquanto perderam, eles mesmos, a crença em seu caráter de povo escolhido, procurando realizar seu "complexo de escolhido" em outro lugar. A julgar pelos livros do Velho Testamento, os judeus daquele tempo consideravam abaixo de sua dignidade ver-se como proscritos e vencidos. Mesmo que fossem vencidos ou oprimidos, eles sempre interpretavam isso como se Deus tivesse "tornado teimoso o coração de seus inimigos", "fortalecido seus inimigos", "dado poder para eles", para punir os judeus por seus pecados e sua rebeldia. O cristianismo conservou esse nobre *pathos*, explicando a perseguição aos judeus pelo fato de que os judeus não reconheceram Cristo. Outros povos aparecem na sagrada história dos judeus apenas como instrumentos sem vontade própria, que não participam das relações profundas e íntimas dos judeus com seu Deus. Esses povos começam e vencem as guerras quando o Deus judeu assim o quer – mas, se ele se reconcilia com seu povo, esses povos são derrotados e exterminados. Entretanto, eles não conhecem, nem na hora da vitória, ou na hora da derrota, aquele poder que os levanta ou deixa cair. Que contraste há entre essa aliança sublime com o próprio Deus e aqueles apelos à humanidade internacional, com os quais os judeus se acostumaram hoje em dia, e que são conhecidamente ineficazes. (Os últimos restos da antiga e elevada crença ainda não se apagaram completamente do povo judeu. Eu ainda me lembro de que, quando Stalin morreu, um pouco antes da já decidida deportação de todos os judeus para a Sibéria, muitos judeus russos diziam: Deus não o deixou passar por isso.) Seguindo Nietzsche, Lessing via, no fato dos judeus culparem-se de tudo no mundo, apenas um sinal de fraqueza e uma origem do "ódio a si mesmo". Isso é correto, mas apenas em relação aos judeus modernos e emancipados, os quais perderam as antigas crenças.

O próprio livro de Lessing sobre o "ódio a si mesmo" judeu é um sinal de que os judeus perderam a crença em ser escolhidos, sem a qual eles se sentem um povo deplorável e desamparado. Visto meramente do exterior, Lessing representa, em seu escrito, um programa que se aproxima do Sionismo, com a única diferença de que ele se fundamenta em teorias raciais contemporâneas, sugerindo à tradição judaica uma ruptura ainda mais radical com o judaísmo do que o Sionismo "oficial" o fizera, quando esse opôs o *pathos* messiânico do judaísmo a um programa político de construir um Estado laico. Na verdade, o livro tem um significado muito mais profundo – sem dúvida, Lessing teve prazer em seus heróis que odiavam a si mesmos, pois eles prefiriam ver sua essência judaica como um poder demoníaco que abarcava o mundo, a renunciar a seu *status* de povo escolhido. No entanto, deve-se lembrar de que a nostalgia de ser escolhido procurou um falso aliado no arianismo de Nietzsche. Na civilização europeia, apesar de tudo, e antes de tudo, o princípio universal cristão é o defensor e herdeiro das esperanças messiânicas judaicas. A mais recente história europeia é um testemunho disso: correntes que principiaram como antis semitas, mostraram-se forçosamente como anticristãs, em sentido amplo, isto é, contrárias a tudo que representa o poder e o valor específico da civilização ocidental. E, ao contrário, todos os nacionalismos provincianos e nostálgicos, com um estranho sabor indo-tibetano, acabaram inevitavelmente na mais primitiva fobia contra os judeus.

8

Ernst Jünger[48]

O ensaio de Ernst Jünger, *O trabalhador* (1932), foi geralmente considerado pelos críticos como um texto político, como projeto político, que deveria servir para a criação de um novo Estado totalitário, baseado nos princípios da moderna tecnologia e das novas formas de organização. Todavia, parece-me que a verdadeira intenção do texto encontra-se bem mais no interesse de Jünger pela imortalidade individual. Depois da morte do "velho Deus", como Nietzsche anunciou, a imortalidade constitui-se na capacidade de cada homem individual e singular em transcender sua própria morte. Essa intenção torna-se especialmente visível, quando acompanhamos as reflexões de Jünger sobre o *tropo* da tecnologia, que se mostra como polêmica contra a experiência individual e "singular". Para Jünger, a ideia de que tal experiência pode e deve ser possível serve como fundamento não apenas para o individualismo burguês, que reconhece a toda pessoa os Direitos "Humanos" naturais, mas também para todo o movimento ideológico da democracia liberal que marca o século XIX. Na verdade, Jünger utiliza a tecnologia como material probatório para fundamentar outras duas teses: por um lado, que o entendimento burguês e liberal da experiência individual já havia se tornado obsoleto no século XX; por outro lado, que, além disso, o conceito já havia perdido seu antigo significado, porque nosso mundo social teria sido progressivamente organizado pelo domínio da tecnologia racionalizante.

---

48. Originalmente publicado como: GROYS apud HÖSLE; KOSLOWSKI; SCHENK,1999, p. 233-42.

122 | Introdução à Antifilosofia

Jünger utiliza a expresão "*individuelles Erlebnis*" para descrever uma experiência individual; essa designação contém o conceito universal *Leben* "vida", do qual a "experiência", *Erlebnis,* é deduzida. Em seu texto, Jünger argumenta que a ideologia tradicional e burguesa considera a vida como absolutamente preciosa, pela simples pressuposição dessa singularidade. Por essa razão, os liberais consideram a proteção da vida individual como a mais elevada obrigação moral e legal. Assim, Jünger tenta demonstrar – sempre de novo – que esse conceito não é nem válido, nem útil no mundo da tecnologia moderna. Ele também manifesta-se contra a proteção legal da vida individual, os Direitos Humanos, a democracia e o liberalismo, e o faz com toda franqueza.

Mas, ao contrário de outros autores com simpatias totalitárias (dos quais havia muitos na primeira metade do século XX), Jünger utiliza seus próprios métodos discursivos e retóricos. Ele também não exige do indivíduo que se submeta a nenhum Estado, nação, raça, ou classe. Nem considera que o valor do coletivo seja mais importante do que o valor do indivíduo. Em vez disso, Jünger esforça-se por demonstrar que a experiência individual não é mais acessível, e que o indivíduo, como tal, não mais existe no mundo da tecnologia moderna. Por essa razão, a tentativa de defender os Direitos Humanos de um indivíduo é completamente inútil, porque não existe mais nenhum indivíduo que seja necessário proteger. Além disso, a pressão política, através da qual o indivíduo é submetido ao coletivo, carece de qualquer função real. De acordo com Jünger, o sujeito é quem mais exige nossa atenção: o trabalhador é o sujeito da tecnologia moderna. Na era tecnológica, embora o sujeito seja o portador das experiências, essas não são mais individuais, mas impessoais, seriadas e padronizadas. Um sujeito que não se diferencia mais da massa não tem mais emprego algum para os Direitos Humanos. Todavia, como suas experiências são tão impessoais, seriadas e reproduzíveis a qualquer tempo, tal indivíduo também é imortal. Jünger não quer sacrificar o indivíduo em nome de seu projeto estético e político, ao contrário, ele até mesmo acredita que ele já desapareceu.

Embora Jünger não verifique a impossibilidade de experiências individuais, ele afirma que tais experiências foram desvalorizadas em seu caráter único, não reproduzível e insubstituível. No mundo moderno, apenas experiências seriadas são valiosas, as que podem ser repetidas e reproduzidas a qualquer tempo. A desvalorização do singular tem sua origem no julgamento de gosto do indivíduo; Jünger fundamenta essa afirmação no fato de que o público, em geral, prefere o produto seriado ao produto individual. O típico consumidor, por exemplo, de um carro, escolhe um modelo padrão, um que tenha sua marca comprovada: ele tem pouco interesse em um modelo único, produzido apenas para ele.[49] O indivíduo moderno apenas aprecia o que é produzido de forma padrão e em série. Os objetos reproduzíveis podem simplesmente ser trocados, nesse sentido eles prometem certa indestrutibilidade e imortalidade. Se alguém bate seu Mercedes, e tem perda total, ele sempre tem a possibilidade, teoricamente, de adquirir outro exemplar do mesmo modelo. Jünger quer mostrar que nossas predileções, na esfera da experiência pessoal, se tornaram iguais, e tendemos a dar preferência ao padronizado e seriado. Os filmes mais bem-sucedidos são aqueles que têm um efeito mais homogêneo, sempre gerando os mesmos sentimentos, independentemente de quem se encontre no público. Ao contrário de uma apresentação teatral, uma visita ao cinema não é mais uma experiência singular hoje em dia.[50] Em contrapartida, as tecnologias modernas oferecem outra coisa: a promessa de imortalidade, uma promessa que é cumprida pela replicabilidade e a reprodutibilidade. Isso se realiza no momento em que o indivíduo moderno interioriza os sentimentos propostos, ajustando sua vida interior à série. A natureza seriada e tecnológica da experiência moderna tem um efeito calculado sobre a subjetividade moderna (que constitui, ela mesma, a soma dessas experiências); esse processo torna o sujeito humano substituível e replicável. Se é comum a nossas experiências que elas sejam reprodutíveis, impessoais e seriadas, então não há mais nenhuma razão convincente – como eu já disse – para valorizar um

---

49. "Assim, o homem que dirige determinado carro nunca vai imaginar-se em posse de um meio produzido especialmente para sua individualidade. Ao contrário, ele desconfiaria, e com razão, de um carro que fosse o produto de uma execução única. O que ele silenciosamente pressupõe como qualidade é muito mais a marca, o tipo [...] A qualidade individual, ao contrário, possui para ele a categoria de uma curiosidade, um assunto de museu". (JÜNGER, 1982, p. 133)

50. JÜNGER, 1982, p. 130.

124 | Introdução à Antifilosofia

indivíduo determinado, ou proteger uma vida humana especial. Jünger insiste no fato de que apenas o tipo humano, condicionado sistematicamente pela tecnologia, possui algum valor ou alguma relevância em nosso tempo; a expressão que ele usa para descrever esse tipo de ser é "a figura do trabalhador". Após ter sobrevivido a seu serviço militar durante a guerra, Jünger não podia mais defender a retórica dos Direitos Humanos. Em um antigo texto sobre a "mobilização total", ele descreve a guerra moderna como uma máquina que destrói anonimamente o corpo humano. Nesse modo de destruição tudo o que acontece no âmbito individual deixa de ter sentido.

A morte anônima de um soldado desconhecido parece completamente inútil, pois o trabalhador – assim como o Mercedes – pode ser substituído.[51] Nesse contexto, Jünger considera imortais tanto o soldado como o trabalhador. Para sobreviver na cultura tecnológica, o ser humano individual precisa imitar a máquina – até mesmo a máquina de guerra que o destrói. Com efeito, essa técnica de reprodução se duplica na forma da tecnologia da imortalidade. A própria máquina existe entre a vida e a morte; embora esteja morta, ela funciona e trabalha como se estivesse viva. Em consequência disso, a máquina frequentemente atua como símbolo da imortalidade. É altamente significativo que, por exemplo, Andy Warhol deseja "tornar-se uma máquina" – ainda que muito mais tarde que Jünger –, porque ele também considerava o seriado e o reproduzível como o caminho para a imortalidade. Para a maioria das pessoas, a ideia de tornar-se uma máquina inconsciente pode parecer absurda, ou até mesmo um pesadelo, mas, para Jünger e Warhol, era a última e única possibilidade de escapar da morte individual. A estratégia principal de Jünger é a obtenção da imortalidade que ele considera realizado na alienação mecânica.

Nesse aspecto, é especialmente fascinante a relação de Jünger com as instituições da memória cultural, como museus ou bibliotecas, porque essas instituições são os responsáveis tradicionais pela imortalidade. Mas Jünger está preparado para destruir, ou ao menos facilitar sua destruição,

---

51. "Sua virtude [do soldado desconhecido] encontra-se no fato de que ele é substituível, e atrás de todo soldado morto em combate já se encontra a substituição". (JÜNGER, 1982, p. 153).

pois eles conservam objetos únicos, que se encontram além dos limites da produção seriada, o que, no fundo, é supérfluo no mundo tecnológico.[52] Em vez de cultivar o museu como espaço para experiências particulares e estéticas, o público deveria adestrar seu olhar, e refletir como o mundo tecnológico inteiro poderia ser elevado a obra de arte. Para os construtivistas russos dos anos de 1920, assim como para Jünger, a nova tarefa da arte e da tecnologia são idênticas. Sua tarefa consiste, literalmente, em dar uma forma estética ao mundo inteiro, a todos os planetas, de acordo com um plano homogêneo, técnico, estético e político. Os artistas radicais da vanguarda russa exigiam, igualmente, a destruição do museu – como local privilegiado para o prazer estético. Ao mesmo tempo, exortavam para que, dali em diante, apenas a arte industrial fosse admitida como arte relevante.[53] É muito provável que Jünger tenha sido influenciado diretamente por essa estética radical. Em seu ensaio, Jünger faz constantes observações que ratificam a política do Estado soviético dos trabalhadores.[54] Ele também parece estar impressionado com a "arte da máquina" (*Maschinenkunst*) de Tatlin, um programa artístico que foi introduzido na Alemanha pelos dadaístas berlinenses e os construtivistas russos – como El Lissitzky e Ilya Ehrenburg. A diferença entre a estética de Jünger e a dos construtivistas consiste em apenas um ponto: Jünger combina *slogans* construtivistas com sua admiração pelo estilo clássico e arcaico, contanto que eles manifestem um alto grau de produção seriada e regularidade. Por isso, ele não apenas é fascinado pelo mundo dos uniformes militares, mas também do universo simbólico do Catolicismo medieval e a arquitetura grega, porque todos eles demonstram um alto grau de produção seriada e regularidade.

A argumentação de Jünger contém, todavia, uma contradição que se repete no discurso do construtivismo russo. A abdicação da estética tradicional e a vitória da tecnologia são representadas, em ambos os casos, como fatos irrefutáveis que exigem a aceitação. Os dois também têm em comum um programa dividido em três partes, que promete uma nova

---

52. JÜNGER, 1982, p. 206.

53. GROYS apud ROGOFF, 1993, p. 144-62.

54. No original: *Sowjetischen Arbeiterstaates*. [N. T.]

126 | Introdução à Antifilosofia

estética, uma nova sensibilidade estética e, finalmente, uma nova ordem estético-política. Mas onde se encontra a necessidade de tal programa político, se a vitória da tecnologia moderna já é uma realidade? Ao que tudo indica, a vitória histórica da tecnologia não parece ser suficiente para Jünger. A tecnologia deve também ser considerada de um ponto de vista determinado, deve ser interpretada como forma de arte, como consciência universal e impessoal, como uma nova imortalidade. O que interessa mesmo a Jünger não é a tecnologia como tal, mas a mudança de perspectiva que introduz uma nova experiência e uma outra percepção. Seu objetivo é levar o leitor a considerar a tecnologia através de uma nova luz. Finalmente, Jünger aconselha a entender toda a civilização, e os planetas que a carregam, como um único *ready-made*, como uma *Gesamtkunstwerk*. Duchamp já havia demonstrado essa possibilidade, ao expor no museu objetos cotidianos produzidos pela civilização moderna. A estratégia de Jünger é completamente imaginável no contexto da estética moderna, mas seu objetivo só se deixa realizar no museu, no arquivo cultural ou, pelo menos, no campo da interpretação. Além disso, tal mudança de perspectiva representa uma experiência singular, única, uma operação estética que não se deixa nem repetir, nem produzir em série.

Embora Jünger, em seu ensaio, proclame a impossibilidade da experiência singular e pessoal, o texto *O trabalhador* representa, ele mesmo, uma experiência perfeitamente única, que se assenta na revelação singular de sua impossibilidade. O ensaio promete a imortalidade, que, para Jünger, se encontra na produção seriada; ao mesmo tempo, ele tem a intenção de funcionar como revelação final, pós-histórica, apocalíptica do fim da história – como conhecemos a partir de muitas fontes. O texto de Jünger tem como núcleo exatamente esse paradoxo. No mundo tecnológico, que Jünger evoca em *O trabalhador*, seu próprio texto aparece estranho, ininteligível, até mesmo supérfluo, porque tal mundo não possui necessidade alguma de mensagens personalizadas ou estéticas de qualquer tipo.

Sem dúvida, o verdadeiro impulso para a escrita de *O trabalhador* advém da profunda insatisfação de Jünger quanto a sua posição de escritor, que se sente estranho tanto em relação aos leitores burgueses, quanto aos proletários. Jünger não queria reduzir seu papel social a um autor, cujos livros surgem apenas enquanto mercadorias no mercado, e ser julgado por critérios como o efeito psicológico, ou mesmo pela adesão do leitor individual. Como muitos autores de seu tempo, Jünger não estava satisfeito em fornecer a seu leitor uma "experiência individual", pelo contrário, ele queria modificar sua consciência, sua vida. Em vez de receber a consideração de seus consumidores leitores, ele julgava a vida de seus leitores. Um pouco mais tarde, com a mesma intenção, Alexandre Kojève escreveu: "O escritor pode ter apenas sucesso, mas ele quer acontecimentos".[55] Seu desdém pelo leitor leva Jünger a se identificar com os produtores, os trabalhadores, o que representa o seu desprezo pelo consumidor em geral.

O desejo de dominar o consumidor, que tem um papel central no funcionamento da economia moderna e liberal, é o aspecto mais notável da visão política de Jünger. Embora o *trabalhador* produza, não há ninguém que pudesse consumir as mercadorias que ele produz, porque toda a sociedade se dedicou ao ideal da produção ilimitada. Em decorrência disso, em um mundo dividido em sociedades, organizado em unidades de trabalho, a guerra acontece pela competividade. Em um mundo, no qual falta as condições habituais de consumo, o primado da guerra é o pressuposto fundamental da produção. Contudo, Jünger não considera a guerra como o *telos* definitivo da produção industrial moderna; para ele, a "figura do trabalhador" é a essência da sociedade tecnológica.

Jünger elogia o progresso tecnológico, ao contrário de muitos colegas seus. Mas ele apenas o favorece, porque considera o progresso historicamente limitado e finito. Na Modernidade, os escritores tradicionalmente preferiram ficar na oposição contra o avanço incansável do progresso técnico. Pois, afinal, o progresso deve questionar e relativizar toda realização individual e finita do artista. Jünger, ao contrário, considera o progresso como o passo que leva a um objetivo concreto e histórico: à personificação do trabalhador e à transformação de todo homem em um trabalhador perfeito. A representação do trabalhador feita por Jünger lembra o conceito de

---

55. KOJÈVE apud LAPUGE, 1988, p. 2-3.

128 | Introdução à Antifilosofia

Deus de Aristóteles, que descreve a figura divina como o motor imóvel da atividade humana.[56] A história do progresso tecnológico e militar é, na verdade, a história da autorrealização do trabalhador. Tal trabalhador perfeito não tem necessidade alguma de alguém que consuma seu produto, e também não o toleraria. Por essa razão, a história da humanidade deveria ser paralisada, tão logo ela tivesse criado a figura do *trabalhador*. O progresso tecnológico chega ao fim no mesmo momento em que alcança a perfeição total. O trabalhador absoluto apenas pode encontrar seu descanso merecido e infinito, quando ele tiver finalmente destruído e eliminado todos os clientes em potencial – em um período longo e cansativo de terror e guerra.

A visão da paz infinita, do fim de semana eterno, representado pelo fim do progresso tecnológico, lembra o sonho futurista de Malewitsch sobre a "civilização branca".[57] Essa visão supera de longe a visão marxista da chegada do consumo infinito que se seguira ao fim da história. É que a "figura do trabalhador" não consome. Isso significa que depois de sua tomada histórica do poder, trabalho e não trabalho, ou lazer, tornam-se idênticos. Mais importante é o fato de que Jünger imortaliza seu próprio texto, aqui e agora, ao vincular o trabalhador a um futuro apocalíptico, antecipando o final do progresso tecnológico. O homem do futuro não é o provável leitor de *O trabalhador*, mas, simplesmente, habita o mundo cotidiano projetado por Jünger. Ao mesmo tempo, é difícil não se dar conta de que esse resultado não pode ser alcançado apenas através da tecnologia. Jünger quer levar o Estado a utilizar seu poder para converter sua visão estética em prática política, superando o abismo entre a realidade do mundo técnico e sua percepção estética.

O projeto polítco de Jünger sofre dos mesmos problemas que o projeto estético, que já descrevi anteriormente. Jünger quer convencer seu público de que, por detrás da liberdade liberal-democrata na economia, oculta-se o poder de um aparato tecno-burocrata. Esse controle tecnocrata, orga-

---

56. "Caso se reconheça a figura do trabalhador como a força determinante que atrai o movimento para si..., então, sabe-se que esses processos [do progresso tecnológico] são pré-determinados pelo seu objetivo". (KOJÈVE apud LAPUGE, 1988, p. 50.)

57. MALEWITSCH, 1989, p. 143.

nizado hierarquicamente, não é de forma alguma liberal, mas despótico, porque a verdadeira existência do sujeito civil depende completamente do funcionamento da tecnologia. O melhor exemplo de tal controle que Jünger apresenta é o da eletricidade: sob a governo democrático é possível abandonar um partido sem precisar temer qualquer grande consequência. Mas não se pode cortar o fornecimento de energia sem levar em consideração uma série de consequências desconfortáveis no ritmo codidiano habitual. Nossa dependência da tecnologia é tão profunda e íntima, que mal podemos nos imaginar livres e independentes dela.

A descrição de Jünger pode, de fato, ser adequada, e, de certo, contém uma centelha de verdade profunda. Mas, ao mesmo tempo, seus projetos políticos teimosos abrem a possibilidade de um novo totalitarismo que contém a anulação de todos os direitos políticos e econômicos. Todavia, aqui não se trata, de forma alguma, de uma simples afirmação retórica. Jünger repete muitas vezes que a liberdade acadêmica é uma traição do Estado nacional, e que a liberdade de imprensa deveria ser suprimida, que o destino deve ser cruel e brutalmente determinado, que não deve haver lugar para compaixão etc. Apesar de toda a franqueza com que Jünder formula essas exigências pragmáticas, há algo muito estranho nelas: suas exigências radicais tornam-se supérfluas em consequência de sua própria análise. Se o controle tecno-burocrático já é uma realidade, e as liberdades burguesas e liberais são uma ilusão, então por que Jünger precisa exigir sua destruição de forma tão veemente? Em seu antigo ensaio *Mobilização Total*, ele escreveu que seu projeto seria muito fácil de ser realizado na democracia americana, melhor que em outros lugares.[58] Se a tecnologia moderna já realizou sua visão, por que ele precisa desse suplemento político para realizar a ditadura do "trabalhador"?

A resposta imediata aqui, e no caso do construtivismo russo, é a seguinte: em razão dos limites e da carência de tecnologias na Rússia, naquele tempo, os governantes precisavam mostrar sua superioridade tecnológica de outra forma. Em vez de sistemas magistrais de tecnologia, foram estabelecidas hierarquias políticas. O extremismo político cumpriu

---

58. Cf. JÜNGER, 1980, p. 131.

130 | Introdução à Antifilosofia

diferentes objetivos: ele foi um simulacro, que deveria simular o progresso real e tecnológico. Ele serviu à estetização em forma de um *design* funcional, artístico e político, que foi colocado no lugar da superioridade tecnológica real. E ele atuou como um poderoso gesto ameaçador. Na verdade, isso representa a estratégia política seguida, com grande efeito, pela União Soviética. Todavia, fascina o leitor o fato de que Jünger não se interessa pela eficiência em si, mas a compreende como fenômeno estético. Ele sabia que sua afirmação apaixonada da tecnologia moderna cativaria seu público, e divertiu-se com isso. *O trabalhador* lembra o gênero de filme de ficção científica de Hollywood ao leitor de hoje (antecipado por *Metrópolis*, de Fritz Lang). Nos filmes de ficção científica, normalmente, pululam robôs, cavaleiros medievais, monges estranhos e nebulosos, sociedades organizadas hierarquicamente, que produzem coisas indecifráveis, cuja imprevisibilidade, todavia, é extremamente perigosa. Tais filmes – pensemos em *Independence Day*, ou *Starship Troopers* – são frequentemente habitados por enxames de insetos, um elenco que certamente agradaria Jünger, em seu entusiasmo pelo mundo dos insetos. Toda criatura ou máquina que atravessa a tela é igualmente substituível, reparável e replicável. Quase todos esses heróis de cinema podem atravessar os séculos com o auxílio de sua máquina do tempo enferrujada. Nesse sentido, a ficção científica é imortal.

Embora Jünger se refira em seus textos à estética de vanguarda, ao construtivismo e ao *Bauhaus*, ele mesmo não pertence à liga dos artistas progressistas de seu tempo. Sua obra não é nem experimental, nem irônica, ou, no sentido *formalista* da palavra, alienada. Sua visão do Estado de trabalhadores perfeito antecipa, com certeza, a cultura de massas da época atual. Nos anos de 1930, quando Jünger trabalhava em seus textos, essa cultura popular dava seus primeiros passos hesitantes. Observado desse ponto de vista, o texto de Jünger parece ter um grande significado histórico, porque é uma das primeiras reflexões estéticas e políticas sobre a cultura de massas. O projeto estético e político para uma nova Europa, que ele anteviu, foi realmente realizado. Não no Velho Mundo, mas, certamente, nos estúdios de Hollywood.

9

Alexandre Kojève[59]

A figura do *fim da história* surgiu nas últimas décadas, de forma repetida, nos mais diferentes contextos. Falou-se sobre o fim da subjetividade, o fim da arte, o fim do homem, o fim do autor, assim como da impossibilidade fundamental da criatividade, e do novo em nosso tempo. Esse discurso tem sua verdadeira origem em uma série de palestras sobre a "Fenomenologia do Espírito", que Alexandre Kojève realizou na *École des Hautes Études,* em Paris, entre os anos de 1933 até 1939. Essas palestras sobre a principal obra de Hegel foram assistidas pelos mais importantes intelectuais franceses da época: entre os ouvintes encontravam-se Georges Bataille, Jacques Lacan, André Breton, Maurice Merleau-Ponty e Raymond Aron. As transcrições dos seminários de Kojève circulavam regularmente nos círculos intelectuais de Paris, sendo lidos também por Sartre e Camus. As palestras de Kojève, conhecidas pelo modesto título de "seminários" (Lacan também denominou suas palestras de *Séminaires,* seguindo a tradição de Kojève), adquiriam, após um curto espaço de tempo, uma reputação quase mística, a qual mantiveram até a época atual. Naturalmente, o discurso apocalíptico do fim da história não nos parece novo hoje. Naquele tempo, todavia, Kojève afirmava que o *fim da história* não estava em um futuro distante, como normalmente suposto, mas que já havia começado há tempos – precisamente, no século XIX; como se poderia facilmente ler em Hegel. Em consequência disso, de acordo com Kojève, nós já vivemos há muito tempo além do fim da história e, por conseguinte, sob as condições pós-históricas e

---

59. Traduzido do inglês por Susanne Kirsch.

132 | INTRODUÇÃO À ANTIFILOSOFIA

pós-modernas; apenas não temos consciência desse fato. A transposição do fim da história do futuro para o passado era realmente uma novidade na época em que Kojève buscava deixar claro esse fato para seu público. Mas Kojève, ao contrário, sempre assegurava que suas declarações não continham nada de novo, porque o novo era impossível depois do fim da história. Assim, ele justificava o fracasso do novo, que é tão típico na pós-modernidade, com o exemplo de seu próprio filosofar, afirmando que apenas repetia e reproduzia a *Fenomenologia do Espírito*, de Hegel. Por essa razão, Kojève foi muito consequente ao nunca publicar um escrito filosófico – com a exceção de alguns breves artigos. Suas palestras sobre Hegel apenas foram publicadas depois da Segunda Guerra Mundial, sob o título de *Introduction à la lecture de Hegel* (1947).[60] O livro reúne uma série de textos muito diversos, sendo apenas alguns do próprio Kojève, e, na maior parte, transcrições de seus ouvintes. Kojève não se esforçou para conseguir uma publicação, a iniciativa veio de Raymond Queneau, que reuniu os fragmentos de textos. Depois da Guerra, Kojève abandonou completamente a filosofia, porque ela – como ele dizia – havia perdido qualquer sentido após o fim da história. Em vez disso, ele seguiu uma carreira burocrático-diplomática como representante da França na Comissão Europeia. Ali, ele concebeu um acordo aduaneiro que se encontra vigente até hoje no mercado europeu. Kojève morreu de ataque cardíaco, em 1968, durante uma reunião da comissão. Pode-se dizer que o papel de Kojève é similar ao de Arthur Rimbaud. Ao sacrificar sua vida – em vez da filosofia – para a organização burocrática da pós-modernidade, Kojève também se tornou um mártir.

Hoje em dia, o discurso da pós-história é onipresente. Apesar disso, não há teoria alguma que afirme sobre si mesma, o fato de não ser nem original nem nova. Talvez encontremos exemplos abundantes disso na literatura ou na arte, mas não na filosofia. Blanchot, Foucault e Derrida – que descreveram, minuciosamente, a morte do autor em sua obra – nunca reconheceram que suas reflexões sobre o fim da história remontavam a Alexandre Kojève. Uma das razões para isso deve ser o fato de que a teo-

---

60. KOJÈVE, 1947. Alguns trechos encontram-se em tradução alemã em: KOJÈVE, 1975 apud *Revue d'histoire et de philosophie religieuse*.

ria é a única área que ainda permite ao autor a descoberta do novo, e até mesmo o exige. Por isso, Kojève permanece sendo uma exceção, o único escritor filosófico que pode ser recebido ao lado de Duchamp, Warhol, ou de *Pierre Menard, autor de Don Quixote* – o herói da famosa história de Jorge Luis Borges. Kojève simplesmente afirmava transportar o discurso hegeliano – sem a mínima alteração ou reinterpretação – de seu contexto original, a Alemanha do século XIX, para a França do século XX. Sua tese sobre a radical falta de originalidade filosófica permanece extremamente original. Mas ela carece de explicação adicional. A primeira aproximação de Kojève à tese do fim da história se encontra já em sua tese de doutorado, que ele escreveu em 1926, em Heilderberg. Sob o seu nome russo Alexander Koschevnikov, ele escreveu sobre *A filosofia religiosa de Vladimir Solowjews*. Sua dissertação foi orientada por Karl Jaspers e publicada em uma pequena tiragem na Alemanha. Em 1934 ela foi publicada em francês.[61] A versão original encontra-se hoje na biblioteca de Heiderberg, acessível ao público (com observações escritas à mão por Jaspers ou algum de seus assistentes). Mas o tema aqui não deve ser nem uma interpretação do doutorado de Kojève, nem a questão de saber se Kojève foi interpretado de maneira correta. Ao contrário, no que se segue deverá ser iluminado o contexto no qual o *fim da história* pela primeira vez surge no pensamento de Kojève. Sobretudo, o verdadeiro contexto dessa concepção, que se encontra em um discurso desconhecido neste país, isto é, a tradição *historiosófica* e *sofiológica*[62] da Rússia. Seu começo encontra-se no primeiro quarto do século XX, quando os intelectuais russos ocupavam-se intensamente com o futuro da humanidade, e especialmente da Rússia. Como a obra de Solowjew fornecia possíveis respostas a estas questões, ele era uma referência importante na época. Em sua tese de doutorado, Kojève não se dirige explicitamente contra as opiniões dos teóricos desse movimento – como Berdajev, Bulgakov ou Frank, ele nem mesmo se refere a eles. Em vez disso, Kojève defende uma interpretação da filosofia de Solowjew, que se dirige claramente contra as esperanças escatológicas e sofiológicas, tão caracte-

---

61. Apud *Revue d'histoire et de philosophie religieuse*.

62. Cf. SOLOVYOV, 1993.

134 | Introdução à Antifilosofia

rísticas desses pensadores. Ao contrário, a leitura de Kojève sobre a obra de Solowjew é pessimista. É no âmbito dessa nova avaliação que surgiram os mais importantes conceitos de Kojève, e também daqui decorreu o discurso sobre *o fim da história*.

A filosofia política foi quem primeiro descobriu as teses de Kojève. Autores como Raymond Aron, Leo Strauss ou Francis Fukuyama empregavam o *fim da história* como polêmica contra o Marxismo. Em decorrência disso, pode-se explicar por que a leitura de Kojève sobre a *Fenomenologia do Espírito*, em regra geral, é comparada à de Marx. Na verdade, é possível constatar alguns paralelos entre ambos: Kojève transforma a *luta por reconhecimento*, de Hegel, em impulso da história da humanidade, que, por seu lado, é similar à luta de classes marxista. Marx e Kojève referem-se ao mesmo trecho da *Fenomenologia do Espírito*; aquele que é intitulado a "dialética entre o senhor e o escravo". Sob esse título, Hegel descreve a histórica *luta por reconhecimento*, na qual a consciência, como tal, manifesta-se pela primeira vez. A cena narra o primeiro encontro de dois homens que colocam suas vidas em jogo em uma *luta de vida ou morte*. Ambos os oponentes querem impor seu desejo individual, o que desencadeia a luta. Nessa luta original, eles descobrem seus próprios desejos, que se contrapõem, tornando-os oponentes. Apenas agora eles aparecem como duas manifestações autônomas da consciência. A partir desse ponto, eles se erguem acima do *status* de simples seres vivos no mundo.

Há duas possibilidades para o desenlace dessa luta: ou o perdedor morre no conflito, ou sobrevive à sua derrota. Se ele sobreviver, o perdedor se tornará o escravo do vencedor. Assim, ele deve abdicar de seu próprio desejo, para satisfazer ao desejo de seu senhor. O escravo torna-se um simples instrumento do senhor, cujos desejos ele satisfaz. Mas Hegel não acreditava na estabilidade duradoura de tal domínio. O escravo trabalha, e seu trabalho transforma o mundo do senhor, que cria o escravo para seu serviço. O trabalho é o catalisador para a continuidade do desenvolvimento do espírito e, com isso, o fator decisivo na história universal da humanidade. Hegel entende sua filosofia como uma reflexão intelectual do trabalho, que faz história. Marx leva a teoria de Hegel um passo adiante. Para ele, a reflexão deve ser seguida por uma transformação prática, que realize a vitória definitiva da classe trabalhadora.

Em ambos os casos – tanto em Hegel, quanto em Marx – a luta por reconhecimento é apenas um momento transitório no desenvolvimento do espírito absoluto. Ambos observam a história da humanidade do ponto de vista do escravo. Eles se identificam com o perdedor da luta histórica, procurando compensar a derrota através de um trabalho criativo. Para Kojève, ao contrário, essa luta permanece, do princípio ao fim, como o único impulso da história da humanidade. Ele também não acredita na possibilidade de se transformar o mundo através do trabalho, na melhor das hipóteses, pela guerra, a revolução ou a violência. Pelo contrário, o *fim da história* se revela a Kojève na substância da revolução moderna – desde a francesa até a russa. Os revolucionários planejam o ataque contra seus dominadores e vencem. Mas, depois que eles saem do conflito como vencedores, eles reagem de uma forma extremamente estranha: eles simplesmente retomam o trabalho, como se nada tivesse absolutamente ocorrido. Esse fato é difícil de ser compreendido para Kojève. Para ele, permanece simplesmente inexplicável como um homem – que sai vitorioso de uma luta de vida ou morte – pode retornar ao trabalho completamente indiferente. Então, ele tira uma conclusão desse fato estranho: o vencedor já estava satisfeito. Ele simplesmente não tinha desejos que pudessem levá-lo novamente à luta. Na aparição do *trabalhador armado* (*čelovek s ruzjom*), Kojève vê o *fim da história*. O cidadão do Estado pós-revolucionário moderno incorpora a síntese do senhor e do escravo em uma pessoa. Isso marca um grave momento da história da humanidade, ou seja, o nascimento do Estado moderno, que Kojève descreve como *universal e homogêneo*. Como esse Estado satisfaz plenamente o desejo por reconhecimento de seus cidadãos, o progresso da história – como processo que é movido por esse desejo – torna-se impossível. Simplesmente não há mais desejos que exijam um novo conflito. A história da humanidade chega ao fim com o Estado moderno. O ser humano retorna à sua condição animal original, ao mundo profano dos impulsos animais e totalmente a-históricos. Na pós-história, o consumo socialmente seguro é o último e único obje-

136 | Introdução à Antifilosofia

tivo da existência humana. A influência de Nietzsche aparece claramente nesse fim irônico. Embora Kojève frequentemente se declare partidário do Stalinismo, muitas vezes Kojève foi acusado de ser um fascista disfarçado. Todavia, essa crítica desconhece um fato: o *Estado universal e homogêneo* é apenas uma figura de um total de três, que aguardam no *fim da história* de Kojève. As outras características da pós-história são o sábio e o livro.

Ambas as figuras são habitualmente ignoradas pelos intérpretes de Kojève, pois elas não aparecem nem em Hegel, nem em Marx. Mas, sem levar em consideração o sábio e o livro, não é possível compreender *o fim da história*. A importância do desejo, como Kojève o entende, pode apenas ser deduzido parcialmente sem o sábio e o livro. Em Kojève, o conceito de desejo não tem uma origem exclusivamente hegeliana, mas tem também relação com o texto de Solowjews, *O significado do amor* (*Smysl ljubvic*, 1892-1894), que Kojève trata em sua tese.[63] O conceito hegeliano, advindo da *Fenomenologia do Espírito*, teve seu sentido ampliado, adquirindo o sentido que tinha na filosofia russa.

Comecemos pelo conceito do *sábio*. Tanto na "introdução", como nas raras entrevistas que Kojève concedeu depois da Segunda Guerra Mundial, ele afirma que depois do *fim da história* o filósofo foi substituído pelo sábio. Originalmente, o filósofo era movido por seu desejo, que se manifestava em seu amor (*philia*) pelo conhecimento absoluto e pela sabedoria (*sophia*). Seu amor foi finalmente correspondido no *fim da história*: ele experimentou o conhecimento absoluto, unindo-se a *sophia*, a sabedoria. A partir de agora, o filósofo é o *sábio*, que se chama "homem-Deus" (*čelovekobog*) na terminologia de Solowjew. O conhecimento absoluto o leva à posse da consciência total de si. Mas o filósofo é apenas *sábio*, quando todos os seus atos são transparentes e inteligíveis para ele. Em outras palavras, o *conhecimento absoluto* se expressa na perfeita autoconsciência; ou seja, também no controle de seus impulsos inconscientes, no sentido de Freud. O desejo do filósofo por *conhecimento absoluto* transforma-o no executor dos comandos de seu impulso sexual inconsciente. O *sábio*,

---

63. SOLOWJEW, 1985.

ao contrário, domina o desejo sexual unindo-se com a verdade (*sophie*) que o *conhecimento absoluto* o presenteia. Assim, a história da humanidade transforma-se não apenas na história favorita, mas também no desejo humano por autocontrole, que vence o impulso e o inconsciente. Isso não tem muito a ver com a descrição da história de Hegel ou de Marx. Ao contrário, tem bastante afinidade com a filosofia do amor de Solowjew. As formulações, com as quais Kojève caracteriza o *sábio* (como *sophia*, homem-Deus, *čelovekobog*) são fortemente influenciadas pela filosofia de Solowjew e seu desenvolvimento na Rússia na época da virada do século. O *sábio* também lança uma nova luz sobre a *luta pelo reconhecimento* e seu significado. A campo da luta histórica que Kojève descreve não é, aparentemente, nem a economia, nem a política, mas, ao contrário, o amor. Exatamente nesse ponto, o pensamento de Kojève revela uma profunda cumplicidade com a filosofia de Solowjew e o discurso dos escritores russos daquela época. Como Kojève expõe em sua tese, o ponto de partida da filosofia da história de Solowjew encontra-se nos escritos de Arthur Schopenhauer e de seu discípulo Eduard von Hartman, cuja "filosofia do inconsciente" era uma moda na Rússia daquele tempo. A filosofia pessimista de Schopenhauer (traduzida para o russo por Afanassij Fet, em 1888) deixou uma impressão decisiva nos mais importantes autores desse tempo – como Leo Tolstoi, Vladimir Solowjew, Nikolai Fedorow ou Nikolai Strachow. Schopenhauer opõe-se veementemente contra a autonomia da vontade livre e da razão. Finalmente, Schopenhauer nega completamente ao homem a capacidade de adquirir autoconsciência. Segundo sua opinião, a consciência do homem está subordinada a uma força muito maior: o "impulso de vida", que torna o homem a vítima de seus desejos sexuais. O próprio Schopenhauer condena profundamente essa sujeição, enquanto Nietzsche a celebra mais tarde. No entanto, ambos concordam: a razão, a subjetividade e a autoconsciência são secundárias, pois são comandadas por uma pulsão inconsciente, e seu desejo cego de sublimação. Logo, toda a razão filosófica depende do impulso.

Já em seu primeiro ensaio (*Krisis zapadnoij filosofii Protive pozitivistov*, 1874), Solowjew formula um programa filosófico e político que é comple-

138 | Introdução à Antifilosofia

tamente oposto ao de Schopenhauer. Como Kojève escreve em sua tese, o "significado do amor" é a chave para o entendimento de toda a obra de Solowjew. Nesse escrito ele se opõe diretamente a Schopenhauer: em Solowjew o desejo filosófico é superior ao impulso sexual. O eros platônico é um passo necessário, mesmo que transitório, na perfeição da autoconsciência filosófica. Em Solowjew, a razão não é nenhuma sublimação do impulso sexual, mas a sexualidade é ela própria uma forma de conhecimento. O ato sexual torna-se uma compreensão da teoria do conhecimento. Para Solowjew a razão não é, de forma alguma, fria, racional, sóbria e matemática, mas é uma fonte quente, apaixonada, um ansioso amor pela sabedoria. O amor corpóreo é um estudo filosófico, que deve investigar objetos concretos e individuais (homens e mulheres). O filósofo examina o corpo de sua amante e também seu próprio corpo. A sexualidade não tem mais o objetivo da reprodução, seu objetivo é o conhecimento. Apenas o desejo de amor sexual pode fornecer evidências sobre a vida e o mundo. Solowjew persiste energicamente nesse ponto: A investigação científica do mundo e sua natureza apenas pode ser realizada de forma empírica – através de uma metodologia erótica. A personalidade do homem (*lichnost*) é composta de corpo e alma. Apenas no amor (não apenas espiritual, mas corpóreo) a unidade perfeita do homem pode ser vivenciada. Assim, o amor torna-se o *medium* do conhecimento absoluto, que se revela, sobretudo, na união corpórea.

Essa descoberta leva Solowjew a uma segunda: o conhecimento absoluto é representado por toda a humanidade. Por isso, o filósofo somente pode consumar a união com o mundo, isto é, a humanidade como um todo, quando a própria humanidade houver adquirido o *status* de reconhecimento mútuo. A condição para isso é o amor mútuo, para que o corpo da humanidade possa deduzir o conhecimento filosófico. Tal união foi antecipada por Cristo. Ele criou a *Igreja universal*, que lhe deu amor e reconhecimento. Essa união, como sinal da fé, é denominada por Solowjew de "teocracia livre". Com isso, ele entende a união do homem a uma igreja, que não necessita de uma hierarquia estabelecida, nem de um poder, sendo, por isso, chamada de *Igreja homogênea*. Desde que o filósofo individual seja adotado pela comunidade de crentes, ele pode amar *sophia* e conseguir o conhecimento absoluto. A ele é dado a felicidade de poder compreender a humanidade. De outro modo, o conhecimento permanece apenas teórico e incompleto. O verdadeiro *conhecimento absoluto*, em sentido bíblico, se revela apenas no amor corpóreo, que investiga e compreende o outro completamente. Em seu doutorado, Kojéve analisa esse texto curioso e altamente erótico de Solowjew. Ele reflete a relação sexual que une o corpo do filósofo à humanidade.[64] Desse modo, pode-se imaginar que o conceito de um *Estado homegêneo e universal*, como Kojève o emprega, é uma versão secularizada da *Teocracia livre e universal* de Solowjew. A humanidade toma a forma de um corpo que se abre ao conhecimento do *logos* filosófico. Na verdade, isso tem muito pouco a ver com a teoria do Estado de Hegel ou Marx.

A recepção de Kojève sobre a filosofia hegeliana segue o percurso da metafísica de Solowjew, e não o caminho dialético de Hegel ou Marx, como em geral se supôs. Hegel e Marx entenderam a natureza como uma realidade exterior e objetiva, investigada e controlada sucessivamente pela ciência e pela técnica. Kojéve, ao contrário, permanece fiel à posição de Solowjew, e considera a natureza um objeto do desejo. Contudo, Kojève não oculta o reverso negativo do desejo. Na verdade, escreve Kojève, o desejo é destruidor. Para explicar isso, ele escolhe o exemplo da fome: nós destruímos o alimento ao consumi-lo. Mas a consciência humana pode compensar o lado destrutivo do desejo, precisamente através do reconhecimento mútuo. O verdadeiro amor exige respeito mútuo, isto é, desejamos não apenas o corpo do outro, mas também seu desejo. O objeto final do desejo é o reconhecimento que o outro me oferece ao me desejar. Por conseguinte, deseja-se o desejo do outro. Essa fórmula é uma nova versão da definição do amor de Solowjew (Battaille e Lacan a tomaram quase sem modificações). Ela se encontra no centro do discurso filosófico de de Alexandre Kojève. No começo de sua "introdução", ele fala do desejo antropogênico (*désir anthropogène*), que se diferencia radicalmente do desejo animal (*désir animale*). O desejo antropogênico cria o homem como tal. Apenas nele

---

64. "A história e o futuro da Teocracia. Investigação sobre o caminho histórico mundial para a existência verdadeira" (1885, p. 57) e *La Russie et l' Église universelle* (1889).

140 | INTRODUÇÃO À ANTIFILOSOFIA

se constitui a humanidade. Kojève formula da seguinte maneira: "assim, na relação entre o homem e a mulher, por exemplo, o desejo é humano apenas se alguém deseja não o corpo mas o desejo do outro, [...] ou seja, se ele quer ser 'desejado' ou 'amado', ou ainda: 'reconhecido' por seu valor humano".[65] Além disso: "A história humana é a história do desejo desejado".[66]

O reconhecimento mútuo é igualado ao amor. Nesse nível antropogênico, o desejo por objetos naturais surge apenas como consequência do desejo pelo desejo do outro. Pelo fato de que se deseja o outro, querendo impressioná-lo, atribui-se valor a determinados objetos. "Dessa forma, um objeto perfeitamente inútil, do ponto de vista biológico (como uma condecoração, ou a bandeira do inimigo), pode ser desejado, porque é objeto do desejo de outros."[67] É por essa razão que somos capazes, sem hesitação, de arriscar nossa vida por coisas que são completamente inúteis do ponto de vista econômico ou biológico. O desejo por tais objetos surge apenas do desejo de ser amado e desejado por outros.

Essa formulação tem muito pouco a ver com as descrições da *luta pelo reconhecimento* em Hegel ou Marx. Kojève, ao contrário, refere-se bem mais a uma luta entre os sexos do que a uma luta de classes. A motivação para essa luta é o amor do outro, e não sua destruição. Ou seja, não é nenhuma coincidência que os principais representantes do Surrealismo francês estavam sentados entre o público de Kojève: Georges Bataille, Jacques Lacan, André Breton. E a "introdução" foi organizada, como já foi mencionado, pelo escritor surrealista Raymond Queneau. Os surrealistas estavam interessados, sobretudo, em interpretar a cultura, a política e a economia apenas como outras formas de expressão do desejo sexual. É evidente que o con-

---

65. KOJÈVE, 1947, p. 13. Em alemão: "Desse modo, por exemplo, na relação entre homem e mulher, o desejo apenas será humano se desejar não a parte corporal, mas o desejo do outro [...] isto é, se ele quiser ser desejado, amado e também quiser ter seu valor humano reconhecido [...] A história humana é a história do desejo desejado". (KOJÈVE, 1947, p. 23)

66. No original: *L' histoire humaine est l'histoire du dèsir désiré.* [N. T.]

67. "Assim, um objeto completamente inútil, do ponto de vista biológico, (como uma condecoração ou a bandeira do inimigo) pode ser desejado, por ser o objeto de outros desejos". KOJÈVE, Op. cit. (em francês, p. 13; em alemão, p. 23).

ceito de desejo sexual, como é utilizado por Bataille e Lacan, aproxima-se mais da recepção que Kojève fez de Solowjew, do que de Freud. Uma investigação mais detalhada sobre o tema ultrapassaria o escopo deste texto. Porém, seria muito simples demonstrar a proximidade inconsciente entre o Surrealismo e o ideário de Solowjew, que Kojève transmitiu. (É interessante notar que esse conceito – *desire, désir* – foi intoduzido por Kojève como tradução do termo hegeliano *Begierde*. Essa palavra também aparece na tradução alemã do texto "Introdução". Kojève ampliou o conceito, adicionando-lhe um significado erótico – de acordo com o sentido de Solowjew. Todavia, é significativo que a palavra cunhada por Kojève "désir" seja muitas vezes traduzida de volta para o alemão como *Begehren*, uma palavra que não existia no vocabulário do tempo de Hegel.)

Naturalmente, Kojève não desenvolveu seu discurso sobre o amor no contexto surrealista, mas sob a influência da *sofiologia* russa. Ela cultivava a imagem de uma sociedade estruturada pelo amor – e não por interesses econômicos. Essa visão surgiu na obra de Dostoievski, Tolstoi, Solowjew, entre outros, nas primeiras décadas do século XX. Aqui, encontra-se a representação de uma história da salvação especificamente russa. A posição que Kojève toma em relação a essas esperanças utópicas é ambivalente, ou até mesmo irônica. Kojève entende que a realização do amor, obrigatoriamente, o faz desaparecer. O desejo morre no momento em que é satisfeito. Como nenhum desejo pode durar para sempre, o *fim da história* é inevitável. O *Estado universal homogêneo* é a última verdade. Ele é fundamentado no amor e acaba com o desejo para sempre. É exatamente pelo fato de que Kojève sexualiza radicalmente a razão, a história e a política, que seu discurso exerce uma atração tão forte sobre os surrealistas franceses. Ele mesmo nunca tematizou o desejo como tal, mas, ao contrário, o estado de moderação que necessariamente se intala após sua satisfação. Não é sem razão que o ponto de vista sereno de Kojève chocou extremamente o surrealista Georges Bataille. Pois aqui se encontra a profunda diferença entre Kojève e os surrealistas, como também em relação a Solowjew. O discurso de Kojève é pós-histórico porque ele reflete sobre a situação pós-coito. A elevação do desejo na espera pelo clímax não interessa a Kojève, o que o ocupa é a depressão pós-coito. Por outro lado, isso é equivalente à depressão pós-revolucionária, pós-filosófica, que não ocorre de maneira sexual, mas histórica. Após a luta revolucionária surge uma sociedade perfeita, que concretizou o amor. Com o estado de satisfação, grande parte da vida humana é paralisada, pois o desejo histórico e erótico foi satisfeito e se extinguiu. Ao ser apreendida pelo *logos* filosófico, essa sociedade desvelou todos os mistérios, de forma que a vida surge aqui totalmente sem amor.

Assim, Kojève afirma ser ele mesmo um stalinista: ao simplesmente abolir o amor, Stalin concretizou o amor para a sociedade. Por essa razão, a Rússia pertence aos Estados pós-revolucionários. O momento em que o filósofo se une com *sophia*, o conhecimento absoluto, e no qual o desejo filosófico é satisfeito, dura apenas um breve momento. Por isso, com a extinção desse momento, o desejo, como desejo pelo desejo do outro, deve desaparecer para sempre. Como no mundo pós-histórico, tudo é completamente transparente, e todos os desejos são concretizados; a filosófia é desnecessária nesses lugares. Ao perder o desejo antropogênico, o homem da pós-história retorna à existência estática animal. Como exemplo vivo dessa forma de existência, Kojève escolheu os Estados Unidos. Aqui, o desejo pós-histórico – de acordo com Kojève – tem uma orientação animal e econômica. Mas logo Kojève descobre uma segunda variante da pós-história: no Japão cultiva-se a *cultura do esnobismo*. A *luta pelo reconhecimento através do esnobismo* não tem nada em comum com o verdadeiro desejo, ao contrário, é um jogo de significantes sem significado. Sob as condições da pós-história, o filósofo torna-se um *esnobe*. Em linguagem clara, isso significa que o filósofo deve abdicar de sua atitude filosófica.

Quando foi compreendido que, com o fim do desejo, a dialética do desejo deveria, obrigatoriamente, desaparecer, percebeu-se que Solowjew, assim como outros autores russos, não tinham reparado que Deus parecia dar-lhes o desejo infinito. Kojève, ao contrário, entendia-se como ateísta e, nesse sentido, como verdadeiro filósofo. Por sua atitude cética em relação à crença, na tese de Kojève encontram-se numerosas considerações críticas, que até mesmo negam a Solowjew o *status* de filósofo. Kojève muitas vezes acusa Solowjew de escrever de forma superficial e imprecisa, ou de não haver entendido esse ou aquele filósofo. A mais grave censura refere-se ao fato de Solowjew não ter entendido Hegel. A crítica contra Solowjew é extraordinariamente rigorosa e intransigente, em se tratando de um estudante que dedica sua tese a um autor ilustre. Muitas vezes, Kojève erra o alvo. Mas, a certa altura, o leitor nota que Kojève utiliza esse tom de acusação para escapar de uma discussão mais profunda sobre a filosofia de Solowjew. Ao acusar Solowjew de não ser um filósofo, Kojève pode excluir todos os aspectos de sua análise que, de alguma forma, pertencem à disciplina acadêmica da filosofia, como a epistemologia, a ética ou a estética. Em vez disso, Kojève encontra o cerne singular dos escritos de Solowjew na união entre a razão e desejo. Kojève aponta para o fato de que no final de sua vida, Solowjew sofria de uma terrível desilusão. Ela o forçou a abandonar sua crença original – à qual ele dedicou a sua obra. A crença na garantia teológica do desejo desvaneceu, assim como a união infinita entre o homem e Deus, que se revelava no amor. Após isso, Solowjew queria desenvolver uma nova ontologia pessimista, que lhe parecia bem mais adequada. Essa nova doutrina do ser pretendia, ao contrário, representar o abismo intransponível entre o homem e Deus. No entanto, Solowjew não teve mais nenhuma oportunidade para finalizar seu projeto. Após a perda dolorosa da crença, ele morreu. Naturalmente, era óbvio que Kojève assumiria essa tarefa, e assim aconteceu. Então, com essa ontologia obscura, Kojève criou um cenário ainda mais grave de condições existenciais pós-históricas.

No centro desse novo cenário pessimista pós-histórico, não se encontra mais o *sábio*, mas o *livro*. O *sábio* já havia se transformado parcialmente em conhecimento, quando o corpo de *sophia* revelou-se a ele. Seu desejo encontrou reconhecimento e, reciprocamente, ele respeitou o desejo de *sophia*. O conhecimento que o *sábio* possui de sua satisfação marca o núcleo do conhecimento absoluto. Mas, desde que se acredite em Kojève, a autoconsciência do *sábio* é fator de extrema insegurança. Depois que o desejo filosófico foi satisfeito, o conhecimento dele desapareceu sorrateiramente. O sábio perdeu a memória de sua satisfação. Assim, o homem pós-moderno está altamente satisfeito porque todos os seus desejos foram realizados, mas ele não sabe nada disso. Como ele se esqueceu do grande momento,

144 | INTRODUÇÃO À ANTIFILOSOFIA

ele não pode explicar a si mesmo seu tédio. Na "Introdução", Kojève aponta para uma nova forma de tempo, que Hegel introduz na *Fenomenologia do Espírito*.[68] Esse tempo, para Kojève, não é um tempo linear, e nem é um tempo circular. O tempo hegeliano é um tempo circular: ele liberta o homem de sua condição natural e animal, porém, um pouco mais tarde ele reconduz o homem de volta ao ponto de partida. No entanto, ao *final da história* o homem é poupado do esforço de suportar novamente a pressão do desejo filosófico. Através da *Fenomenologia do Espírito*, de Hegel, o homem é destituído do fardo da memória, pois esse *livro* absorve e preserva todo o círculo da história da humanidade, e do desejo realizado.

Isso significa que o *livro* atua agora como instrumento de memória e como portador material do desejo filosófico. O livro é menos inconstante do que a memória humana. Ao *final da história*, o desejo muda sua forma. A partir do corpo humano transforma-se em livro: a partir de então é um novo *medium* que carrega o desejo e todo o espírito humano. O espírito universal – como o denomina Hegel –, na forma impressa, torna-se finalmente independente da instável história humana. A relação do homem com a verdade, de agora em diante, é bem superficial e exterior: a *Fenomenologia do Espírito* desempenha o papel da memória eterna do *fim da história*, e impede o espírito de retornar ao corpo humano.

Kojéve proclama o fim do homem, do sujeito e do autor muito antes de Foucault ou Derrida, e o faz de maneira ainda mais consequente. Ao mesmo tempo que proclama o fim – como já foi dito –, Kojève termina seu discurso filosófico. Depois que o espírito desapareceu do corpo humano, a única atitude que restou ao homem em relação ao conhecimento absoluto: ele pode copiar, repetir, reproduzir ou reapresentar o espírito passado. É exatamento isso o que faz Kojève com Hegel. O papel pós-histórico de homem não é mais a produção, mas apenas a reprodução.

Solowjew inicia seu discurso filosófico sobre o amor tornando o desejo sexual independente da autopreservação: para Solowjew, o significado do amor se encontra no reconhecimento do outro e não na reprodução.

---

68. KOJÈVE, Op. cit. (em alemão), p. 90-134.

Mas, depois que o reconhecimento universal foi realmente concretizado pelo Estado moderno, como não resta outra alternativa, a humanidade deve retornar à reprodução. A principal função da humanidade pós-histórica encontra-se na reprodução do *livro*: *Fenomenologia do Espírito*. Essa obra deve ser reimpressa repetidamente, seu conteúdo deve ser repetido, declamado e rezado em todos os lugares, sem cessar. Toda a humanidade deve dedicar-se a esse mecanismo reprodutivo, ou – considerando o que Marshall McLuhan afirma – ela deve tornar-se o órgão sexual do livro. Sem dúvida, isso tudo soa bem pós-moderno. Na verdade, estamos lidando aqui com uma descrição precisa da cultura pós-moderna, cujas características principais são a reprodução, a nova edição, a revivificação, a apropriação do conhecimento pré-existente. Apesar disso, há uma diferença substancial entre o discurso contemporâneo da pós-modernidade e o de Kojève. O discurso pós-moderno padrão celebra o jogo com as formas existentes, acreditando ser a expressão da liberdade individual, que não precisa mais se submeter a nenhuma pressão histórica. Para Kojève, ao contrário, essa concepção é absurda, pois o *fim da história* é o fim da liberdade: além do desenvolvimento e do progresso, valores como liberdade, conhecimento, espírito, criatividade, e semelhantes, permanecem apenas artefatos inanimados. Por essa razão, Kojève também não descreve a repetição pós-moderna em seu discurso próprio, original e autoral, como o fazem os teóricos da pós-modernidade. Mas ele encena a dialética hegeliana como um *ready-made*. Essa construção, que advém do espírito de Hegel, serve apenas a um propósito: deve revelar o abismo intransponível que separa o antigo e verdadeiro desejo filosófico de uma existência animal na modernidade. No entanto, o próprio Kojève se posiciona do lado da pós-modernidade, ao subordinar o seu discurso às características essenciais dela: a repetição. Kojève não cogita entender Hegel, ou mesmo de estar em condições de explicá-lo, pois isso significaria que a filosofia hegeliana ainda dispunha de um espírito vivo fora do livro. Kojève permanece firme: a *Fenomenologia do Espírito* formula e conserva todo o potencial do espírito humano. Em razão disso, Kojève não poderia ensinar a filosofia hegeliana, ele apenas poderia recitá-la em voz alta.

146 | Introdução à Antifilosofia

Para Kojève, o livro é uma versão secularizada do conceito tardio e pessimista de Deus, de Solowjew: Deus é a supraconsciência (*sverkh-soznanie*), que permanece separada do homem por um limite ontológico. O homem conhece apenas a fachada dessa inteligência metafísica, aquilo que se oculta por detrás dela permanece desconhecido para ele. A verdade do cristianismo bizantino pertence a esse nível superior de consciência, sendo para Solowjew a última revelação do *conhecimento absoluto*. Para ele, a cultura russa tinha condições apenas de conservar e reproduzir esse conhecimento bizantino, enquanto ele permaneceria desconhecido à vida russa. Os agricultores da província permaneciam em sua forma de vida material quase animal, isolada do progresso. Mas, nessas condições estáticas da existência, a tradição e as histórias passadas se conservariam. Nesse sentido, Solowjew poderia se considerar um filósofo russo depois do *fim da história*, e depois da verdade. Apenas com a diferença de que, para ele, essa verdade não se concretizou no Estado moderno, mas na história do cristianismo. Já naquele tempo ele precisava se restringir a repetir a "verdade absoluta" do cristianismo bizantino, anunciando-a e propagando-a em seu próprio meio moderno e citadino. Por essa razão, como Kojève constata, Solowjew realmente não é um filósofo, mas um homem que se entende como parte da cultura russa pós-histórica e pós-moderna, após a revelação de Cristo. Em consequência disso, pode-se dizer que Kojève imita a atitude de Solowjew – ao desistir de qualquer alegação de originalidade –, transferindo a descoberta de Solowjew da esfera da teologia para a filosofia. A Bíblia e os escritos dos pais da Igreja são substituídos pela *Fenomenologia do Espírito*. Onde Solowjew formula a inacessibilidade da verdade cristã, Kojève também enfatiza a distância insuperável, que separa o homem pós-histórico do conhecimento do arquivo. O fim do amor se constitui na distância infinita entre a pós-história e o conhecimento filosófico – também no Ocidente. Em sua época, o próprio Solowjew ainda pode se entusiasmar pelo espírito criativo e livre que via no Ocidente.

Em sua tese, Kojève descreve as esperanças que, para Solowjew, advinham de uma supraconsciência divina. Solowjew as formula em sua *Filosofia Teórica* (*Teoreticheskaya filosofia*, 1897-1899), e o doutorado de

Kojève concentra-se na discussão desse texto. Mas a ideia central de seu próprio pensamento tem origem em outro texto de Solowjew, *O conceito de Deus* (*Pontajie o boge*, 1897), de onde ele cita: "Nossa personalidade não é uma circunferência fechada e completa, que tem seu próprio conteúdo, sua própria essência... mas é um portador, um pilar (*hypostasis*) de outro poder superior". A crença de que o homem tem um acesso privilegiado para o conhecimento do ser revela-se aqui como uma ilusão: a personalidade da vida humana permanece isolada e bem distanciada do conhecimento. No *fim da história* demonstra que o corpo humano é apenas um recipiente que serve à reprodução do conhecimento. O ateísta Kojève aponta para a inacessibilidade ao conhecimento dessa instância superior, que ele encontra no escrito de Solowjew como pura materialidade, e não como espiritualidade. Em Kojève, a *supraconsciência* torna-se livro, e a Bíblia, a *Fenomenologia do Espírito* (Kojève encontra essa reprodução do conhecimento morto em sua própria prática de escrita, denominando-a *suicide médiatisé*). A descrição irônica de Kojève sobre o modo de viver pós-histórico, pós-revolucionário também contém, como pode-se pensar, um fundo político. Ela se dirige contra as esperanças de salvação dos pan-eslavistas, cujo papel de redenção histórica apenas a Rússia poderia assumir. Em seu doutorado, Kojève chega a recapitular essas aspirações *historiosóficas*, mas ele acentua que Solowjew nunca teria sido um nacionalista russo. Na visão de Kojève, Solowjew não acreditou em nenhum momento em um espírito original russo, ou na superioridade da cultura russa. Ao contrário, ele entendia o Estado Imperial russo como um portador passivo e material, exercendo a letargia. Para Solowjew, a humanidade russa é apenas o instrumento histórico da infinitude divina, em cuja sombra ela se reproduz. Solowjew trabalhou incansavelmente para adicionar dois fatos extremos à sua visão: ele queria unir o corpo passivo da cultura russa, que se sujeitava à sabedoria, ao espírito livre e masculino do Ocidente. Mesmo no campo prático, Solowjew lutou para alcançar esse objetivo, através da unificação da Igreja do Oriente e do Ocidente. Ele esperava e acreditava que o espírito livre do Ocidente iria capturar e penetrar o corpo da cultura russa. Dessa união deveria nascer uma nova

148 | INTRODUÇÃO À ANTIFILOSOFIA

cultura, que produziria o verdadeiro fim da história da humanidade. Mas, em sua velhice, Solowjew perdeu essa crença.

A cultura russa esperava incessantemente para sair de seu estado animal e passivo, e assumir o individualismo ocidental. Mas, antes que isso pudesse acontecer, o caminho da história levou também a cultura ocidental de volta a uma existência ordinária e animal. O desejo por reconhecimento e o *eros* filosófico foram satisfeitos. Com isso, a antiga paixão tornou-se um artefato inacessível de um passado distante. A Rússia queria ser semelhante ao Ocidente. Todavia, a história projetou um destino completamente diferente: ele simplesmente produziu no Ocidente a mesma situação que na Rússia. O filósofo russo, que tentou fugir da existência primitiva na Rússia e encontrar sua sorte no Ocidente, decepcionou-se. Ao chegar lá, ele não pode encontrar nenhuma diferença: a história do Ocidente trilhou o mesmo caminho para uma existência animal que o filósofo já conhecia em casa. Desse modo, nenhuma oportunidade de se tornar histórico se ofereceu a ele. A cadeia de repetições mundiais não lhe deixou nenhuma rota de fuga disponível. Sua viagem desde a pré-histórica Rússia até o Ocidente pós-histórico continha, necessariamente, a repetição do mesmo.

Em sua "Introdução", Kojève explica minuciosamente porque o discurso filosófico de Hegel é um comentário à missão histórica de Napoleão. Napoleão era um homem de ações, que introduziu uma organização *homogênea* e *universal* na Europa. Porém, Napoleão não refletia sobre suas ações. Foi Hegel quem completou a missão histórica de Napoleão, colocando-se como a autoconsciência intelectual de Napoleão. Kojève, por sua vez, entendia-se como a autoconsciência de Stalin, que, por sua vez, repetindo o gesto histórico de Napoleão, transformou a Rússia em um *Estado homegêneo e universal*. Nesse sentido, Kojève entendia a si mesmo como uma reedição histórica de Hegel. Sua reflexão sobre o *conhecimento absoluto* foi um efeito da reprodução, que surgiu porque Stalin copiou os feitos de Napoleão. Os dois soberanos imperialistas foram suficientemente comparados ao anticristo. Mas também eles procuraram emular uma tradição com a fundação do Estado. Seu exemplo foi Jesus Cristo, que causou a fundação de uma *Igreja homogênea e univesal*. Do ponto de vista ateu de Kojève, a diferença entre Cristo e anticristo, tão importante para Dostoievski e Solowjew, perde seu significado. Kojève imitou Solowjew, que entendia seu próprio discurso filosófico como a autoconsciência do cristianismo bizantino, além da diferença entre teologia e filosofia, ou entre a Bíblia e a *Fenomenologia do Espírito*. Todo *fim da história* repete um outro fim. Essa sequência infinita de repetições é interrompida pelo breve período do desejo filosófico, que se volatiza sem deixar vestígios, assim que é satisfeito. O papel do *sábio* é afugentar a sedução exercida pelo desejo filosófico. O *sábio* defende a condição animal da pós-modernidade. Ele é o responsável pelo fato de que a existência animal não pode ser nem superada, nem transcendida (seja na forma do *reino do espírito* de Hegel, ou no Deus-homem sofiológico – *obozhennoe chelovechestvo*). A história universal transforma o homem no portador da *verdade absoluta*, porém, jamais em seu dono.

10

Friedrich Nietzsche
Michail Bachtin
Michail Bulgakow [69]

Apesar do domínio stalinista, alguns pensadores mantiveram uma posição relativamente independente em relação à ideologia oficial. Os escritores Gustav Spet (1887-1940), A. A. Meier (1875-1939), Mikhail M. Bakhtin (1895-1975) e Mikhail Bulgakow (1891-1940) esforçavam-se por observar a situação política de um ponto de vista não marxista. Embora seu número possa parecer escasso, sua importância histórica não deve ser subestimada. Mesmo que não se possa falar de uma concordância em seu pensamento, ainda assim, todos eles fundamentarem seu pensamento – mais ou menos – na herança da *era de prata*.[70] Essa tradição combina a filosofia de Nietzsche com a tradição *sofiológica russa*.[71] Para refletir sobre sua própria situação histórica, esses autores uniam a intrépida disposição ao sacrifício, presente no pensamento de Nietzsche, com a tradição do cristianismo ortodoxo. Os conceitos filosóficos que desenvolveram a partir daí, descrevem, de forma característica, a situação política desde os anos de 1930 até hoje.

A continuidade da tradição de Nietzsche, sob as condições do Socialismo soviético, é um capítulo muito interessante da história das ideias, precisamente porque essa situação diferia completamente da cultura bur-

---

69. Traduzido do inglês por Susanne Kirsch.

70. É conhecida como a era de prata da cultura russa, na Rússia, na virada do século [do século XIX para o século XX].

71. No núcleo de sophiologie (sofiologia) encontra-se Sophia – a sabedoria de Deus.

152 | Introdução à Antifilosofia

guesa do século XIX, na qual Nietzsche formulou sua teoria crítica. No Ocidente, segundo a teoria de Nietzsche, a sociedade teria passado por mudanças substancialmente menores do que na Rússia. Para os adeptos de Nietzsche, no Ocidente liberal foi bem menos problemático se identificar com seu pensamento. Os autores russos, ao contrário, descobriram a obra de Nietzsche em uma situação histórica perigosa e completamente nova para eles. Para compreender essa nova realidade cultural, faltavam-lhes os valores empíricos e históricos. Assim, eles utilizaram os conceitos de Nietzsche, em primeiro lugar, para poder localizar seu próprio ponto de vista. Essa tentativa de autodefinição na época de Stalin é o que deverá ser discutido a seguir.

A estrutura de poder totalitário da União Soviética produziu a realidade social, sobre a qual todos os escritores daquela época precisavam refletir, seja qual fosse o verdadeiro tema que eles tratassem. A relação entre a ideologia stalinista e a herança da *Renascença religiosa russa* foi caracterizada pela teoria de Nietzsche, pois ela foi decisiva para a autoimagem de ambos os lados. Por essa razão, a herança de Nietzsche colocou os autores não marxistas em uma situação contraditória. Sua influência proibia uma oposição à cultura oficial, por outro lado – pelos mesmos motivos –, identificar-se com a cultura oficial era ainda menos possível.

Enquanto a ideologia oficial utilizou, sobretudo, o *ateísmo* de Nietzsche para seus objetivos, do lado oposto, ocorreu uma discussão muito diferenciada sobre o seu pensamento. Apesar da atitude hostil em relação ao cristianismo, os referidos autores compreenderam seu pensamento no contexto do cristianismo. Essa recepção cristã de Nietzsche conflitava com os valores oficiais, pois o cristianismo foi quase extinto após a repressão pós-revolucionária dos anos de 1930. O interesse em Nietzsche naquela época, na Rússia, fazia parte de uma reflexão filosófica sobre a situação política que tomara forma com Stalin.[72]

---

72. Sobre a recepção religiosa de Nietzsche na Rússia, ver: LANE apud GLATZER, 1986, p. 41-69 e ROSENTHAL apud GLATZER, 1986, p. 69.

Antes de tudo, nos anos de 1780 e 1880, o pessimismo filosófico de Arthur Schopenhauer (1788-1860) deixou uma impressão permanente em muitos intelectuais russos. Em um de seus primeiros escritos, *A crise da filosofia ocidental* (1984), Vladimir Solowjew (1853-1900) ocupou-se com Schopenhauer. A *vontade do mundo*, de Schopenhauer, foi interpretada por Solowjew como expressão da crença na ciência, que para ele parecia ser característica da filosofia ocidental. Como essa *vontade unilateral do mundo* é uma força *inconsciente* e incontrolável, seu efeito, de acordo com Solowjew, é totalmente destrutivo. Solowjew estava convencido de que a subordinação voluntária do homem à vontade cega de progresso era prejudicial ao mundo e à sua realidade.[73] Através dessa crítica ao progresso, ele seguia uma antiga tradição *eslavófila*. Para Solowjew, havia apenas uma saída para essa ilusão de progresso: a salvação estaria no retorno ao verdadeiro cristianismo, que fora preservado pela Igreja ortodoxa russa; mesmo que essa teologia tivesse sido insuficientemente formulada até então. No entendimento de Solowjew sobre a ortodoxia, a razão não sofre um colapso através da ontologia, como é o caso em Schopenhauer. Ao contrário, o espírito e a matéria servem ao objetivo comum de divinizar o mundo inteiro. Na interpretação de Solowjew, o espírito livre – dotado previamente por ele com uma boa porção de materialismo, militarismo, erotismo e esteticismo – consuma a unidade com a Igreja. Essa união entre conhecimento e crença é o início de *Sophia*, a sabedoria feminina. Com isso, surge a eternidade do acontecimento divino. Solowjew desenvolve, assim, uma variante sacralizada e iluminada da *vontade de mundo,* de Schopenhauer, que agora, ao contrário, é a alma do mundo.[74]

As teorias estéticas e filosóficas de Nikolai Fedorov (1828-1903) e Leo Tolstoi (1828-1910) também constituem uma reação à filosofia de Schopenhauer. Como Solowjew já o fizera, eles consideram o pensamento de Schopenhauer uma abnegação da cultura ocidental. Desse modo, para emprestar um novo significado ao indivíduo aparentemente insignificante na

---

73. SOLOWJEW, *Krizis zapadnoi filosofii; protiv pozitivistov*. (SS I [rpt Brüssel 1966] na segunda edição russa das Obras completas, v. I, p. 27-151.)

74. SOLOWJEW, 1978, p. 537-750.

154 | INTRODUÇÃO À ANTIFILOSOFIA

sociedade do progresso, Tolstoi faz uma consagração exatamente a essa vida impessoal e alienada na Modernidade. Fedorov, ao contrário, exige o completo reestabelecimento da individualidade, que havia sido claramente podada em nome da coletividade e da divisão de trabalho. Ambos concentram suas esperanças na Rússia.

A doutrina de Nietzsche ingressa na Rússia exatamente no momento em que os escritores russos acabavam de realizar uma reconstrução otimista da vontade de mundo. Como a teoria de Schopenhauer antecipa, em seu modo, a essência filosófica do nietzscheanismo, o caminho estava preparado. O *Nascimento da tragédia no espírito da música* foi o primeiro escrito de Nietzsche que alcançou um alto grau de reconhecimento na Rússia. Na filosofia russa do período simbolista, o impulso dionisíaco de Nietzsche se fundiu com a ideia de uma história da salvação *eslavófila*, que deveria concretizar a unidade da humanidade na liberdade (*sobornost*), e, com isso, trazer a sabedoria (*sophia*). O dionisíaco transformou-se em um código que expressava um ideal, uma esperança. Associava-se a essa concepção a ideia de uma Rússia futura, que superaria a cultura ocidental e realizaria a reconstrução de todo o mundo.

Mas, se o impulso dionisíaco de Nietzsche teve completa aceitação na Rússia, sua teoria do *sobre-humano* [*Übermenschen*] foi recusada pela maioria. Possivelmente, porque *Übermensch* foi traduzido como *homem-Deus*, em russo. Assim, dificilmente pode-se reconhecer nesse *homem-Deus* o retorno do ideal de Solowjew, que evocava a chegada do *homem-Deus*. Com a ideia do *sobre-humano*, arriscava-se abandonar o caminho da integridade e da virtude, que Solowjew iniciara. Para a maioria dos intelectuais, o *sobre-humano*, de Nietzsche, parecia uma mensagem do racionalismo ocidental, que pretendia enganar a Rússia, por causa de sua vitória escatológica.

A transformação especial do pensamento de Nietzsche, no início do século XX, é bastante esclarecedora sobre o modo como os intelectuais não marxistas compreendiam a Revolução Russa e o Stalinismo. Eles até mesmo saudaram o espírito dionisíaco da Revolução, que deveria levar à queda da antiga cultura europeia. Todavia, o endeusamento do homem lhes parecia mais que duvidoso. Por outro lado, eles não conseguiram escapar completamente do encanto do *sobre-humano*. Enquanto existisse a esperança de transformar o *sobre-humano* em um *homem-Deus* russo, ele exerceria uma atração oculta.[75]

Os seguidores de Nietzsche não podiam se expressar abertamente contra o regime de Stalin nos anos de 1930. De uma perspectiva atual, parecia natural criticar o regime de Stalin, e queixar-se da repressão contra o indivíduo, os direitos humanos, a moral, a democracia etc. Os aspectos destrutivos do Stalinismo foram plenamente observados pelos referidos autores. Eles notaram muito bem o racionalismo, a exploração, a alienação, a frieza, e a constituição da hierarquia. Porém, como o ressentimento e o medo são punidos por Nietzsche apenas com o desprezo, os intelectuais precisavam tomar outra atitude em relação ao regime. Dessa forma, eles encararam a situação com uma sobrepunjança, com a exigência de uma dissolução ainda maior do indivíduo. Eles queriam pôr à prova sua dignidade em face da repressão, exacerbando ainda mais a perda dos valores, da liberdade de expressão e da segurança – advindos do regime de Stalin. O melhor modo de descrever o protesto desses pensadores contra a cultura stalinista é tomar o Nietzsche da primeira fase, comparando-o ao Nietzsche tardio.

Essa estratégia foi utilizada de forma diversificada nos escritos das quatro personalidades principais da cultura não oficial daquela época. Comecemos por A. A. Meier, cujos ensaios filosóficos tardios expressam sua própria atitude em relação a Nietzsche. Em primeiro lugar, o escritor pertencia ao período simbolista, e foi membro da "Sociedade filosófico-religiosa" de Petersburgo.[76] Após a revolução, Meier tornou-se membro ativo, no último centro oficial do pensamento não marxista ainda tolerado, denominado "Associação Filosófica Livre" (*Vol'fila 1919-1924)*. Mais tarde, Meier e G. P. Fedotov organizaram um novo fórum filosófico-religioso em

---

75. Típico sobre esse assunto é o escrito de BERDIAEV, 1953. (*Istoki i smysl russkogo kommunizma*. Paris, 1955).

76. Meier publicou seus trabalhos em diferentes lugares, inclusive no *Almanaks Fakely* ("Torches", 1906-8). Ele desempenhou um papel significativo na formulação do programa do "Anarquismo místico".

156 | INTRODUÇÃO À ANTIFILOSOFIA

Petrograd. Esse círculo queria dar continuidade à oposição, desempenhando um importante papel para a vida intelectual da antiga capital, sob as novas condições políticas, nos anos de 1920. Em janeiro de 1928, Meier e outros membros do círculo foram presos. Ele foi libertado apenas sete anos mais tarde. Até a sua morte, no ano de 1939, ele se dedicou a uma reflexão filosófica sobre suas experiências históricas.[77]

Meier desenvolve os fundamentos de sua visão de mundo já em seu escrito da primeira fase *Religião e Cultura* (1909). Esse escrito discute o típico conflito que surge entre os valores culturais e as pretensões absolutas da religião. Naturalmente, a verdadeira crença exige sempre a recusa dos valores culturais, em nome de uma vontade divina superior. A contradição entre religião e cultura foi tema de debate intensivo levantado na Rússia naquele tempo. Esse debate tratava da diferença entre a concepção *helênica* e a concepção *judaica* do cristianismo, assim como a relação entre a teoria de Nietzsche e a religião. O principal representante da linha *helênica* foi Viacheslav Ivanov (1866-1949), que queria ligar o cristianismo ao Dionisismo. A linha judaica foi liderada por Leo Shestov (1866-1938), que insistia no fato de que Deus se ocultava além de toda percepção racional, ética, estética. Ivanov und Shestov partiam de sua recepção individual de Nietzsche. A diferença, todavia, era que Ivanov rejeitava a ciência racional e a ética, apenas aceitando a estética e o mito. Shestov, ao contrário, recusava categoricamente toda a esfera da cultura. Em *Religião e Cultura* (1909),[78] Meier compartilha, em grande parte, da posição de Shestov, embora em outros escritos ele tendia para as concepções de Ivanov.

Meier inicia seu ensaio com uma referência a Nietzsche: "Ficou frio!", citando o sábio de Nietzsche à procura de Deus. A morte de Deus criou o frio, tornando a vida um jogo niilista, cínico e sem sentido.[79] Assim, a teoria de Meier sobre Nietzsche opõe-se nitidamente à intenção do autor. Nietzsche é estilizado por Meier como o pioneiro da religião, introduzindo

---

77. Sobre a biografia de A. A. Meier, e a história de seu círculo, ver também: ANTISEROV, 1982.

78. MEIER, 1982a.

79. Ibid., p. 31.

uma nova procura por Deus. Em *Religião e Cultura*, Meier utiliza a definição de Nietzsche sobre a cultura, enquanto um campo de força da *vontade de poder*, para formular sua rejeição categórica da cultura; pois ela serviria apenas às necessidades egoístas de indivíduos isolados:

> Ao reverenciar a si mesmo, o homem reverencia o pior de todos os deuses – o homem do futuro. Nós somos homens e reverenciamos os homens do futuro. O Deus do futuro é o grande solitário, que se senta sobre o cadáver de milhões; ele é o poderoso, que não ama ninguém e oprime a todos... Poder não é uma palavra vazia. O poder é belo e vivo, o ideal do poder pode ser uma inspiração. O sobre-humano não é um sentimento de morte, servi-lo é uma religião completa, mas ela é o oposto de uma superação da religião, ela é religião da liberdade, a verdadeira liberdade.

Ao mesmo tempo, Meier relaciona sua esperança de salvação explicitamente com o comunismo.[80] Para Meier, o *telos* do verdadeiro comunismo é a salvação, que deve instalar um "Reino de Deus" sobre a terra. A partir dessa perspectiva religiosa, ele critica os déficits do Socialismo real. Ele acusa a política real do Socialismo da incapacidade de alcançar o verdadeiro coletivismo. Esse Comunismo limitado desistiu de suas ideias originais, satisfazendo-se com a coletivização da propriedade. Nesse cenário, o *status* do indivíduo permanece inalterado: "O pecado dos coletivistas se encontra no adiamento da liberdade, considerada pelos humanistas contemporâneos como o reino do futuro".[81] Meier contrasta esse objetivo limitado com seu ideal religioso, comunista, cujo fundamento é o amor. A vida em comum, na visão de Meier, deve se transformar em uma "festa de casamento", uma longa viagem de férias, e no princípio de toda criatividade: "Como ela poderia [tal sociedade] ser concretizada de outra forma? Deve-se esquecer de qualquer garantia de liberdade e autonomia da personalidade, posto que elas apenas possam surgir através da crença libertadora no poder do

---

80. Leo Schestow compreendia a doutrina de Nietzsche sobre o *supra-homem* como sendo a rejeição de uma posição filosófica, e, com isso, uma alteração para uma tradição moralizadora, sempre com o propósito da manutenção do *status quo*. (Ou seja, da condição atual). Sobre isso, ver SCHESTOW, 1923. (*Dobro v uchenii gr. Petersburg 1900*)

81. Ibid., p. 89.

158 | INTRODUÇÃO À ANTIFILOSOFIA

amor".[82] Para Meier, a maior ameaça contra sua esperança de salvação histórica era a exploração da natureza, que, necessariamente, levaria o homem a explorar o seu semelhante. Tal exercício de poder tirânico deveria, obrigatoriamente, desenraizar a cultura, tornando-a fria.

A estratégia por detrás da discussão de Meier sobre Nietzsche torna-se clara nesse ensaio, que é representativo do pensamento russo desse tempo. Meier critica toda a cultura europeia – ciência, moral e o Estado de Direito – chegando ao mesmo juízo que o Nietzsche tardio: a cultura é expressão da vontade de poder e exige o nascimento do sobre-humano. Todavia, diferentemente de Nietzsche, Meier vê a vontade de poder não como fundamento dos novos tempos, mas como um claro fenômeno da decadência. Ao colapso da cultura, Meier opõe a exaltação dionisíaca do jovem Nietzsche; depois que ele cuidadosamente o libertou de qualquer resquício mitológico, que se poderia chamar de helênico. As esperanças de salvação histórica de Meier caracterizaram a ideologia de seu círculo – que tinha como lema "Ensinar a razão aos bolschevistas" –, nos anos de 1920, em Petersburgo. Em comparação, é possível ler os escritos de Meier, dos anos de 1930, como uma reação às mudanças culturais ocorridas nessa década.[83] Nos ensaios que escreveu entre 1931 e 1934, como por exemplo "Revelação", Meier retomou um antigo tema. Por muito tempo, a filosofia de vida de Nietzsche constituiu o centro de suas preocupações filosóficas. Em sua visão tardia, Meier não consegue descobrir nenhuma alternativa séria à cultura na vida individual. Ao contrário, agora ele reconhece que a vida individual apenas tem condições de se desenvolver, quando encontra um contexto geral e cultural, o qual pode refletir filosoficamente e realizar individualmente. A vida é totalmente incapaz de gerar sentido a partir de si mesma. Ela apenas recebe esse sentido na interação com a sociedade. A personalidade individual é fundamentada por Deus, o mais elevado de todos os seres individuais. Por essa razão, o propósito mais elevado do homem deve estar na glorificação de Deus na prece. Mas, é apenas no diálogo

---

82. SCHESTOW, 1923, p. 94.

83. Cf. FEDOTOVA apud MEIER, 1982, p. 454.

com a cultura que essa prece pode encontrar um tom individual, amadurecendo em um "Salmo pessoal".[84]

Em virtude desse interesse social e religioso, Meier ocupou-se com o papel do coro na tragédia grega. No curso da investigação, ele chegou à triste constatação de que o ditirambo dionisíaco não se revela iluminador. Para que os versos possam obter novamente um brilho radiante, ele os preenche com "Salmos pessoais".[85] Após essa intervenção, a cultura tem outro efeito sobre Meier, ele não a entende mais como a luta árdua pela vontade de poder. O "novo tempo" deve ser a interação acelerada do indivíduo com a cultura geral. Como exemplo, ele menciona a cultura orientada para o transcendental da Idade Média. Aqui, o místico foi fixado na escrita, o diálogo com Deus. Embora o místico se assemelhe ao êxtase dionisíaco, ele pode perder seu encanto pela palavra. Através do tratamento linguístico, a confrontação com a cultura também perde seu poder incontrolável. O impulso cego por sobrevivência, assim como o dionisíaco e silencioso *outro*, é relativizado através do *medium* da linguagem. O dionisíaco se articula e, com isso, torna-se menos inquietante, embora, naturalmente, as forças demoníacas também precisem afluir no canto. Torna-se clara a mudança sofrida pelo tratamento dado por Meier à teoria de Nietzsche. Antes rejeitada, por ser a expressão da vontade de poder, a cultura agora é aceita por Meier, pois é lírica e estetizada.

Meier continua seus estudos em *Pensamentos sobre a leitura do Fausto* (1935). Ele encontra na peça dramática de Goethe uma sobrevalorização da ação (ao contrário de sua própria orientação em relação à palavra). O dionisíaco-demoníaco se revela na duplicação do Fausto, transformando Mefistófeles em companheiro contante de *Fausto*:

> Na tragédia antiga, se assim o desejar, também havia dois heróis, e não um: o segundo, e não menos importante personagem era o coro, o portador da consciência, que sempre apoiava os heróis... Após Nietzsche, sabemos que o coro dotava o herói com a capacidade de "se reencontrar em meio

---

84. MEIER, 1982a, p. 178.

85. Ibid., p. 148.

160 | INTRODUÇÃO À ANTIFILOSOFIA

a uma multidão de espíritos, e ainda assim sentir sua unidade interior"
[...] Na tragédia antiga, o segundo herói estava intimamente ligado ao primeiro, constituindo uma única verdade, que era unificadora e reconhecida por todos. Todavia, a segunda personagem era independente dos heróis, estando separada deles, às vezes até mesmo os contradizendo. Na tragédia moderna encontramos outra situação. A segunda pessoa é completamente diferente, ela é "outra" personalidade separada, quase independente, com outra atitude perante a vida, e com outra vontade (pois, aqui, o "eu" do herói é realmente duplicado); apesar disso, não se trata realmente de outra pessoa, mas do mesmo herói, apenas de seu outro "eu", seu duplo, sua sombra, seu *daimon*. Não há totalidade no herói antigo, mas também não há contradição entre a consciência do coro da sociedade e a consciência individual do herói. Certamente, às vezes o duplo desempenha o papel do coro – mas ele desempenha esse papel de forma reprimida, porque o coro e uma das almas de Fausto são duas coisas claramente diferentes. No *Fausto*, surgem constantemente os coros de espíritos bons e maus no lugar do coro tradicional, mas eles estão bem mais distantes dos homens.[86]

Nesse trecho, muito semelhante a Bakhtin (Mikhail M. Bakhtin estava intimamente ligado ao círculo de Meier, sendo preso por essa razão[87]) pode-se sentir claramente a transformação que o impulso dionisíaco de Nietzsche sofreu: ele perdeu sua superioridade e sua autoridade. O dionisíaco transforma-se na voz individualizada, ou até mesmo em mais vozes no coro, através das quais Nietzsche e seu alter ego conversam. Os bons e maus espíritos nesse coro jamais podem soar uniformes, eles são sempre polifônicos. Podemos perceber claramente que Meier descreve seu próprio pensamento como um cânone contínuo e plurivocal. Assim, sua própria voz contém também a voz de Nietzsche, a voz de Stalin, e a voz da religião, da política, da cultura. Às vezes, elas soam entre as outras de forma dis-

---

86. MEIER, 1982a, p. 305-6.

87. É possível encontrar mais informações sobre as relações de Bakhtin com os *círculos filosófico-religiosos* dos anos de 1920 em CLARK; HOLQUIST, 1984. O filósofo S. A. Askoldov, um membro do círculo de Meier também escreveu sobre o problema do outro no contexto dos romances de Dostoievski. Cf. Askoldov. *Psikologiia kharakterov u Dostojewskisi*. Também: DOSTOIEWVSKI, 1924.

sonante, outras vezes de forma harmônica. Essa interação viva pode descrever não apenas a vida em geral, mas também o sentimento extasiante que foi difundido na Rússia pelo Comunismo, e pela revolução. O impulso dionisíaco é polifônico. Mas, mesmo que ele seja destruidor e criador, ele engloba diferentes vozes e tons, que se interpenetram e variam.

Na verdade, era possível apreender muitas vozes diferentes na história da Rússia naquele tempo, por exemplo, a boa voz da religião, e a má voz, que pertencia ao sobre-humano racional. Essas diferentes vozes do coro não podiam ser nem unidas, nem separadas umas das outras, ou ser esquematizadas. O filósofo religioso Meier tinha consciência de que até ele possuía um duplo demoníaco,[88] o qual ele não poderia avaliar, controlar, ou mesmo enganar. Mas ele sabia muito bem: o duplo é inseparável de sua própria pessoa. Apenas depois da união com essa sombra obscura é que o escritor tornou-se o que ele é. Ele se encontra o tempo todo sob o poder do duplo; ele é como uma parte constitutiva de sua personalidade e de sua obra (assim como Deus necessita de Satanás para sua autodefinição e autoafirmação). Até mesmo nos anos de 1930, Meier continuou procurando por motivos religiosos no Comunismo, esperando a grande conversão.

Ao mesmo tempo, ele trabalhava em uma crítica contra o fascismo, encontrando uma forma de leitura religiosa até mesmo para esse tema.[89] A apreciação crítica negativa dos movimentos totalitários – que em sua terminologia eram chamados de Sociologismo e Naturalismo – não deveria, de forma alguma, justificar a fuga para uma terceira, e ainda pior, alternativa. O inimigo absoluto de Meier é o Humanismo, contra o qual ele, de forma incisiva, incita à luta: "Do ponto de vista religioso, o Humanismo indiferente é um lugar vazio, isto é, o mais afastado possível do cristianismo".[90] Meier também julga de forma aniquiladora o Budismo, considerado por ele como a religião universal da indiferença. O Budismo, com seu pacifismo, nega a

---

88. Em alemão "*dämonischen Doppelgänger*". O termo alemão *Doppelgänger* significa o outro, o duplo, o sósia, espécie de alma gêmea ou daimon que acompanha o homem. [N. T.]

89. Cf. MEIER apud MEIER, 1982b, p. 445-6.

90. MEIER, 1982a, p. 444.

162 | Introdução à Antifilosofia

mais elevada virtude cristã: o sacrifício sagrado, para o qual, o eu elevado e sagrado deverá ser guiado. Meier transforma a vítima cristã em uma variante iluminada e individualizada do mistério dionisíaco.[91]

A origem nietzscheana de Meier aparece claramente na alegre prontidão em se sacrificar. O Humanismo e o Budismo recusam a violência do culto ao sacrifício. No entendimento de Meier, tal necessidade de segurança significa apenas a restrição das forças vitais, retirando da vida qualquer sentido. A tragédia da vida não deve experimentar nenhuma restrição moral, legal ou individual. Essa exigência também contém, sem levar em consideração as eventuais perdas, a afirmação da tragédia da Revolução russa e do terror stalinista. Uma censura do acontecimento trágico representaria o ressentimento mesquinho, que, para Nietzsche, seria um sinal claro da escravidão moral. Toda atenuação da perda seria reprovável, verdadeiramente budista e humanista. Ao considerar a si mesmo como a vítima de um mistério sagrado, ele pode representar esteticamente sua própria biografia. Seu sofrimento recebe um sentido superior. Na entrega que transforma a própria vida em sacrifício, desaparece toda individualidade, as contradições perturbadoras, assim como o conflito interior – a vida recupera sua unidade originária. Mas o milagre dionisíaco apenas pode ser experimentado na perda total de controle. É possível assimilar o êxtase dionisíaco, pois Meier integra esse impulso retroativamente e de forma ritualística. Afinal, tanto a vítima quanto o escrito servem ao mesmo objetivo religioso superior. O Deus transcendente deve ser glorificado, celebrado e presenteado. Através do escrito, o impulso dionisíaco perde uma boa porção de seu êxtase originário, sendo inserido na tradição cultural. Com a consagração daqueles que oferecem a vítima, Meier permanece fiel ao programa da Renascença religiosa russa. Ele conseguiu unificar o Nietzscheanismo à visão de mundo cristã.

Meier não é o único a observar a vida dos anos de 1930 como um jogo de papéis. Os intelectuais russos descreviam o poder de Stalin como um poder apolíneo (do sobre-humano), que transformava suas vidas pessoais

---

91. MEIER, 1982a, p. 447.

em um dilema. O regime ameaçava o indivíduo, tornando-o a vítima dionisíaca de um poder estranho e obscuro. Essa relação também é demonstrada em *Teoria do Carnaval*, de Bakhtin. Ele desenvolveu as características principais dessa teoria em seu livro sobre Rabelais. A obra surgiu no final dos anos de 1930, mas só pode ser publicada em 1965.[92] Bakhtin descreve o carnaval europeu como um ritual que conduz à subversão da hierarquia. A exigência moderna de individualidade é destruída em nome de um êxtase de igualdade coletiva, degenerando em uma gargalhada pública. Bakhtin examina o romance, descobrindo o carnaval como símbolo de uma nova época. Mas o ímpeto irresistível pela risada e a preferência pelo gênero baixo ocultam-se perante a cultura tradicional. Atrás da fachada, o carnaval leva sua vida dupla secreta. A teoria de Bakhtin é uma tentativa de compreender a ambivalência da cultura stalinista.[93]

A cultura é o entendimento de Bakhtin sobre uma esfera na qual concorrem as mais diferentes ideologias. Os formalistas russos da vanguarda – que nos anos de 1930 ainda eram influentes – tinham essa mesma concepção. A história da cultura era vista como uma competição na qual desfilavam as mais diferentes ideias, modas e exigências artísticas. Na teoria dos formalistas, essa luta pelo poder é retirada, sobretudo, de ideologias novas e bem conservadas. A juventude possui grande poder combativo, assim, ela derrota as antigas ideologias, as quais permanecem desgastadas para trás. A energia dos velhos não é suficiente para concorrer com a juventude, seu carisma e sua vitalidade esmoreceram, os procedimentos de sua arte foram "automatizados". A obra de Viktor Schklowskis pode servir como exemplo da importância das demonstrações de poder público para a arte, naquele tempo. Seu uso excessivo de metáforas existenciais e eróticas ilustra como, no tempo de Bakhtin, o homem se qualificava em sua demonstração de força. A energia vital é utilizada como método artístico para intensificar

---

92. BAKHTIN, 1969. (Contém o texto sobre Rabelais e o texto sobre Dostoiévski) (*Tvorchestvo Fransua Rable i norodnaia Kul'tura Srednevekov'ia Renessansa.* Moscou, 1965).

93. CLARK; HOLQUIST, 1984, p. 305.

164 | Introdução à Antifilosofia

a força dionisíaca e o desejo.[94] A doutrina de Nietzsche sobre a luta pela sobrevivência das pretensões artísticas de poder, que sempre deu a vitória ao novo e ao jovem, levou a uma concordância entre o Formalismo russo e a cultura stalinista. Ambos os lados acreditavam que a luta das ideologias *vitais* e progressivas, contra as forças reacionárias e decadentes, descreveria totalmente a esfera da cultura.

Bakhtin descreve o "romance polifônico" como palco para o debate controverso de ideias. Assim, diversas estratégias artísticas lutam para adentrar a história das ideias.[95] Todavia, o dialogismo do romance não reflete, de forma alguma, a procura pela verdade, como se aceita desde o *Diálogo* platônico. Bakhtin reconhece que essa aceitação é muito idealista. Como no romance, o conflito vivo nunca é solucionado claramente pela cultura. As ideologias contraditórias não são questionadas por seus representantes, pois, afinal, elas devem servir a um objetivo útil: elas devem sair vitoriosas do conflito. Bakhtin não descreve o diálogo como a busca pela verdade ou o consenso, mas como pura luta pelo poder. Ao contrário dos formalistas e dos stalinistas, Bakhtin não acredita que a luta histórica pode terminar na vitória final de um ou outro partido. A teoria formalista afirma tal vitória, porque ela acredita que a velha ideologia deve ficar obsoleta e sem forças, para trás. A concepção de que o melhor argumento deve vencer também parece completamente ingênua aos estruturalistas. Aqui, a questão decisiva é apenas em que medida uma ideologia pode conservar sua energia vital. E, se puder, ela sempre encontrará um contra-argumento convincente. Para Bakhtin, ao contrário, toda ideologia no espaço ideal do arquivo pode, sem exceção, ser despertada novamente, além da vida e da morte. Todas as ideologias podem virar moda novamente, ser desenterradas, e celebrar uma revitalização, uma nova edição, uma renascença. No arquivo, bem como no romance, as ideologias e as obras de arte mantêm um diálogo polifônico. Aqui, os mortos e os vivos levantam suas vozes do mesmo modo. O deba-

---

94. SCHLOWSKI apud KIRAI, D.; KOVACH, A., 1982, p. 82-4.

95. Bakhtin descreveu sua ideia de "romance polifônico" em BAKHTIN, 1920. Desenvolvendo essa questão em: BAKHTIN, 1985. (*Problemy poetiki Dostoevskogo*. Moscou, 1963.). BAKHTIN, 1969. (contém o texto sobre Rabelais e o texto sobre Dostojewski).

te das ideias no espaço interior do arquivo estende-se, potencialmente, até a eternidade. Mas é necessário acrescentar que as ideologias naturalmente continuarão a ser portadas, por pessoas que estão vivas no mundo. As ideias necessitam, obviamente, da aceitação e do gosto das pessoas, ou seja, do espírito da época. O reconhecimento das pessoas materializa as ideias, que também possuem um ponto de vista *corpóreo* e espacial no mundo; como podemos também encontrar no *perspectivismo* de Nietzsche.

O ponto central no diálogo das ideias é que ele permite que as ideologias mais contraditórias possam se fundir umas nas outras; independentemente de um consenso factual, ou algo similar. No carnaval de Bakhtin (assim como na cultura *pop*), ocorrem realmente sínteses estranhas e misturas bizarras. A sociedade do carnaval não une apenas contradições infinitas e discrepâncias, o mesmo vale também para todo indivíduo. A curiosa mistura toma a forma de um corpo grotesco, constituindo a essência da teoria de Bakhtin. Na época de carnaval, as pretenções de verdade e as ideologias tornam-se, igualmente, objeto do cômico. O carnaval de Bakhtin é inteiramente comparável ao *mistério dionisíaco* de Nietzsche, o qual também faz o indivíduo desaparecer no êxtase, no limite entre a vida e a morte. Mas, ao contrário do mistério de Nietzsche, o carnaval ocorre apenas dentro de um limite cultural claramente definido e codificado. É um jogo de máscaras, no qual o êxtase dionisíaco não tem pretensão de verdade. No cenário do carnaval tudo é apenas encenado, representado ou simulado. Embora os corpos das ideologias se misturem, isso não resulta em sua síntese. O próprio Nietzsche considerava o romance como a mais importante expansão do *impulso* dionisíaco e musical, o romance era para ele a continuação moderna do diálogo platônico; porque o romance inclui em si todas as formas estéticas e linguísticas – assim como a lírica e a música –, podendo, assim, ter o efeito mais abrangente e profundo. Essa concepção de Nietzsche foi incorporada nas análises de literatura de Bakhtin.

A esta unidade carnavalesca do mundo, Bakhtin confronta o monológico. O monológico surge através do exercício de poder de certas ideologias, cuja autoridade é determinada por decisão da realidade *séria*. As esferas monológicas e dialógicas não constituem uma contradição no pensamento de

166 | Introdução à Antifilosofia

Bakhtin, elas existem uma ao lado da outra, formando um dualismo insolúvel. Por outro lado, esse contraste se assemelha ao dualismo nietzscheano sobre o dionisíaco e o apolíneo, os quais também fazem seu jogo simultâneo. Finalmente, não se deve omitir o fato de que Bakhtin não representa o carnaval de forma tão alegre, como geralmente se pensa. Bakhtin o descreve em cores extremamente sombrias: a estética do carnaval exige uma rotatividade permanente dos atores, que são rapidamente coroados e decapitados. Essa alternância acontece de forma extremamente dolorosa, com torturas *horríveis*, assassinatos anônimos e injúrias terríveis. Alguns atores padecem de fome, outros são cobertos de excrementos, e outras coisas assim. No centro do carnaval encontra-se o culto à morte prenhe; o tempo de terror cai sem misericórdia. O carnaval dá vida e mata ao mesmo tempo, ele não tolera nada velho, constantemente dando à luz o novo, a juventude.[96]

É completamente justificado reconhecer no monologismo bakhtiniano um paralelo com o stalinismo. Todavia, não se deve ver no carnaval uma alternativa democrática à cultura oficial do stalinismo, mas, ao contrário, seu lado oposto, irracional e destrutivo. A descrição do carnaval realizada por Bakhtin é, sobretudo, um tratamento dos pseudoprocessos stalinistas, cujas repentinas coroações e decapitações assombravam o povo. O carnaval repete infinitamente esses acontecimentos. Embora ele mesmo tenha sido uma vítima da política repressiva, Bakhtin descreve o lado irracional do stalinismo através de conceitos de Nietzsche. Ele também via no terror um culto sagrado ao sacrifício, que emprestava ao destino um significado dionisíaco elevado, e uma estética digna. Ao mesmo tempo, Bakhtin encara qualquer forma de isolamento do indivíduo com grande ceticismo. Em nome do *Grande Tempo*, ele deseja escapar à solidão, e tornar obrigatória a todos a participação no carnaval. Naturalmente, essa atitude exige uma explicação. Por que Bakhtin sente tal alegria na destruição do indivíduo? Pois, na verdade, as ideologias individuais não são o produto de determinada pessoa, artista, ou um eu. A ideologia é simplesmente uma forma de expressão universal disponível. Ela é um papel, um gesto no mundo, que, a princípio, pertence a todos. O papel ideológico é uma máscara que pode

---

96. BAKHTIN, 1965, p. 22.

ser tomada por qualquer um que assim o queira. Ela não precisa ter nada em comum com a pessoa que a toma. Nesse aspecto, a figura da morte prenhe é compreensível: depois que o ator que representa certa ideologia é destruído, sua atitude torna-se um nicho de mercado. Qualquer intérprete pode descobri-la, e reclamar para si a posição livre. A vítima sagrada tem um efeito maravilhoso, de forma que cintilam em eterna juventude todas as ideologias e o processo dialógico como um todo (na sociedade midiática, com seu pendor para o espetacular, pode-se facilmente reconhecer como o tempo provou ser verdadeira a concepção do carnaval – como paradigma da Modernidade – de Bakhtin). Sem esquecer que os atores individuais apenas representam um papel dentro de um período limitado. O homem em si está condenado à morte. Apenas a ideologia é imortal, o *eu* e a alma passam. As características principais do ser-aí suprapessoal da ideologia, na teoria de Bakhtin – que não pertencem a nenhuma consciência determinada, mas à generalidade –, encontram-se em uma variante russa da fenomenologia. Seu fundador foi Gustav Spet, que também foi influenciado por Nietzsche e Solowjew. Spet levou a dessubjetivização ainda mais longe que Bakhtin. Ele se recusava categoricamente a conceder estados de espírito ao homem, em clara oposição a seu mestre Edmund Husserl.[97] Em seu escrito da juventude *A consciência e seu dono*,[98] Spet segue o texto de Solowjew, *Filosofia teórica*.[99] A consciência humana – assim afirma ele – é geralmente impessoal e não individual. Em Spet, o assunto é uma mera noção, sem a mínima pretensão de realidade. O eu torna-se uma ilusão desconsoladora, sem qualquer conteúdo, apenas o *corpóreo* é aceito por Spet. Essa destruição do eu tem obviamente uma coloração nietzscheana. Se a consciência apenas vive situações oníricas e alucinantes, a tragédia da vida pode seguir seu curso com toda força. Em sua obra relativamente tardia,

---

97. Em seu breve prefácio a SPET (1991) (Moscou, 1914), Gustav Spet demonstra que ele ainda é um discípulo fiel de Edmund Husserl, apesar de sua rejeição da *"Phänomenologie der transzendentalen Subjektivität"*. Spet afirmava, ao escrever *Iavlenie* que havia sido visitado secretamente pela música de Wagner. Era dessa forma que Spet queria concretizar a imagem nietzscheana do *"Sócrates da música"*, que descreve o impulso suprapessoal e dionisíaco de forma filosófica.

98. SPET, 1916, p. 156-210.

99. SOLOWJEW, 1996, p. IX, p. 89-210.

168 | Introdução à Antifilosofia

Fragmentos estéticos, Spet comenta o famoso poema de Fjodor Tjutchews, *Silentium*, onde ele encontra concepções similares.

Realmente, realmente, *Silentium* é o assunto da última consideração supraintelectual e inacessível, completamente verdadeiro, *ens realissimum*. "Silentium" é o mais alto limite da percepção, da existência. A fusão das palavras não é o brinquedo metafísico da identidade (com influência alemã) do ser e da consciência, também não é o mistério, ou um enigma cristão ainda não resolvido, mas uma beleza cintilante, um triunfo da luz, uma "divina morte" (*vseblagaia smert*), divina, porque não conhece misericórdia para com tudo aquilo que deve morrer, sem esperança por ressurreição, ele é a incineração espiritual da vulgaridade pan-humana, um mistério revelado no azul celeste e no dourado do céu.[100]

Spet faz aqui, com toda a probabilidade, uma alusão a outro poema de Tjutchews, *Cícero*, que no volume de poemas se encontra normalmente próximo a *Silentium*, pois foi escrito no mesmo ano:

> *Cícero*
> Abençoado seja aquele
> que viveu brevemente neste mundo
> profético e nefasto!
> Convidado mortal do
> Eterno, em sua última festa,
> foi testemunha de um espetáculo soberbo
> O conselho de Augusto
> também o convidou
> Ainda vivo já residia no céu,
> sorvendo profundamente a eternidade
> do cálice deles.

Esse poema era extremamente popular naquele tempo. No comentário citado anteriormente, Spet faz alusão ao *Banquete*, de Platão, combinando a

---

100. SPET, 1923, p. 76-7.

polêmica de Nietzsche contra o cristianismo com motivos nietzschenianos advindos da lírica russa (de Vyacheslav Ivanovs, *Ens realissimum,* e Andrej Belyjs, *Gold in Azure*).[101] O homem fútil é carregado por uma grande onda metafísica. Além disso, como Spet não acredita no pessoal, a morte individual perde sua tragicidade. A destruição de uma determinada consciência individual, segundo a concepção de Spet, não deve ser lamentada. Assim, o final perde sua dureza, sendo acompanhado por uma reflexão filosófica, que compreende a essência impessoal do homem, e o carrega monumentalmente ao nada. Contra o cristianismo, e com o auxílio da fenomenologia de Husserl, Spet varia o método da *filosofia da religião russa*. Ele insere a vítima da vida em um ciclo supra-humano e natural.

Desta forma, Spet prepara o caminho para a unificação do cristianismo e do Nietzscheanismo realizada por Bakhtin. A *morte prenhe*, de Bakhtin, é compreendida por Spet como a *morte feliz*. O pensamento fundamental de Spet é similar ao poder impessoal da música em Nietzsche, embora Spet insista na superioridade da lírica. Desse modo, a compreensão de Spet difere daquela de Bakhtin, a qual parte de uma perspectiva individual, para se declarar partidária de alguma ideologia.

Spet, ao contrário, não acredita na individualidade, afirmando que a morte é uma coisa boa, porque representa o final de uma organização natural e correta das coisas. A morte pertence a um ciclo superior, que acaba com todo o desalento humano. Essa concepção está de acordo com o ditado de Nietzsche, segundo o qual deve-se morrer na hora certa.

O romance de Michail Bulgakow, *O Mestre e a Margarida*, é uma ilustração altamente original da teoria de Bakhtin sobre o romance carnavalesco. Não há nenhuma prova contundente de que Bulgakow estivesse familiarizado com as teorias de Bakhtin, mas pode-se imaginar que ele tenha lido o livro de Bakhtin sobre Dostoievski, lançado em 1929. *O Mestre e a Margarida* foi escrito por Bulgakow, nos anos de 1930, mas o romance apenas pode ser publicado bem mais tarde. Muitos temas da *filosofia da religião russa* encontram-se nessa obra. A fonte mais próxima para o romance de

---

101. BELYJ, 1904.

170 | Introdução à Antifilosofia

Bulgakow foi o *Fausto,* de Goethe. O enredo do romance é dividido em dois espaços: na Moscou dos anos de 1930, Mefisto-Voland e seus seguidores encenam uma série de provocações, inspiradas na simbologia do carnaval. Ao mesmo tempo, na antiga Jerusalém, Jesus e Pontius Pilatos mantém um diálogo infinito. O aparecimento de Voland em Moscou causa uma transformação extasiante na cidade, provocando a morte, ferimentos, loucura e destruição, descritos com um furor, que permanece estranho em Goethe. Todos esses acontecimentos são orientados para ter um efeito cômico. Como Spet o expressaria, as vítimas do terror são apenas a expressão da trivialidade e da vulgaridade humana. O terror do carnaval, em *O Mestre e Margarida,* supera e paralisa o terror monológico da polícia de segurança (NKVD), que, em contrapartida, parece inofensiva e cômica.[102] Em vez de proferir um juízo moral do ponto de vista da vítima (a qual, o próprio Bulgakow teria sido em sua vida), o romance desenvolve a consciência da superioridade, que corresponde à vítima soberana de Nietzsche. O poder da vítima surge porque seu procedimento é apoiado por forças metafísicas. Naturalmente, a polícia de segurança não pode opor a mínima resistência a esse poder superior. Com o apoio divino, as vítimas praticam uma doce vingança. A justiça é feita no presente, ela não se deixa esperar no além.

Os motivos nietzscheanos aparecem de forma ainda mais clara nos capítulos que ocorrem em Jerusalém, e que descrevem Jesus como indivíduo. A construção estética dessas cenas baseia-se em dois modelos literários do Jesus histórico. Trata-se, por um lado, do romance de Ernest Renans, *A vida de Cristo,* e, por outro lado, de *O Anticristo,* de Nietzsche, uma caracterização de Jesus de Nazaré, que pode ser lida como antítese às descrições do Cristo de Renan (o qual Nietzsche chama de arlequim). Quase não há dúvida de que Bulgakow leu *O Anticristo,* pois esse livro era muito popular naquele tempo, na Rússia. Nietzsche confronta a sua pópria percepção da figura bíblica de Jesus à de Ernest Renan. Mas as caracterizações que Renan faz sobre Jesus, como gênio ou herói, não se adequam, de forma alguma, à percepção de Nietzsche. Para Nietzsche, o tipo psicológico de

---

102. NKWD: *Narodnyj Komissariat wnutrennych del* = Comissão Popular de Assuntos Internos.

Jesus se mostra bem mais no romance de Dostoievski, *O Idiota*. A figura do príncipe Myschkin, como o idiota é chamado na vida burguesa, refuta o retrato que Renan faz de Cristo. Na pena de Dostoievski, ao contrário, o Cristo russo é um anti-herói, que cria confusão por onde quer que passe. O anticristo de Nietzsche é composto de numerosas alusões às experiências pessoais de Dostoievski; assim, Nietzsche menciona a Sibéria e a epilepsia. Nietzsche lamenta o fato de que Cristo não teria sido acompanhado por uma testemunha como Dostoievski:

> Aquele mundo estranho e doente, no qual os Evangelhos nos introduzem – um mundo semelhante a um romance russo, onde a escória da sociedade, as doenças nervosas, e a idiotice "infantil" parecem ter um encontro marcado [...] É lamentável que um Dostoievski não tenha vivido na proximidade desse mais interessante dos decadentes; eu me refiro a alguém que saberia sentir o encanto comovente de tal mistura do sublime, do doente e do infantil.[103]

Bulgakow, ou antes, o mestre, seu alter ego, segue exatamente a receita do *Anticristo*, de Nietzsche: ele liberta o Jesus histórico de todo ressentimento, pedantismo, protesto, moral, e, naturalmente, de todas as qualidades incômodas do profeta. Com isso, Bulgakow evita, sobretudo, representar Cristo como herói. Na verdade, a figura do evangelista clássico aparece no romance de Bulgakow com o nome de Levi Mattheus, uma pessoa extremamente desagradável. Levi Mattheus é indiscreto, ignorante, falso, infame, encontrando-se muito longe de compreender o verdadeiro caráter de Jesus. Sem cerimônia, Mattheus inventa todo tipo possível de anedotas, ensinamentos e conselhos, os quais ele coloca na boca de Jesus.

Por outro lado, Bulgakow traça a figura de Jesus no romance, que deve ser uma mistura de médico e filólogo (o próprio Bulgakow era médico, e seu pai, teólogo). Nietzsche entendia a figura psicológica do salvador como o curandeiro da vida decadente, que estava no auge da efeminação e da morbidez. Aqui, a procura de Cristo pelo reino interior de Deus não é entendida como um desafio moral, mas como terapia para todos os contemporâneos

---

103. NIETZSCHE, 1992, p. 40.

172 | Introdução à Antifilosofia

decadentes, que se encontram muito delicados, sensíveis e vulneráveis para participar da luta pela sobrevivência. O Cristo de Bulgakow não fala através de parábolas, também não dá conselhos inteligentes, mas aparece como um sábio médico ou psicólogo (isto é, treinador). Bulgakow descreve Jesus como tendo uma natureza muito sensível, que aparece com o nome judaico de *Yeshua Ha-Notzri*. (O nome remete para a ideia de Nietzsche sobre a unidade do judaísmo e do cristianismo.) Em *O Mestre e a Margarida*, a pessoa de Yeshua-Cristo é descrita através de seus diálogos narrados com Pilatos, ou seja, não através dos diálogos transmitidos pela tradição.

Sobre a famosa questão levantada por Pilatos a Cristo: "O que é a verdade?", o Cristo, em Bulgakow, fornece uma resposta muito nietzscheana e pragmática: "A verdade é, sobretudo, que sua cabeça dói".[104] O romance de Bulgakow mostra um círculo elitista de escolhidos, que apenas admite aqueles que estão além do bem e do mal.[105] A esse círculo de escolhidos também pertencem os grandes artistas, como o mestre, aliás, Bulgakow. O tema do diálogo íntimo entre os artistas e os donos do poder – como o diálogo entre Cristo e Pilatos, ou entre Bulgakow e Stalin – é um motivo típico da literatura daquela época.[106]

Até os anos de 1920, a literatura russa manifestava o dualismo nietzscheano apolíneo e dionisíaco, que separava o indivíduo em duas personalidades diferentes: por um lado, no portador da vontade férrea comunista, e, por outro, nos artistas. Ambas as personalidades se complementam, e, apesar de todas as diferenças, os dois papéis aparecem como irmãos ou gêmeos.[107]

---

104. BULGAKOW, 1995, p. 33.

105. CHUDAKOVA apud BAZARELLI; KRESÁLKOVÁ, 1984. Outra referência sobre Stalin no "Mestre e margarida" encontra-se na cena do grande baile de Satanás (p. 237): Um gatuno desconhecido, que borrifou veneno nas paredes do escritório de seu inimigo para matá-lo, aparece como um novo convidado no baile de Voland. Na composição dessa personagem, Bulgakov certamente pensou em Genrich Jagoda (1891-1938), o antigo dirigente da NKWD, que foi acusado exatamente por esse crime durante os pseudoprocessos de Stalin, nos anos de 1930.

106. Da mesma forma, a conversa telefônica entre Pasternaks e Stalin nos anos de 1930. Sobre isso, ver também: CHUDAKOVA, 1998, p. 256.

107. As obras *Zavist* (Moscou, 1927) e *Iurii Olesha e Dvoiniki* (1933), de Boris Pilniak, podem servir de exemplo.

É característica a atitude ambivalente dos autores referidos acima em relação à ideologia stalinista. Esses autores russos não rejeitam o poder de Stalin por razões morais, eles também não se queixam ao mundo por seu destino. Nietzsche sempre advertiu sobre tal atitude, que para ele era um sinal claro do ressentimento, da moral escravizada. Consequentemente, eles compreendiam sua própria criatividade como um contrapeso à autoridade, que restabeleceria o equilíbrio necessário. Em suas obras, eles restabelecem o antagonismo entre o dionisíaco e o apolíneo, entre o Deus-homem e o sobre-humano. A autoridade que eles imitavam, pensavam, ou com a qual se relacionavam em seus escritos, trasformou-se, em parte, em seu *alter ego*. Sua vida sofreu uma estetização, porque eles se tornaram vítimas dionisíacas sagradas, servindo ao equilíbrio natural do mundo. A concordância dos modelos literários – em ambos os casos, principalmente Nietzsche – levou até mesmo a diferentes avaliações e resultados. Mas todos, A. A. Meier, Mikhail M. Bakhtin, Gustav Spet e Mikhail Bulgakow, foram excluídos da cultura oficial e destruídos por ela. Apesar disso, seria completamente falso entendê-los como uma oposição moral a essa cultura. Ao contrário, sua atitude é filosófica, porque inscreve seu próprio papel – sua vida e sua obra – no dualismo nietzscheano. A repressão político-cultural custou-lhes a liberdade pessoal. Mas esse alto preço foi valoroso para eles, pois ele os unia à tragicidade inevitável da vida, que, como eles acreditavam, alcança e atinge o mundo inteiro.

11

Richard Wagner
Marshall McLuhan[108]

A tendência incontestável a uma prática artística participativa e colaborativa é uma das principais características da arte contemporânea. Em todo o mundo surgem numerosos grupos de artistas, que insistem, coerentemente, sobre a autoria coletiva, e até mesmo anônima, de sua produção artística. Tratam-se de acontecimentos, projetos, intervenções políticas, análises sociais ou autônomas, bem como instituições educativas que, embora sejam iniciadas por artistas individuais, apenas podem ser realizadas com a participação de muitos. Além disso, tais práticas de arte colaborativas têm sempre o objetivo de levar o público a participar na ativação do meio social onde essas práticas acontecem.[109]

Todas essas diversas tentativas querem questionar e modificar as condições fundamentais para o funcionamento da arte na Modernidade – ou seja, a separação radical entre o artista e seu público. Certamente, essas tentativas não são novas, ao contrário, elas apontam para uma longa genealogia. Pode-se até afirmar que essa genealogia remonta a um passado tão distante quanto a própria arte moderna. Já na época do primeiro romantismo, ao final do século XVIII e início do século XIX, poetas e artistas começaram a formar grupos e a lamentar a separação entre a arte e o público. No início, essas lamentações soaram um pouco estranhas, pois a separação entre os artistas e seu público era a consequência da seculari-

---

108. Versão inglesa: GROYS apud FRIELING et al., 2008.

109. Ver, por exemplo, BISHOP, 2006 e MÖNTMANN, 2002.

176 | Introdução à Antifilosofia

zação da arte, de sua libertação da tutela religiosa e da censura. No entanto, o período de tempo em que a arte gozou de sua liberdade recém-conquistada foi muito breve. A moderna divisão do trabalho, que atribuiu à arte um novo lugar social, não foi considerada especialmente vantajosa por muitos artistas.

Esse lugar pode ser descrito facilmente: o artista produz e expõe a sua arte, o público observa e julga aquilo que ele expõe. À primeira vista, essa constelação serve principalmente ao artista, um indivíduo ativo, agindo de forma autônoma, que se mostra a uma massa de espectadores passivos e anônimos. O artista pode popularizar seu nome, enquanto os nomes dos observadores, os quais levaram o artista ao sucesso graças a sua recepção positiva, permanecem anônimos. Desse modo, a arte moderna pode facilmente ser confundida com uma máquina de produção da fama do artista à custa do público. Entretanto, não se percebe que, sob as condições da Modernidade, o artista está completamente entregue ao gosto do público. Se uma obra de arte não agrada ao público, essa obra de arte não tem mais valor. Na verdade, ela deve ser imediatamente jogada no lixo. Esse é o principal defeito da arte na Modernidade: a obra de arte não tem um valor "interior" próprio, independente do reconhecimento do público; pois, no caso da arte, não existe um uso obrigatório, independente da disposição e da predileção do público, como por exemplo na ciência ou na técnica. As estátuas nos templos pagãos eram consideradas como personificação dos deuses – veneravam-se as estátuas, rezava-se perante elas, esperava-se a ajuda delas, e temiam-se castigos. Do mesmo modo, no cristianismo há uma tradição de veneração a ícones – mesmo que Deus permaneça invisível. A obra de arte possui, aqui, um significado completamente diferente do que tem na Modernidade secularizada. Mesmo nos tempos antigos era possível diferenciar entre o trabalho artístico bom e o ruim. Mas o desagrado estético não fornecia um motivo suficiente para rejeitar uma obra de arte. Até mesmo um ídolo mal feito ou um ícone mal pintado pertencem à ordem sagrada. Seria um sacrilégio jogá-los no lixo. No contexto de um ritual religioso, podem ser utilizadas obras de arte que agradam esteticamente, e obras de arte que não agradam esteticamente, com o mesmo direito e o mesmo efeito. Esse valor surge da participação do artista e de seu público na prática religiosa comum, e da filiação de ambos à mesma comunidade religiosa – uma filiação que relativiza o abismo entre o artista e seu público.

Ao contrário, a secularização da arte significa sua desvalorização radical. É por essa razão que Hegel já observara prematuramente que a arte é coisa do passado na Modernidade.[110] Nenhum artista moderno pode esperar que alguém reze perante sua obra, que se espere a ajuda prática dele, ou que se queira proteger dos perigos que poderiam advir da obra. O máximo que alguém está predisposto a fazer hoje em dia é achar uma obra de arte interessante – ou informar-se sobre seu preço. Até certo ponto, o preço imuniza a obra de arte contra o gosto do público. Hoje em dia, muita coisa que é conservada nos museus já teria acabado há muito tempo no lixo, se o gosto público não fosse limitado em seu efeito imediato por considerações econômicas. A participação comum na prática econômica enfraquece a divisão radical entre o artista e o público – obrigando o público a respeitar uma obra de arte em razão de seu alto preço, mesmo quando ela não o agrada. Todavia, há uma grande diferença entre o valor financeiro e o valor religioso de uma obra de arte. O preço de uma obra de arte nada mais é do que o resultado quantificado do prazer estético que os outros encontraram na obra de arte. Mas o gosto dos outros não é obrigatório para todo observador individual – como por exemplo um ritual religioso seria obrigatório para ele. O respeito pelo preço de uma obra de arte não é traduzido automaticamente em respeito pela obra em si. Por essa razão, o valor comum obrigatório da arte apenas pode ser procurado em uma prática não comercial, ou em uma prática diretamente anticomercial e, ao mesmo tempo, colaborativa.

Assim, muitos artistas da Modernidade tentam recuperar terreno com o público, o que os permitiria retirar o espectador de seu papel passivo, e superar a confortável distância estética, permitindo julgar a obra de arte de forma desinteressada, a partir de uma perspectiva externa segura. A maioria dessas tentativas procurou um compromisso ideológico

---

110. HEGEL, 1976.

178 | Introdução à Antifilosofia

ou político. Nesse caso, a comunidade religiosa foi substituída por um movimento político, no qual os artistas e seu público participariam em conjunto. Para a genealogia da arte participativa são especialmente relevantes, sobretudo, aquelas práticas artísticas comprometidas, não apenas em seu conteúdo, com esse ou aquele objetivo sociopolítico, mas que coletivizem sua própria estrutura interna, e seus próprios processos de produção. Quando o observador é envolvido desde o início na prática artística, toda crítica que ele fizer a essa prática artística torna-se autocrítica. A decisão do artista em abdicar de sua exclusividade autoral parece, à primeira vista, autorizar o observador. Mas, por fim, esse sacrifício beneficia o artista, libertando-o do poder que o olhar frio do observador não envolvido exerce sobre a obra de arte moderna.

A obra de arte completa:[111] *o autossacrifício do artista*

Essa estratégia foi desenvolvida pela primeira vez por Richard Wagner, em seu ensaio revolucionário "A obra de arte do futuro", de 1849/1850, de forma exemplar para todas as discussões posteriores sobre a arte participativa. Dessa forma, vale a pena recapitular as principais teses desse ensaio. Escrito por Richard Wagner logo após a derrota da Revolução de 1848, "A obra de arte do Futuro" expõe, através de meios estéticos, o projeto de realizar os objetivos que a Revolução de 1848 não pode concretizar. Logo ao início de seu ensaio, Wagner constata que o artista típico de seu tempo é um egoísta completamente isolado da vida do povo, que pratica sua arte como um luxo para os ricos, seguindo apenas as leis da moda. Em contrapartida, a obra de arte do futuro deve realizar "a dissolução do egoísmo no Comunismo".[112] Para alcançar esse objetivo, todos os artistas devem abandonar seu isolamento social – precisamente em dois aspectos. Primeiro, eles devem superar a separação de diferentes gêneros artísticos, ou, como se diria hoje em dia, diferentes mídias artísticas. Essa superação dos limites

---

111. "A obra de arte completa", em alemão: *Gesamtkunstwerk*. [N. T.]

112. WAGNER, 1912, p. 51.

das mídias servirá para que os artistas comecem a formar sociedades entre si, nas quais os artistas que têm experiência em diferentes mídias tomarão parte. Segundo, essas sociedades de artistas devem abdicar de se ocupar e de representar temas e posições meramente arbitrárias, meramente subjetivas, e, em vez disso, passar a expressar a vontade artística do povo. Os artistas devem, então, reconhecer que apenas o povo é o verdadeiro artista. Wagner escreve: "Vocês, os inteligentes, não são os inventores, mas o povo, porque a necessidade de invenção os move: todas as grandes invenções são proezas do povo, enquanto as invenções da inteligência são apenas a exploração, a derivação, Oh! o estilhaçamento, a mutilação".[113] Por conseguinte, Wagner entende-se como um materialista resoluto, que procura a verdade não no "espírito", mas na matéria, na substânca, na vida, na natureza. Wagner entende o povo como substância da vida social – por essa razão ele apela aos artistas para abdicarem de seu espírito, que age de forma arbitrária e subjetiva, e desaparecerem na substância, na matéria da vida.

A unificação de todos os gêneros artísticos em uma *Gesamtkunstwerk,* a obra de arte completa, que Wagner exige e pratica em sua própria arte, não deve ser entendida, de modo algum, em sentido meramente formalista. Não se trata de um espetáculo multimídia, destinado a fascinar a imaginação do espectador individual. Para Wagner, ao contrário, a unificação dos gêneros artísticos é apenas um meio para o fim, que consiste em atingir a unidade do homem individual, a unidade entre os artistas, e a unidade dos artistas com o povo. Wagner entende o homem de forma inteiramente materialista, isto é, em primeiro lugar, como um corpo. Segundo sua opinião, os gêneros artísticos individuais são funções corporais formalizadas, tecnicizadas, mecanizadas, meramente separadas da totalidade do corpo humano. Os homens cantam, dançam, escrevem poesia ou pintam, porque essas práticas correspondem à constituição natural de seus corpos. A separação e a profissionalização dessas práticas são uma forma de roubo, que as classes abastadas exercem sobre o povo. Esse roubo deve ser anulado, os gêneros artísticos individuais devem se unificar novamente, para que sejam restabelecidas tanto a unidade interior de cada pessoa, como a

---

113. WAGNER, 1912, p. 53.

180 | Introdução à Antifilosofia

unidade do povo. O projeto da obra de arte completa é para Wagner, em primeiro lugar, até mesmo um projeto político: "A obra de arte completa deve reunir todos os gêneros de arte, utilizando cada um desses gêneros como instrumento para destruir, em favor da obtenção do objetivo comum de todas as representações, ou seja, das representações indispensáveis e imediatas da natureza humana perfeita – ele [o artista] não reconhece essa grande obra de arte completa como uma ação arbitrária do indivíduo, mas como obra concebível de forma necessária pelo homem do futuro".[114]

Com certeza, a referência ao futuro não é acidental aqui. Wagner não quer criar a obra de arte completa para o povo de seu tempo, que, como ele escreve, encontra-se dividido de maneira nefasta entre a elite e a plebe. Ao contrário, o povo do futuro surgirá como resultado da realização da obra de arte completa – uma obra de arte completa, que, segundo Wagner, apenas é possível em um drama que unifique o povo que participa nesse drama. Esse drama não pode ser outra coisa que o declínio encenado do indivíduo como tal, pois, apenas tal encenação pode superar simbolicamente o isolamento do artista, instituindo a unidade do povo: "Apenas com sua morte o homem nos demonstra a última e mais completa renúncia de seu egoísmo pessoal, a demonstração de sua perfeita transição para o universalismo, e não por sua morte acidental, mas através de sua morte necessária, determinada por sua ação em decorrência da plenitude de sua essência. A celebração de tal morte é a coisa mais digna que pode ser realizada pelo homem".[115] O indivíduo deve morrer, para, através de sua morte, instituir a sociedade participativa, ou, como Wagner escreve, a sociedade comunista do futuro. Sem dúvida, permanece a diferença – ao menos à primeira vista – entre o herói que se sacrifica no drama, e o artista que repete esse sacrifício no palco. No entanto, Wagner insiste no fato de que essa diferença é suprassumida na obra de arte completa, se o artista "não apenas representa a ação do herói celebrado, mas a repete, moralmente, através de si, provando, pela renúncia de sua personalidade, que ele também realiza

---

114. WAGNER, 1912, p. 60.

115. Ibid., p. 164.

uma ação necessária, que consome toda a individualidade de seu ser".[116] O artista deve sacrificar a representação de si mesmo, para poder representar o sacrifício do herói, ou, como escreve Wagner, "consumir e destruir os meios da arte" – assim, ele se torna igual ao herói por ele representado. A propósito, o performático não é um mero ator, mas um poeta, um artista, na verdade, ele é o autor da obra de arte completa, que se torna performático porque encena publicamente o sacrifício de seu egoísmo artístico, seu isolamento, sua suposta autonomia autoral.[117]

Esse trecho tem seguramente um significado central no ensaio de Wagner. O autor da obra de arte completa abdica de seu poder subjetivo e autoral, reduzindo seu papel criativo à repetição de rituais de sacrifício das antigas religiões, das festas sagradas da Antiguidade, da morte do herói em nome da comunidade. Para Wagner, o autor não está morto, como o seria para os teóricos posteriores do (Pós) Estruturalismo francês – Roland Barthes, Michel Foucault, Jacques Derrida, e muitos outros. Se o autor estivesse originalmente morto, não seria possível a diferenciação entre arte participativa e não participativa, pois essa diferenciação apenas surge com o autossacrifício solene do autor. Mas a satisfação geral pelo declínio do autor não deve enganar, pois esse declínio ainda continua sendo realizado de forma autoral. E mais: pode-se afirmar que a encenação da autoabdicação e da autodissolução na massa do povo é o que concede ao autor a possibilidade de exercer seu próprio controle sobre o espectador; como foi dito, perdendo sua posição exterior segura e sua distância estética da obra de arte, o espectador torna-se não apenas um participante, mas também uma parte da obra de arte. Assim, a obra de arte participativa pode ser entendida não apenas como uma redução, mas, ao contrário, como uma expansão do poder autoral.

Wagner tinha total consciência dessa dialética da obra de arte completa participativa. Desta forma, ele fala sobre a necessidade da ditadura do poeta-performático na obra de arte completa, embora ele acentue que essa

---

116. WAGNER, 1912, p. 166.

117. Ibid., p. 161.

182 | Introdução à Antifilosofia

ditadura apenas pode se estabelecer sobre as bases do entusiasmo comum – através da disposição espontânea de outros artistas em participar. Desse modo, Wagner escreve: "Ela nunca validará o poder da individualidade a não ser na sociedade artística livre".[118] Essa sociedade forma-se exclusivamente com o objetivo de preparar o palco para o artista individual, para o poeta-performático, para que ele possa abdicar espontaneamente de seu *status* de autor e se dissolver no povo. Todos os outros participantes da sociedade de artistas recebem seu próprio significado artístico apenas através da participação nesse ritual de autossacrifício. A esse respeito, é interessante a análise de Wagner sobre a comédia. Apenas ao protagonista é permitido destruir-se de forma trágica e cerimoniosa. Para todos os outros, que receberam seu *status* autoral simplesmente através de sua participação no autossacrifício do herói principal, a encenação da própria autoria, e a eventual destruição dessa autoria, podem apenas parecer cômicas. Wagner escreve: "O herói da comédia será o herói inverso da tragédia: assim como este, como comunista, isto é, como indivíduo que graças ao seu ser, por necessidade interior e livre, passa ao âmbito da generalidade [...] também aquele, como egoísta e inimigo da universalidade [...] será combatido e forçado a desaparecer na generalidade [...] e ele, sem ar para sua respiração egoísta, verá sua última salvação no reconhecimento incondicional da necessidade de generalidade. Desse modo, a sociedade artística, como representante da generalidade, terá na comédia uma participação ainda mais direta na composição do poema, do que na tragédia".[119] Assim, a renúncia do artista de sua autoria, com o objetivo de instituir uma comunidade comunista de artistas, permanece ambivalente em Wagner. A dissolução do artista no povo é ainda mais problemática – ela acontece apenas no âmbito do conteúdo, o público apenas pode se identificar simbolicamente com o desaparecimento do herói. Além disso, a linguagem artística de Wagner permanece estranha ao povo – em seu ensaio *O que é arte?*, Liev Tolstoi descreve de forma irônica e brilhante a estranha impressão que a ópera de Wagner exercia em um espectador "normal", que não tivesse a capacida-

---

118. WAGNER, 1912, p. 165.

119. Ibid., p. 166. (Nota de Wagner)

de ou a vontade de penetrar em seus significados cifrados e simbólicos.[120] Mais tarde, a arte tentou se desprofissionalizar e envolver o público de maneira mais radical e direta do que as óperas de Wagner foram capazes.

Excesso, escândalo e carnaval

Muitos movimentos radicais de vanguarda do início do século XX tomaram, de fato, o caminho traçado por Wagner em seu *A obra de arte do futuro*. Os futuristas italianos, ou os dadaístas de Zurique representam sociedades artísticas que praticavam a dissolução da individualidade artística, da autoridade e da autoria, em vários níveis de sua *práxis* artística. Ao mesmo tempo, eles tomaram um caminho mais direto para ativar o público – eles começaram a escandalizá-lo ou a atacar fisicamente. Os futuristas italianos que se agruparam em torno da figura de Tommaso Marinetti, provocaram constantes escândalos públicos, que frequentemente terminavam em pancadaria, para arrancar seu público de sua atitude meramente contemplativa e passiva. Dessa forma, os futuristas criaram uma nova síntese entre a arte e a política: ambos foram compreendidos por eles como uma forma de "acontecimento-*design*", como tomada do espaço público através da provocação, que servia como um propulsor que ativava e libertava as energias ocultas da massa do povo. Em seu livro sobre Margherita Sarfatti, que desempenhou um papel importante como mediadora entre o movimento futurista e o movimento fascista, Karin Wieland escreveu: "O lema dos futuristas era 'guerra toda noite' [...] Marinetti trouxe um novo tom à política. Com sua rebelião artística contra a tradição e a lei, ele descobriu uma dimensão sociopsicológica, que nem os liberais, nem os socialistas haviam suspeitado. Ele utilizou na arte os mesmos métodos de uma campanha político-eleitoral: jornais, manifestos, apresentações e escândalos".[121]

---

120. TOSTOI, 1993, p. 15 ss.

121. WIELAND, 2004, p. 93-4.

184 | Introdução à Antifilosofia

Essa estratégia, que visava bem mais criar eventos coletivos, do que objetos de arte individuais, foi adotada pelos dadaístas de Zurique a partir dos futuristas italianos – sem, no entanto, partilhar de sua ideologia nacionalista e belicosa. Os artistas dadaístas, que se reuniram na época da Primeira Guerra Mundial na Suíça neutra, em sua maioria, eram pacifistas e internacionalistas. É ainda mais interessante verificar que sua prática artística deve muito ao Futurismo italiano. No Cabaret Voltaire, em Zurique, os participantes das apresentações dadaístas, inspiradas e organizadas, em sua maioria, por Hugo Ball, provocavam o público, fazendo com que o espetáculo quase sempre terminasse em um tumulto geral. A propósito, Ball concebeu o Cabaret Voltaire desde o início como uma espécie de obra de arte completa [*Gesamtkunstwerk*].[122] Seu Cabaret pode ser entendido não só como uma paródia, mas também como uma revisão séria do projeto de Wagner. Nas apresentações públicas dos "poemas simultâneos" realizadas no palco do Cabaret, nas quais diversos artistas recitavam simultaneamente o mesmo poema em diferentes línguas, era destruído o sentido do poema e das vozes individuais na matéria sonora anônima. Essa destruição da voz individual em um todo sonoro, material e coletivo era realmente o objetivo das apresentações. Ball escreve sobre isso: "O *poème simultan* trata do valor da voz. O órgão humano perde a alma, a individualidade...O poema explicita como o homem é devorado pelo processo mecânico".[123] Em sua mais famosa performance, em 25 de junho de 1917, Ball entrou em cena quase com o vestuário de um bispo, recitando pela primeira vez um poema sonoro.[124] Esse poema provocou um tumulto no público. Ball se recorda que para melhor suportar psicologicamente o ataque do público, ele ajustava a melodia de sua voz, de forma crescente, à melodia de um sermão da Igreja, embora suas palavras continuassem uma combinação sonora sem sentido, manifestando

---

122. Como Hans Richter descreve, isso foi resultado da influência de Wassily Kandinsky. RICHTER, 1964, p. 38.

123. Ibid., p. 28.

124. Em alemão: *Lautgedicht*. Poema desenvolvido por Hugo Ball, para suas apresentações no Cabaret Voltaire. Era composto por uma mistura caótica de fonemas, morfemas, sons, letras, sílabas etc. [N. T.]

apenas a matéria sonora da língua. Aqui foi celebrada uma religião nova e paradoxal do materialismo, e consumada uma reavaliação do absurdo, em seu mais alto sentido.[125] A mesma estratégia pode ser constatada nas atividades tardias do grupo de surrealistas, reunido em torno de André Breton, o qual abdicava do controle consciente sobre a produção da arte, em favor do efeito espontâneo do inconsciente, mas, ao mesmo tempo, praticava o engajamento político e provocava constantemente escândalos públicos. Entre os anos de 1910 e 1920, diferentes grupos de vanguarda tentaram, de outra forma, destruir a figura tradicional do artista solitário e criativo, para inserir a grande massa na prática artística – transformando todo o país do vitorioso comunismo em uma *Gesamtkunstwerk*, a obra de arte completa, onde o individual deveria permanentemente desaparecer no coletivo. Mas contra tais práticas levanta-se sempre a objeção de que elas são repetitivas e, com o tempo, perdem sua força provocativa e de choque. A repetitividade do sacrifício autoral, para muitos, parece reduzir o valor desse sacrifício, quando não o anular. Todavia, a partir da literatura correspondente, sabemos que a eficácia do ritual do sacrifício é, em primeiro lugar, o resultado de seu caráter ritualístico. Assim, Georges Bataille descreve os rituais de sacrifício astecas como aqueles que renovam a força vital da sociedade exatamente por sua constante repetição.[126] Em "O homem e o sagrado", Roger Caillois descreve o colapso da ordem pública, que arranca a população de sua passividade habitual, levando-o à unidade quando a morte do rei acontece ou é encenada ritualisticamente.[127] É necessário não esquecer que os rituais de sacrifício religiosos sempre tiveram um protagonista central, o qual representava o rei ou um deus, que era venerado e, posteriormente, sacrificado solenemente em público. O artista moderno, naturalmente, quase sempre é deixado vivo, mas ele não permanece completamente intacto. O verdadeiro sacrifício por parte do artista é exatamente sua autossubmissão à receptividade do ritual de sacrifício – abdicando do caráter singular de sua individualidade artística.

---

125. RICHTER, 1964, p. 40 ss.

126. BATTAILLE, 1985, p. 93 ss.

127. CALLOIS, 1988.

186 | Introdução à Antifilosofia

Trata-se, por assim dizer, de um sacrifício em segundo grau. Por essa razão, esse sacrifício em segundo grau é cada vez único, pois, mesmo que o ritual permaneça sempre o mesmo, a individualidade artística sacrificada é outra a cada vez.

Nesse sentido, é interessante notar que Bataille e Caillois, ambos próximos ao movimento surrealista, descreveram o ritual de sacrifício em tom trágico. Mikhail Bakhtin apresenta o mesmo ritual no contexto do carnaval, da diversão e do entretenimento populares.[128] Bakhtin desenvolveu sua teoria do carnaval entre os anos de 1930 e 1940, do século XX, na União Soviética, que se entendia como uma sociedade comunista concretizada. Em tal sociedade, usando um conceito de Wagner, o individualismo não tem mais ar para respirar – um egoísta tornava-se automaticamente um inimigo do povo. Não é coincidência o fato de que Bakhtin descreve o desaparecimento do indivíduo, sua dissolução na generalidade, nos termos da comédia – e não da tragédia. Esse desaparecimento provoca apenas o riso no povo, um riso alegre e carnavalesco que, segundo Bakhtin, constitui e fundamenta a festa na qual todo o povo pode participar. É no carnaval, bem mais do que na tragédia, que Bakhtin vê o modelo para uma arte participatória, ou, como ele afirma, uma obra de arte carnavalizada do futuro. Muito distante de ser trágica ou sombria, como as descrições de Wagner a caracterizam, tal obra de arte cria uma atmosfera de alegria de viver, na qual é encenada e celebrada a vitória da vida coletiva, do corpo coletivo sobre o espírito individual.

Nos anos de 1960, os coletivos de artistas, assim como as apresentações de *happenings* e *performances,* experimentaram um conhecido renascimento. A esses acontecimentos pertencem, para citar apenas alguns exemplos, o *Movimento-Fluxus,* a "Internacional Situacionista", de Guy Debord, e a *Factory,* de Andy Warhol. Em todos esses casos, ambicionava-se a cooperação entre diferentes artistas, assim como a síntese de todas as mídias artísticas. Um fator central em todas essas atividades era a disposição dos artistas em abdicar de sua posição privilegiada, extraordinária e isolada

---

128. BAKHTIN, 1987, p. 111 ss.

com respeito ao público. Os artistas do *Fluxus* encenavam o papel de apresentadores e gerentes de eventos; Warhol divulgava a arte como negócio, e o negócio como arte. Se os respectivos artistas apresentavam-se como propagandistas, provocadores ou empresários é menos importante do que o fato de que eles tentaram, do mesmo modo, desvalorizar o valor simbólico da arte, para deixar sua própria individualidade e autoria dissolverem-se na generalidade. Nesses casos, aproximava-se mais do cômico, do carnavalesco, do que do trágico. Apenas em poucas exceções, todavia significativas, o ideal do desaparecimento trágico, de Wagner, foi realizado. O destino de Guy Debord pertence a essas poucas exceções. Debord também fornece o melhor exemplo dos problemas insolúveis, com os quais será confrontado quem quiser encenar e controlar autoralmente seu próprio desaparecimento. A indissolubilidade desse problema não é, todavia, uma objeção contra o projeto da obra de arte completa, mas, ao contrário, a garantia lógico-formal de sua realização. Pois é no paradoxo da encenação consciente do desaparecimento próprio que o autor da obra de arte completa fracassa – e, assim, realiza a obra de arte completa, que nada mais é do que a exibição pública desse fracasso artístico.

Apesar de todas as diferenças históricas, ideológicas, estéticas, entre outras, algo em comum une todas as tentativas citadas de promover a obra de arte completa. Todas elas pressupõem a presença corporal e material do artista e do público no mesmo espaço "real". Seja na ópera do escândalo futurista de Wagner, no *happening* do movimento *Fluxus*, ou no acontecimento situacional – todos eles tinham o objetivo de unir o artista e o público em um lugar determinado. O que aconteceria então nos espaços e interações virtuais, que determinam cada vez mais a prática cultural, e inclusive a prática artística de nosso tempo? Há forte suspeitas de que as mídias digitais são interativas e participativas *per se*. Assim, hoje em dia parece que se tornou supérfluo reunir as pessoas em um lugar para despertar-lhes o sentimento de participação em um acontecimento social. Esse sentimento pode perfeitamente ser produzido virtualmente – através da participação do indivíduo em mídias de massa interativas e digitais, especialmente na internet.

188 | Introdução à Antifilosofia

A internet é legal?[129]

A questão sobre a relação entre a participação "real", corporal, e a participação virtual parece especial para a exposição da *Net-Art*, e de outras práticas relevantes da internet, as quais tentam trazer o usuário da internet para os locais de exposição, isto é, tornar público o ato de usar o computador e a internet, que, em geral, acontece no âmbito privado, no espaço individual do usuário. A socialização e a exposição do uso do computador parecem supérfluos, quando se supõe que esse uso já era público, interativo e participativo, ainda que virtual. Na comunicação e participação virtuais, o corpo do usuário do computador permanece, ele mesmo, em estado não reflexivo, quando se abstrai do cansaço que surge, forçosamente, após algumas horas de trabalho no computador. A experiência da presença do corpo, pela qual a arte moderna sempre ambicionou, permanece ausente na comunicação virtual. Como usuário de computador, o indivíduo aprofunda-se na comunicação solitária com o *medium*, caindo em um estado de autoesquecimento, esquecimento do corpo – análogo à prática da leitura do livro.

O espaço virtual da internet diferencia-se bem menos do espaço tradicional da literatura, do que normalmente se pensa. A internet não substitui a impressão, ela torna a impressão mais acessível, rápida, barata – e também mais exigente para o usuário. O usuário precisa, ele mesmo, formatar, ilustrar e imprimir seu texto, em vez de simplesmente levá-lo para imprimir, voltando tranquilamente para casa, como antigamente. A internet é participativa – mas no mesmo sentido que o espaço literário. Aqui, como lá, tudo que acaba surgindo no espaço virtual, literário, é reconhecido pelos outros participantes – provocando sua reação, que provoca outras reações etc. É certo que o espaço literário é fragmentado, mas seus protagonistas participam de uma competição, uma luta pelo reconhecimento. A internet também é, em primeiro lugar, um *medium* para a concorrência, onde se calcula, constantemente, quantos visitantes clicaram nesta ou naquela pá-

---

129. No original: *Ist das Internet cool?*. [N. T.]

gina, quantas citações este ou aquele usuário receberam etc. Esse tipo de participação tem pouca coisa em comum com a dissolução do indivíduo no povo, com a qual Wagner sonhou. O objetivo da arte participativa, que se encontrava no âmbito da tradição da obra de arte completa, de Wagner, consistia na eliminação da divisão moderna do trabalho e a especialização relacionada a ela, que também caracterizavam o espaço literário e artístico. Mas o uso efetivo da internet requer, igualmente, muitos conhecimentos específicos. Além disso, a técnica utilizada é constantemente modificada, atualizada, o que diferencia os usuários uns dos outros, tanto intelectualmente como economicamente.

Essa analogia entre o espaço tradicional, literário e a internet é frequentemente ignorada, pois acredita-se que as mídias eletrônicas, às quais a internet pertence, diferem substancialmente das antigas mídias analógicas. Sem dúvida, essa opinião tem sua origem no famoso escrito de McLuhan *Entendendo a Mídia*, de 1964. Ali, como se sabe, McLuhan diferencia entre mídias mecânicas "quentes", das quais o mais importante exemplo é a escrita, ou a impressão, e mídias eletrônicas "frias", como a TV. As mídias quentes levavam, segundo a opinião de McLuhan, à fragmentação da sociedade. As mídias eletrônicas frias, ao contrário, criavam práticas e espaços participativos e interativos por todo o mundo, os quais superavam o isolamento do autor individual, de forma que "não é mais possível adotar o papel indiferente e dissociado dos literatos ocidentais".[130] E McLuhan continua: "A velocidade elétrica combina as culturas da pré-história com a escória dos marqueteiros industriais, os letrados com os iletrados e os pós-letrados".[131] Parece que assim, com essas novas condições midiáticas, o programa da obra de arte completa de Wagner, que deveria unir todo o povo independentemente das diferenças de formação, apenas se deixa realizar através do progresso técnico.

E, de fato, o entendimento sobre as mídias que McLuhan formula em seu escrito, em muitos aspectos, é parecido com o de Wagner. Ambos

---

130. MCLUHAN, 2001, p. 5.

131. Ibid., p. 17.

190 | Introdução à Antifilosofia

veem nas mídias individuais a expansão das capacidades corresponden-tes do corpo humano. Para ambos, o homem é o *medium* originário (*Ur-medium*) – e as outras mídias foram derivadas desse *medium* originário. Coincidentemente, o livro de McLuhan, *Entendendo a Mídia*, traz o subtí-tulo "As extensões do homem". Diferentemente de Wagner, MacLuhan não desenvolve nenhum projeto de retorno ao *medium* originário, ao homem, ao povo, para superar o isolamento do indivíduo, determinado também pela separação das mídias individuais, e alcançar a participação de todos. McLuhan vê a razão para o isolamento moderno do indivíduo, principal-mente do intelectual e do artista, não na separação das mídias umas das outras, mas na constituição específica das mídias tradicionais, mecânicas, quentes, que dominavam a Modernidade. A partir das mídias eletrônicas frias, MacLuhan esperava uma transição para uma nova Era da coletivida-de, da simultaneidade, da transparência.

Essa transição não era entendida por McLuhan como um retorno ao *medium* originário, ao corpo humano, mas como uma anestesia comple-ta, o desligamento do homem. MacLuhan acredita que toda extensão do corpo humano significa, ao mesmo tempo, sua "autoamputação": o ór-gão corpóreo que recebeu uma extensão midiática praticamente se des-liga – McLuhan chama isso de dormência (*numbing*).[132] De acordo com McLuhan, como as mídias eletrônicas são a extensão do sistema nervoso humano, o qual, por sua vez, define o ser humano, seu surgimento signi-fica o desligamento definitivo, a dormência do homem em seu todo. Para McLuhan, o *medium* representado pela escrita é um *medium* quente, por-que mobiliza a atenção do ser humano, exigindo um alto grau de concen-tração. McLuhan afirmou que as mídias eletrônicas de seu tempo eram mídias "frias", pois criavam uma atmosfera descontraída, exigindo menos concentração e atenção. McLuhan escreve: "Há um princípio básico que distingue um *medium* quente como o rádio, de um frio como o telefo-ne, ou um *medium* quente, como o cinema, de um *medium* frio, como a TV. Um *medium* quente é aquele que estende um sentido individual em 'alta definição'. Alta definição é o estado de se estar bem preenchido de

---

132. MCLUHAN, 2001, p. 46.

informações".[133] É possível reformular isso também assim: um *medium* frio não permite diferenciar entre especialistas e não especialistas, treinados e destreinados, não exige a capacidade de concentração e conhecimentos especiais. É exatamente essa perda da observação concentrada o que permite, segundo a opinião de McLuhan, aumentar o campo de sua atenção, percebendo melhor o seu ambiente, e outros observadores que eventualmente possam surgir nesse ambiente. Nesse sentido, a televisão é realmente participativa: não é necessário nenhum conhecimento especial ou profissional para ligar a televisão. Ao mesmo tempo, o *medium* televisão é "frio", porque transmite pouca informação em uma sequência relativamente livre, de forma que o telespectador pode permanecer frio e desconcentrado. Como foi demonstrado, o trabalho com o computador, especialmente com a internet, exige um grau de concentração que possivelmente até ultrapassa aquele da leitura do livro. Assim, a internet é um *medium* quente, diferentemente da televisão.

Agora se torna clara a função de uma exposição onde é oferecida ao visitante a possibilidade de lidar com o computador e a internet, não de forma privada, mas pública, ou seja, para o resfriamento do *medium* da internet. Em tal exposição, a atenção do visitante é ampliada. O indivíduo não se concentra apenas em uma tela, mas se desloca de uma tela para outra, de uma instalação de computadores para outra. Esse movimento típico de um visitante no espaço de exposição abala a solidão do usuário da internet. Ao mesmo tempo, uma exposição que inclui a internet e outras mídias digitais torna visível o lado material e físico dessas mídias – seu *hardware,* o material do qual eles são feitas. Todos os aparelhos que, desse modo, aparecem no campo visual do observador, destroem a ilusão de que tudo que é importante no reino das mídias digitais acontece na tela. Mas, acima de tudo, são os outros visitantes que acabam no campo visual do observador – produzindo, frequentemente, um efeito mais interessante do que os objetos expostos. Com isso, o visitante se sente também exposto, pois ele sabe que será observado por outros visitantes. Desse modo, o visitante toma consciência da posição de seu corpo no espaço. Essa experiência conscien-

---

133. MCLUHAN, 2001, p. 24.

192 | Introdução à Antifilosofia

te do próprio corpo, que é reprimida no trabalho solitário no computador, retorna em uma instalação de computadores.

Desse modo, a instalação de computadores encena um acontecimento social, recebendo, desse modo, uma dimensão política – mesmo que ela não provoque nenhum tumulto, no estilo futurista. Pois ela promove um encontro de diferentes pessoas, que se tornam conscientes da presença comum de seus corpos em um espaço. Ou em outras palavras: trata-se aqui da aparição de uma multidão que passa através dos espaços das instituições de arte de hoje em dia, as quais já perderam há muito tempo seu pretenso caráter elitista. A separação espacial relativa, praticada pela exposição de arte, de forma alguma significa seu afastamento do mundo, mas sim, uma deslocalização e desterritorialização do observador, servindo exatamente para abrir a perspectiva sobre todo o espaço comum. Aqui, no espaço real da comunicação social, acontece o resfriamento da virtualidade – um processo que, na verdade, contrapõe-se à dissolução do espaço real na virtualidade, assim como McLuhan exigiu da arte, definindo-a do seguinte modo: "arte é a informação exata sobre como reorganizar a psique do indivíduo, para antecipar o próximo golpe de nossas faculdades estendidas".[134]

---

134. MCLUHAN, 2001, p. 72.

12

Gotthold Ephraim Lessing
Clement Greenberg
Marshall McLuhan

A rivalidade entre a palavra e a imagem, como se sabe, tem uma longa história. Eu gostaria de me aprofundar apenas em uma fase relativamente recente dessa história – uma fase que ainda perdura. Trata-se da aparição da palavra na imagem, realizada no contexto da arte dos anos de 1960: na arte conceitual (*conceptual art*), na forma das interpretações e reflexões teóricas sobre os limites e o papel da arte, as quais foram apresentadas de forma escrita, e integradas na obra de arte; também nas gravações dos discursos proferidos, como é possível ouvir nas instalações atuais; e nas citações poéticas, que surgem no meio da imagem, como se pode ver, por exemplo, nas imagens de Anselm Kiefer. De que forma esses textos aparecem na imagem? Como a palavra falada aparece em uma instalação de arte? Poderíamos dizer que a linguagem é estranha à essência da imagem, e que a linguagem acontece fora da imagem. De acordo com isso, quando se observa essas imagens, há uma exigência generalizada em concentrar-se apenas nelas, deixando-as atuar diretamente sobre o observador, apesar de todas as interpretações e narrativas, que, afinal, são exteriores a esta imagem. Se for assim, então a aparição do texto na imagem pode ser apenas uma forma de citação. Neste caso, o texto, ou a voz, funcionam como *ready-mades*, que são retirados da realidade exterior e integrados na obra de arte, como qualquer outro *ready-made*. Ao mesmo tempo, aplicados à palavra, tais processos *ready-made* significariam uma recusa à autorreflexão da obra de arte praticada pela arte da Modernidade, no século XX. De fato, através da utilização da palavra verifica-se, quase sempre, uma

194 | Introdução à Antifilosofia

relação da obra de arte com o mundo exterior, o retorno da arte ao Realismo, à estratégia de reproduzir o mundo exterior, mesmo que em uma nova forma. Pois bem, eu gostaria de mostrar que a imagem não é, de forma alguma, estranha à linguagem, e que sempre sugere uma mensagem silenciosa, um determinado *querer-dizer*. Assim, a linguagem não se encontra fora da imagem, mas, ao contrário, embaixo de sua superfície, de modo que não devemos nos surpreender muito quando ela emerge na superfície da imagem, e a imagem começa a falar.

Como ponto de partida, gostaria de utilizar o famoso ensaio *Laocoonte*, de Lessing,[135] o qual tem o objetivo de determinar, fixando de forma confiável, os limites entre a linguagem e a imagem, ou, mais precisamente, entre a poesia e as artes plásticas. Lessing determina esses limites da seguinte forma: "Se for verdade que a pintura utiliza para suas imitações, meios ou signos completamente diferentes da poesia, aquela usa formas e cores no espaço, esta, todavia, usa sons articulados no tempo [...] assim, signos organizados um ao lado do outro, podem apenas expressar objetos, ou suas partes, os quais existam um ao lado do outro; enquanto signos organizados um após o outro podem apenas expressar objetos e suas partes que sejam organizados um após o outro [...] consequentemente, os corpos, com suas propriedades visíveis, são os verdadeiros objetos da pintura. Objetos, ou suas partes, que sejam organizados um após o outro se chamam ações. Consequentemente, as ações são o verdadeiro objeto da poesia".[136] Essa formulação, um tanto trabalhosa, sugere certa igualdade entre a pintura e a poesia, ou, mais precisamente, entre a imagem e a narrativa. Ambas administram seus próprios domínios, claramente separados um do outro. A imagem administra o espaço, a narrativa poética administra o tempo, a história, o acontecimento. A aparente justiça dessa divisão de poder é enfatizada adicionalmente por Lessing, concedendo à pintura a imitação não apenas dos corpos, mas das ações, o que aconteceria, como ele escreve, apenas "vagamente através de corpos". A poesia, por seu lado,

---

135. Gotthold Ephraim Lessing (1729-1781). Poeta, dramaturgo, filósofo e crítico de arte alemão. [N. T.]

136. LESSING, 1966, p. 89.

permanece deficitária, pois ela apenas pode representar os corpos "vagamente através de ações".

Quando se leva em consideração a estratégia geral do *Laocoonte*, percebe-se, contudo, que essa impressão de justiça engana. O escrito inteiro é direcionado, em primeira linha, contra a suposição de que a pintura não é apenas bela, mas também pode ser verdadeira, e que a pintura é capaz de reproduzir fielmente, e de forma verídica, o mundo como ele é. A crítica à pretensão de verdade da arte, especialmente das artes plásticas, certamente não é nova. Desde Platão até Hegel, os filósofos sempre afirmaram que as imagens mentem, ou, pelo menos, que elas são insuficientes para a compreensão da verdade. As formulações correspondentes são bem conhecidas: Platão acusava os artistas de representarem apenas as aparências da natureza, em vez de penetrarem em seus modelos ocultos; e Hegel, logo no início de sua *Estética,* constatou que na Era do espírito absoluto, segundo sua essência, a arte seria uma coisa do passado. Hoje em dia, pode-se facilmente afirmar que a hostilidade contra a imagem, por parte desses filósofos, tem origem em sua crença, de que poderiam se estabelecer em um âmbito situado além do mundo visível e sensível. É por essa razão que parece fácil desqualificá-los como metafísicos, cujo tempo já passou, pois hoje não se acredita mais no transcendente, no invisível, no absoluto. Ao contrário, acredita-se apenas nos próprios olhos – e não em teorias e narrativas sobre aquilo que escapa à visão. Queremos ver. Queremos evidência. Queremos ser uma testemunha que não apenas ouviu, mas viu com seus próprios olhos. É por isso que vivemos em um mundo onde as mídias visuais triunfam sobre a linguagem. Naturalmente, essas mídias são constantemente criticadas por deformar e falsificar a visão do mundo, mas essa própria crítica comprova a expectativa das mídias visuais em mostrar as coisas em conformidade com a verdade. Nesse sentido, parece de fato legítimo afirmar que a Era da metafísica acabou, e que o iconoclasmo não é mais atual.

O interessante no escrito de Lessing é, sem dúvida, o fato de que sua crítica contra a pretensão de verdade, por parte da pintura, abdica a todos os argumentos metafísicos. Lessing não apela para nenhuma verdade invisível. Ele não recusa a linguagem simbólica e poética, para substituí-la

196 | Introdução à Antifilosofia

pela linguagem da abstração. Segundo a opinião de Lessing, a imagem é deficitária porque não pode representar ações e, na verdade, nenhuma prática humana. A razão para isso é simples: para representar ações humanas deve-se também poder restituir a linguagem ou, mais precisamente, a conversa viva que as personagens utilizaram em suas ações. Uma narrativa literária pode fazer isso, mas não a poesia e a pintura. Personagens representadas simbolicamente permanecem silenciosas – desse modo, elas são desobrigadas da *práxis* vital real, a qual é impensável sem conversas vivas. Quando a pintura tenta representar homens em diálogo, ela meramente nos confronta com rostos desagradáveis e distorcidos, ou corpos desfigurados. Lessing dedica muitas páginas de seu ensaio à descrição de suas impressões sobre pinturas que tentaram representar os homens no ato da fala. Todas essas representações parecem a Lessing constrangedoras, e até mesmo repugnantes. Quando um poeta grego ou romano descreve como os heróis de sua poesia gritam, praguejam, lamentam ou acusam, segundo a opinião de Lessing, isso sempre soa maravilhosamente poético e artisticamente convincente. Mas quando, ao contrário, um pintor tenta representar o mesmo assunto de forma figurada, pintando rostos distorcidos pelas bocas escancaradas, ou corpos desfigurados pela gesticulação excessiva, o todo provoca somente um sentimento de repugnância no observador. O ato de fala não realizado, silencioso, apenas sugerido na pintura, acaba em um trejeito – produzindo um efeito obsceno. Na pintura, portanto, somos confrontados não com a própria linguagem, mas sempre com um silencioso *vouloir-dire*, um querer-dizer – com um desejo de linguagem irrealizado, frustrado, reprimido. É esse teatro do desejo de linguagem reprimido que torna obscena a pintura que encena esse teatro, totalmente comparável a um quadro obsceno do desejo sexual reprimido. Não por coincidência, Lessing escolhe o quadro do ancião que admira silenciosamente a beleza de Helena, para também comentar silenciosamente, como um claro exemplo de pintura que quer ser realista, mas apenas tem um efeito repugnante.

Os argumentos de Lessing são válidos não apenas para pinturas estáticas, mas também para as posteriores pinturas em movimento, como por exemplo o filme. Em face das descrições de pinturas de Lessing, o leitor atual recorda-se involuntariamente dos filmes mudos, que precisavam de letreiros adicionais, para deixar claro o tipo de paixão que havia distorcido os rostos dos protagonistas do filme. Mas, apesar da utilização desses letreiros, os filmes mudos têm um efeito constrangedor, cômico, e até mesmo obsceno, sobre o espectador atual. Essa impressão somente despareceu com a introdução da trilha sonora. Nesse sentido, é interessante notar que a caracterização de Lessing sobre a pintura, como cena do desejo de linguagem frustrado, é compartilhada por aqueles artistas que procuram um efeito público amplo através de imagens. Nas histórias em quadrinhos, o desejo de linguagem das personagens, subitamente, eclode na forma disforme de uma efusão linguística, onde flutuam frases e palavras individuais, mas também meros gritos, como *Zoom!* ou *Crash!* Alguns artistas, como por exemplo Lichtenstein ou Errö, usaram essa técnica em suas pinturas, mas a grande maioria dos artistas modernos seguiu outro caminho, de modo a não destruir a integridade estética da imagem através da obscenidade do desejo de linguagem.

Esse caminho, o qual permitiu aos artistas criar uma obra perfeitamente estética, e artisticamente íntegra, já havia sido proposto por Lessing. O desejo de linguagem das figuras representadas deve ser reprimido radicalmente, e a ascese linguística deve ser praticada tão consistentemente, de modo que, através do *querer-dizer* reprimido, nenhuma distorção possa desfigurar a imagem. Apenas assim, afirmava Lessing, deixa-se produzir uma bela pintura, cuja beleza é garantida pelo fato de representar um corpo isolado, repousando em si mesmo, e definido apenas pela posição que seus elementos ocupam no espaço. Em contrapartida, Lessing traz o exemplo da imagem de Helena – dessa vez, no entanto, aquela pintura que, segundo a tradição, Zeuxis teria feito dela: em pé, sozinha, desnuda, completamente apartada do mundo, e sem nenhum trejeito de *querer-dizer*. Por outro lado, pode-se entender esse explícito *não querer-dizer* de Helena como uma afirmação – aliás, como uma afirmação que é expressa através de toda a figura de Helena. Portanto, essa figura representa o trejeito de um não *querer-dizer*, mas para entender essa afirmação não é suficiente apenas

198 | Introdução à Antifilosofia

olhar a imagem. É necessário ler e entender o ensaio de Lessing. Desta forma, pode-se afirmar: a repressão do *querer dizer*, na representação de uma figura, leva apenas ao fato de que toda essa figura é percebida como um trejeito do *querer-dizer* frustrado.

O mesmo vale para a obra de arte moderna que, como se sabe, surgiu como resultado da luta radical contra o *querer-dizer* prosaico, narrativo. No decurso dessa luta, todas as representações de corpos e coisas foram afastadas da superfície da imagem, para reprimir radicalmente os trejeitos do *querer-dizer*. Além disso, na tradição da Modernidade afirmou-se constantemente que não apenas as figuras possivelmente representadas na imagem, mas a própria imagem não deseja transmitir mais nenhuma mensagem, não deseja dizer mais nada, não sendo tomada por nenhum desejo de linguagem. A obra de arte moderna parece incorporar a completa ascese linguística. Ela manifesta apenas sua presença corporal, material e coisificada no mundo – como um corpo ao lado de outros corpos, o que corresponde completamente à definição de Lessing sobre as artes plásticas. Aqui, não se trata mais do desejo de linguagem humano, que deve ser representado ou reprimido através de imagens. Trata-se do desejo latente de linguagem da própria imagem. Na verdade, trata-se da inconsciência linguística da imagem, de sua capacidade de transmitir, através de sua superfície, mensagens que possam ser concebidas em palavras. É precisamente esse desejo de linguagem da imagem, e da obra de arte em geral, que é sistematicamente reprimido na Modernidade. O grande ideal do não *querer-dizer* domina toda a história da Modernidade clássica, culminando nos trabalhos de Donald Judd, que nem mesmo querem dizer que são obras de arte, mas apenas se apresentam como "objetos específicos", que não possuem profundidade, interior, conteúdo, nada secreto ou oculto, e, segundo sua essência, são como se mostram: *You see what you see*.[137] Não há mais nada na obra de arte que tenha sido oculto do olhar, que tenha sido pressionado de dentro para fora. Aqui, a repressão do desejo de linguagem parece totalmente bem-sucedida – e o sonho de Lessing, de uma obra de arte perfeita, definitivamente realizado.

---

137. "Você vê o que vê". [N. T.]

Sabemos, porém, que isso não funcionou tão simplesmente. Nos anos de 1930, Clement Greenberg pôs em evidência a tese de que a imagem moderna não mostra apenas sua superfície perceptível através dos sentidos, mas, antes de tudo, manifesta sua natureza material e midiática oculta. Em relação à pintura, Greenberg descreveu essa natureza como *Flatness*, exigindo, em conformidade a isso, que a pintura moderna manifestasse sua bidimensionalidade da forma mais consistente possível.[138] Por essa razão, Greenberg foi frequentemente criticado e caracterizado como um dogmático. Todavia, em relação às minhas considerações presentes, os objetivos que Greenberg fixou para a pintura não são muito importantes. Antes, eu gostaria de indicar que através da exigência de que a imagem pictoral deveria tematizar sua natureza como *medium*, Greenberg levou *de facto* em consideração o desejo de linguagem da imagem. De repente, a imagem moderna começou a transmitir mensagens – talvez não as mensagens do mundo exterior, mas, com toda certeza, as mensagens de seu próprio *medium*. Aqui, o *medium* torna-se mensagem – e a imagem começa novamente a falar. Ou melhor: a imagem se tranforma novamente no trejeito do desejo de linguagem reprimido, pois a imagem ainda permanece silenciosa. Apenas quem leu Greenberg sabe que imagem quer transmitir a mensagem do *medium*. Caso contrário, o observador até sente que a imagem moderna quer dizer-lhe algo, mas não pode saber, de verdade, de que mensagem se trata. Em sua época (após a Segunda Guerra Mundial), Arnold Gehlen escreveu sobre a "necessidade de comentário" da arte moderna – vendo nessa necessidade de comentário a verdadeira fraqueza da arte moderna. A palavra "comentário" é um pouco enganadora aqui, porque sugere que a obra de arte é originalmente silenciosa, devendo ser explicada e ancorada em uma linguagem exterior. Mas isso não é assim. Toda obra de arte moderna surgiu como uma ação, um gesto na história da arte moderna – e, como Lessing com razão afirmava, a linguagem também pertence a tais ações. As obras de arte modernas surgiram a partir da discussão, até mesmo do conflito de programas artísticos concorrentes, e muitas vezes antagonistas – um conflito que é inteiramente polêmico, e

---

138. GREENBERG apud GREENBERG, 1997.

200 | Introdução à Antifilosofia

frequentemente disputado através de insultos, queixas, acusações e explosões de raiva. Mesmo aquela arte que se entende como autônoma surgiu de tais conflitos. Mas a aparência exterior das imagens correspondentes deixa apenas entrever que elas querem dizer algo, e que surgiram como argumentos em uma discussão. As salas dos atuais museus de arte moderna transmitem, frequentemente, uma atmosfera de constrangimento, e até mesmo de obscenidade, que não é muito diferente da descrição feita por Lessing em seu ensaio. Somos confrontados com imagens que querem dizer algo, mas não o fazem. Alguns espectadores "inocentes" reagem a esses trejeitos do *querer-dizer* com a confissão de que não entendem a arte moderna. Tal informação é frequentemente motivo de riso entre os peritos, pois eles acreditam saber que a arte moderna é apenas ininteligível porque ela não quer dizer nada. Mas o fato de a arte moderna não dizer nada está longe de significar que ela reprimiu completamente seu *querer-dizer*. As palavras se foram, mas os trejeitos do desejo de linguagem permanecem – um desejo de linguagem que foi reprimido na inconsciência da imagem, em seu interior, no *medium* que é o seu suporte.

A teoria contemporânea sobre a mídia tende a entender e descrever as mídias, de forma meramente científica ou técnica. Isso é válido para as mídias de arte, mas também para as mídias em sentido amplo, inclusive as mídias de massa. Essa tendência tem sua origem no trabalho de Marshall McLuhan, que, na verdade, deve seu entendimento da natureza midiática das mídias de massa à teoria da pintura moderna já mencionada. A fórmula mágica "O *medium* é a mensagem" apareceu, em primeiro lugar, em um aparte do texto de McLuhan – precisamente no contexto da discussão sobre o Cubismo. Em *Entendendo a Mídia* (1964), McLuhan afirmou que o Cubismo destruiu a ilusão de tridimensionalidade, deixando à mostra os processos midiáticos, com os quais a imagem "leva a mensagem até o homem".[139] Com isso, o Cubismo possibilitou "a compreensão do *medium* como um todo". E McLuhan continua: "Com essa apreensão do imediato, do conhecimento total, o Cubismo anunciou, de repente, que o *medium* é

---

139. MCLUHAN, 1994, p. 29-30.

a mensagem".[140] Ou seja, não foi McLuhan quem anunciou sua alegre mensagem sobre a mensagem do *medium*, mas o Cubismo. Mas, como é que McLuhan sabe exatamente que o Cubismo anunciou essa mensagem, e não outra? Nesse ponto, McLuhan invoca Ernst Gombrich como autoridade acadêmica indubitável. Todavia, esse teorema foi anunciado por Gombrich com muito menos clareza, do que pelo já citado Clement Greenberg, que naquele tempo não possuía a mesma autoridade acadêmica incontestável que Gombrich. Em seu ensaio *Pintura modernista*, muito discutido em seu tempo, (1960 – um pouco antes de McLuhan), tratando do Cubismo Francês, Greenberg escreve: "Logo ficou claro que o único e verdadeiro objeto de toda arte individual é exatamente aquilo que se encontra exclusivamente na essência do *medium* correspondente". E continua: "As condições limitadas que definem o *medium* da pintura – o plano, a superfície, a forma do suporte, as propriedades dos pigmentos – foram tratados pelos antigos mestres como fatores negativos, que apenas poderiam ser admitidos de forma indireta. O Modernismo considerava as mesmas limitações como fatores positivos, que então foram admitidos abertamente".[141] Greenberg atribuiu ao Cubismo, de forma bem decidida, a descoberta da midiaticidade do *medium*, a tematização explícita do *medium* – ou seja, a proclamação da mensagem do *medium*. A interpretação da vanguarda clássica como uma estratégia artística, a qual buscava principalmente a revelação do *medium* era naquele tempo, quando McLuhan escreveu seu livro, um consenso geral, ao menos nas avançadas teorias de arte.

Mas os quadros cubistas onde McLuhan avistou a revelação do *medium* não eram especialmente numerosos – não se pode nem dizer que eles eram representativos para o *medium* da pintura. A maioria dos quadros pintados que conhecemos da história da arte não se parece com quadros cubistas – sem falar dos outros quadros que circulam nas mídias de massa. Por essa razão, à primeira vista, não parece muito plausível que exatamente os quadros cubistas deveriam ser o *medium* da pintura; ao contrário, seria de se esperar que um quadro típico e medíocre fornecesse informações so-

---

140. MCLUHAN, 1994, p. 30.

141. GREENBERG, 1997, p. 265 ss.

bre o *medium* da pintura – e não os quadros cubistas altamente estranhos e idiossincráticos, que, além disso, eram relativamente mal recebidos pelo público. O quadro cubista é um quadro-exceção, cuja natureza não se deixa generalizar. Afirmar de um quadro cubista que ele revela o *medium* pintura é aproximadamente o mesmo que a afirmação de que a guerra revela o caráter oculto do homem, porque coloca o homem em um estado de emergência, no qual, de repente, torna-se visível o que esse homem é em seu interior, e transforma o *medium* homem em mensagem. Assim, pode-se dizer: a arte moderna coloca a obra de arte em um estado de emergência, como a guerra coloca o homem em um estado de emergência – confiamos na imagem moderna da mesma forma que confiamos na guerra. Na aparição fantasmagórica do caso excepcional, que permite a visão interior, a qual permanece ocultada por camadas de signos de convenções desonestas em tempos de paz, anuncia-se uma profunda conexão entre a estética, a procura pela revelação do oculto, e a violência, que tem um significado central principalmente para a Modernidade artística. O mundo deve ser forçado à confissão para que mostre seu interior – o artista deve, primeiramente, reduzir, destruir e distanciar o aspecto exterior da imagem, revelando, assim, seu interior. Essa figura do olhar para o interior, como efeito de uma demolição violenta do exterior, produz, do mesmo modo, os estados emergenciais da guerra, da arte e da filosofia, que buscam revelar suas próprias verdades, e se diferenciam radicalmente da verdade "pacífica" e "superficial" do caso regular.

Dessa forma, o quadro cubista é também um quadro em estado de emergência – achatado, cortado, tornado desconhecido e ilegível. Ainda mais radical foi o procedimento de Malewitsch e Mondrian, assim como mais tarde Barnett Newman e Ad Reinhadt, os quais demonstraram a verdade da superfície da pintura – a verdade do *medium* – através da demolição radical de tudo que era exterior, mimético e temático. Com isso, eles completaram o trabalho de destruição das superfícies convencionais das imagens, que os cubistas haviam começado. A obra *O quadrado negro*, de Malewitsch (1915), mostra-se, sobretudo, como resultado radical da extinção, do distanciamento e da redução de todos os signos pictorais. O que permanece é a forma originária de qualquer imagem pintada como tal – o suporte da imagem, depois que ele foi purificado de todas as imagens que normalmente carrega. O efeito da honestidade do *medium* foi perfeitamente encenado aqui: O *Quadrado negro* mostra-se não apenas como imagem entre muitas outras imagens, mas como a súbita revelação do suporte oculto, que se manisfesta de maneira imponentemente evidente em meio ao mundo de imagens habituais e superficiais, como o resultado da utilização da violência pelo artista. E note-se bem: a constatação de que se trata de uma encenação não significa, de forma alguma, que a revelação do *medium* é "simulada". Até mesmo a "verdadeira" revelação também precisa de um palco, um contexto para que sua manifestação possa ser percebida.

Além disso, a estratégia da honestidade do *medium* foi praticada não apenas por artistas da abstração geométrica, como Melwitsch ou Mondrian. Desse modo, para Kandinsky, por exemplo, em seu famoso escrito *Sobre o espiritual na arte* (1910-1911), toda imagem é uma combinação de cores e formas puras. Essa combinação de formas e de cores permanece, certamente, invisível para o observador normal, porque ele foca sua atenção no assunto da imagem. Apesar disso, essas combinações – elementos básicos da imagem, que permanecem inconscientes para o observador – determinam o efeito que cada imagem exerce sobre o observador. Para Kandinsky, o verdadeiro artista é um analista da mídia, que investiga sistematicamente esse efeito inconsciente, utilizando-o em suas imagens de forma consciente. O artista-analista, que opera com formas e cores, encontra-se em condições de formular e revelar o vocabulário oculto dessas formas e cores, que outros artistas utilizam de forma meramente irrefletida e assistemática, para despertar determinados sentimentos no observador, de caso a caso. Assim, o caso excepcional de uma visão no interior torna-se, ao mesmo tempo, o ponto de partida de uma nova exigência de poder. O artista de vanguarda, que viu o interior de qualquer imagem possível, e vivenciou a verdade do *medium* que carrega todas as outras imagens, também recebe, necessariamente, um poder absoluto sobre todo o mundo das imagens – podendo configurá-lo de forma consciente e consequente. O caso excepcional de uma única imagem, que demonstra a verdade do *me-*

204 | INTRODUÇÃO À ANTIFILOSOFIA

dium, autoriza o artista, portanto, a administrar o olhar de toda a humanidade e de toda a massa geral dos observadores. Como é sabido, os artistas da vanguarda radical de fato insistiam em seu direito de configurar todo o mundo visual de seu tempo (o próprio Kandinsky, assim como o Construtivismo russo, o *Bauhaus* etc.). Se essa exigência não foi mais incorporada de forma direta por um teórico posterior das mídias, como McLuhan, também não se renunciou completamente a ela. O teórico da mídia reinvidica, ao menos, o direito de administrar o olhar do observador sobre o todo da mídia – não mais através da transformação do mundo visual, mas, ainda assim, através de sua reinterpretação.

Essa exigência mostra claramente que, mesmo com todo entusiasmo pela ciência e técnica, McLuhan encontra-se bem distante de ver nas mídias apenas o suporte material e os aparelhos. Ao contrário, McLuhan atribui às mídias um *querer-dizer* oculto, cujos gestos e trejeitos ela representa. O próprio projeto de se entender as mídias – o mais importante livro de McLuhan chama-se também *Entendendo a Mídia* – significa que, atrás da superfície midiática da imagem, em seu espaço *intermidiático*, supõe-se que estariam a linguagem, a informação e a comunicação, cuja mensagem o analista de mídias deve e precisa interpretar. A analogia à Psicanálise é evidente. Por essa razão, McLuhan interpreta a relação do observador com as mídias como a relação hermenêutica da leitura e do entendimento. McLuhan emocionaliza até mesmo o *medium*, quando divide as mídias em "quentes" e "frias", elevando-as a parceiros de diálogo, as quais podem ser acusadas de serem inconvenientemente frias, como nas amizades e nas relações de amor. Ao receber um suporte de mídia quente ou frio, a imagem é dotada de um corpo invisível, quase vivo, que brilha e fala através de sua superfície, enviando suas próprias mensagens, que são diferentes daquelas da imagem.

Mas como funciona o entendimento das mensagens intermidiáticas? A resposta de McLuhan a essa questão é relativamente simples: através da comparação entre as diferentes mídias. Uma comunicação intencionalmente consciente, que o falante formula através do *medium*, tem, por assim dizer, sua expressão midiática deduzida e comparada com outras formulações possíveis dessa comunicação em outras mídias. Como o receptor da mensagem conhece a aparência de todo o paradigma das mídias, isto é, quais são todas as opções de mídias possíveis para o falante, ele pode calcular quais as consequências que a escolha de outra mídia teria para o significado da mesma comunicação, por exemplo, se a comunicação correspondente seria fria ou quente em outra mídia. Desta forma, o receptor pode calcular a mensagem da mídia através de uma fórmula muito simples: a mensagem transmitida pelo *medium*, menos a mensagem intencionada, é igual à mensagem do *medium*. O próprio McLuhan pratica suas investigações hermenêuticas de diferentes mídias, através de tal comparação intermídias, de uma forma muito engenhosa e inspiradora. O pressuposto fundamental que norteia essa análise comparativa, sem dúvida, consiste na crença de que é possível separar, analiticamente, a mensagem intencionada pelo falante individual, da mensagem do *medium* – para poder demonstrar, mais tarde, como uma mensagem modifica, e até mesmo destrói outra mensagem. Essa crença, todavia, é altamente questionável.

McLuhan herdou a crença na mensagem do *medium* do Cubismo, sem se questionar em que condições, e quais os métodos de aplicação possibilitaram ao Cubismo chegar a essa crença. O Cubismo, como já foi dito, não considerava a imagem como simples mensagem do *medium*, mas forçava-o a admitir seu caráter de *medium* através da utilização de rigorosos métodos, que lembravam os métodos tradicionais de tortura – redução, fragmentação, corte e colagem. McLuhan, ao contrário, transformou, em um só golpe, a básica figura da revelação do *medium* em um tipo de explosão, ao transferi-la para o mundo visual das mídias de massa, que, geralmente, operam com imagens normais e convencionais, evitando qualquer tipo de caso excepcional. Os modelos de explicação, originalmente descobertos e utilizados para legitimar as estratégias radicais de determinada arte avançada, foram transferidos por McLuhan para todo o mundo de imagens das mídias modernas, sem submeter esse mundo de imagens aos mesmos procedimentos da redução, a destruição deliberada das superfícies visuais convencionais, e a obrigação da honestidade. Naturalmente, MacLuhan escreveu seu texto no tempo em que os artistas da arte *pop* começavam a utilizar o procedimento da honestidade do *medium* em relação ao mundo de imagens das mídias de massa, especialmente da propaganda. Todavia, através da leitura de seus textos, surge a impressão de que tal trabalho talvez fosse completamente inútil, que as mídias sempre anunciaram sua mensagem desde o início – sem ter que vir a fazê-lo em razão de determinadas estratégias artísticas. A prática artística ativa e ofensiva da vanguarda foi transformada por McLuhan em uma prática meramente interpretativa, a qual, aparentemente, bastava a ele para poder perceber as mensagens anônimas das mídias de massa, que se ocultavam atrás das intenções "subjetivas" dos comunicadores e de suas mensagens enviadas conscientemente.

Surgiu daí a impressão de que as mensagens do *medium* alterariam e destruiriam a intenção subjetiva e autoral do comunicador. Dessa forma, é justamente no contexto da teoria de massa que se fala com muito gosto da morte do autor, cuja intenção subjetiva e autoral foi extinta pela mensagem do *medium*. Através disso, curiosamente, ignora-se a possibilidade de uma intenção autoral, que consistia precisamente em revelar o *medium* e forçá-lo a falar, como era, por exemplo, a intenção do Cubismo. Ou ainda: tal intenção é atribuída apenas ao próprio teórico da mídia, o qual reivindica uma metaposição em relação à linguagem – todas as outras mensagens, além daquelas da teoria da mídia, são classificadas meramente como "autorais", individuais e subjetivas. A dicotomia entre a "intenção autoral *versus* mensagem anônima do *medium*" determina, quase que completamente, o discurso atual da teoria da mídia – sendo evidente quem se sobrepõe nesse par desigual.

Entretanto, a mensagem de que o *medium* é a mensagem domina quase completamente todo discurso individual. Se a teoria da mídia quiser ser autocrítica, ela simplesmente deve dirigir contra si mesma a suspeita da anonimidade, da dependência da mídia e do fracasso de toda mensagem individual. Dessa forma, é sempre necessário lembrar, que o teórico da mídia também precisa usar a mídia por ele criticada e analisada, formulando e divulgando sua própria mensagem, de modo que sua própria mensagem seja destruída pelas mídias. Por sua inevitável natureza tautológica, essa crítica da mídia que se dirige contra si mesma, aumenta a suposta honestidade do discurso do teórico da mídia. O verdadeiro problema da teoria da mídia atual não consiste em sua própria dependência das mídias, mas, precisamente, no fato de que ela corre o perigo de ignorar que a maioria das mensagens autorais, que são formuladas na Modernidade – são sempre entendidas como mensagem do *medium*. Por essa razão, o teórico da mídia não tem nenhum direito exclusivo a uma metaposição – muitos outros falantes, pintores e cineatas têm condições de transmitir a mensagem do *medium*. Além disso: a própria teoria da mídia, como já foi demonstrado, depende de tais metaposições criadas artificialmente, as quais ela assume para poder, a partir dessas metaposições, analisar e "entender" o *medium*. A imagem geral da alteração, da dissolução e do fluxo ilimitado de todas as mensagens engana – inúmeras mensagens, ou seja, as próprias mensagens do *medium*, não se deixam dissolver e fluir tão facilmente.

O efeito da honestidade está involvido, desde o início, nas complexas estratégias de ataque e de defesa, nas quais os signos da honestidade entre o artista e seu *medium* são constantemente permutados. No contexto da teoria da mídia pós-vanguarda acontece, naturalmente, a mesma permuta de signos – mesmo que de forma oculta. Se McLuhan sugere a seu leitor a vitória da mensagem do *medium* sobre a mensagem individual e autoral, então ele também afirma a vitória de sua própria mensagem sobre todas as outras mensagens. Para o teórico da mídia, todas as mensagens individuais desaparecem no êxtase geral das mídias – com exceção, naturalmente, de sua própria mensagem, que anuncia esse êxtase. Isso significa: todas as outras mensagens são alteradas, dissolvidas, de forma que elas desaparecem lentamente e morrem; mas a mensagem do teórico da mídia nunca desaparece ou morre, pois ela é a mensagem da morte – e a morte, diferentemente da vida, nunca morre. Em outras palavras: O *medium* é a morte – por isso o *medium* também não morre. Quem não fala em seu nome, mas em nome do *medium*, sem dúvida, não quer morrer, mas permanecer eternamente – ou, pelo menos, durar tanto tempo quanto dure o *medium*, cuja mensagem ele anuncia. Se o *medium* torna-se um signo, esse signo tem todo o tempo do *medium* à disposição. O artista de vanguarda deseja a permanência, assim como o teórico da mídia atual – por isso, eles

208 | Introdução à Antifilosofia

querem tornar-se a mídia da mídia. Assim, eles esperam conseguir uma duração que é negada a todos os outros espíritos meramente "subjetivos". Naturalmente, levanta-se aqui a questão de até que ponto, no contexto da economia da mídia, é possível tal caso excepcional da duração da mídia.

A arte da vanguarda é, às vezes, interpretada como a expressão de uma estratégia individual de autorrealização de artistas individuais, que almejam falar sua própria língua e enviar sua própria mensagem. Tal figura da autorrealização contradiz claramente a naturalidade da vanguarda radical. A intenção do artista de vanguarda clássico, ao contrário, não consistia, desde o início, em anunciar sua própria mensagem, mas em deixar ressoar a mensagem do *medium* oculto. A mais elevada honestidade do artista de vanguarda consiste em emprestar uma voz ao espaço intermidiático. Desse modo, o artista transformou-se em *medium* do *medium* – transformando a mensagem do *medium* em sua própria mensagem.

Foi apenas assim que o olhar do observador atual aprendeu a olhar, através da superfície da imagem, para o espaço intermidiático, que permanece oculto no meio dessa superfície. Toda superfície da imagem apresenta-se a esse olhar como um trejeito do *querer-dizer*, indicando e esperando as mensagens do suporte de mídias. Nesse sentido, é interessante o fato de que a indústria cinematográfica atual, e outras mídias de massa, que estão expostas ao mesmo olhar, começam a encenar casos excepcionais, que não existiam na época em que McLuhan escreveu – os casos excepcionais que permitem um olhar no espaço intermidiático da imagem. É suficiente apontar, aqui, filmes como *O Show de Truman* ou *Matrix*. Em ambos os filmes, a visão do espaço intermidiático é conseguida através da luta. Nesse contexto, o filme *Matrix* é especialmente interessante, pois esse filme mostra o código digital que, normalmente, permanece oculto atrás das imagens. (Neo descobre a imagem do mundo como um trejeito do *querer-dizer*, o que, a propósito, é uma ideia completamente teológica). O código digital é, na verdade, invisível (embora ele se mostre como imagem no filme). Apenas as imagens que são criadas com sua ajuda tornam-se visíveis. Trata-se aqui da escrita invisível das imagens, que, pela primeira vez, trata essas imagens como a linguagem. A relação das imagens criadas digitalmente com o código digital pode ser comparada, de forma mais exata, com a relação entre os ícones e o Deus invisível que eles representam – são cópias sem original. Assim, toda compreensão torna-se, afinal de contas, ilusória – mesmo que ela presenteie o herói com algo como uma imortalidade nova e virtual.

Mas, se a tarefa principal da arte moderna consiste em trazer o *medium* à linguagem, então, ela não pode se contentar em tematizar diferentes suportes de mídia, sejam eles telas, pedras ou diferentes aparelhos que possibilitem a realização e a apresentação da fotografia, do filme e do vídeo. Os esforços para tematizar a materialidade do suporte de mídia são naturalmente úteis, e até necessários, mas todos os suportes de mídia estão, ao mesmo tempo, envolvidos na prática intermidiática, através da qual, eles foram projetados, produzidos, instalados e utilizados. A arte é o *software*. Os suportes de mídia, que permitem o funcionamento do *software*, são o *hardware*. Mas o *hardware*, por seu lado, é realizado através de práticas econômicas e políticas, e, na verdade, também poéticas, pois o projetar de novos suportes de mídia pertence também à imaginação e à paixão. Como qualquer prática, a prática intermidiática não funciona sem a linguagem. Dessa forma, a mensagem do *medium* permanece, em verdade, silenciosa, se ela for procurada apenas no nível do suporte de mídias. Se apenas a natureza material da imagem for mostrada na própria imagem, então, o que será observado por nós é apenas um trejeito do *querer-dizer*. De modo que, novamente: não se trata da representação do inconsciente humano na imagem, mas do inconsciente da própria imagem, da poética de sua criação, da prática intermidiática de sua exposição etc., ou seja, trata-se da linguagem, que descreve o destino dessa obra de arte, seu vir-ao-mundo, sua permanência-no-mundo, e o que une essa imagem com a prática social geral.

Do que foi dito, é possível precisar, exatamente, os limites entre a linguagem e a imagem. *Locoonte* mostrou que esses limites não correspondem àqueles que separam a pintura, como arte do espaço, da poesia, como arte do tempo. Ao contrário, podemos dizer que se trata dos limites entre o *medium* imagem e seu espaço intermidiático. A linguagem é o inconsciente reprimido da imagem, o desejo de linguagem, cujo trejeito visível a

210 | Introdução à Antifilosofia

imagem expõe. Desse modo, pode-se interpretar melhor o surgimento da linguagem na superfície da imagem, que aconteceu nos anos de 1960, e que permanece desde então. Não se trata, de forma alguma, do abandono da estratégia da arte moderna, que visava a tematizar o interior, o *medium* oculto da imagem. Muito ao contrário, trata-se aqui da tentativa de adentrar mais ainda no espaço intermidiático da imagem, descobrindo aí a linguagem reprimida, em todas as suas dimensões políticas e poéticas. Assim, na *arte conceptual* do grupo inglês *Art and Language,* surgiu a linguagem da teoria da arte na própria obra de arte, uma linguagem que só então possibilitou a realização da obra. Dessa forma, Marcel Broodthaers integrou a linguagem em sua própria obra, que estabelecia as regras das estratégias de conservação e de transmissão da arte. Da mesma forma, Anselm Kiefer utilizou as citações poéticas para revelar as fontes que inspiravam suas imagens. Os exemplos da utilização direta da linguagem em imagens e instalações são numerosos demais, não apenas para serem discutidos detalhadamente aqui, mas até para serem citados. Enquanto nos exemplos de uso da linguagem na imagem, anteriormente citados, utilizou-se a linguagem da teoria de arte e da filosofia, para tematizar o *status* da obra de arte, a linguagem utilizada hoje em dia torna-se, cada vez mais, apaixonada, psicológica e política, mas, em muitos casos, também mais enigmática, poética e hermética. Todas essas aplicações da linguagem merecem uma análise individual. Para mim, o mais importante é demonstrar que a utilização massiva da linguagem na arte contemporânea não é a consequência de um mero citar, isto é, da utilização do texto, no sentido do *ready-made,* mas o resultado adicional da procura pela verdade midiática da arte, que sempre foi praticada na Modernidade.

Será que esse surgimento da linguagem na imagem significa que as imagens começaram a falar hoje em dia, e que o limite entre imagem e linguagem, do qual Lessing escrevia em seu tempo, foi definitivamente suprassumido? Parece-me que tal conclusão induziria ao erro. Geralmente, a linguagem surge como texto na superfície da obra de arte – sabemos que a analogia entre texto e imagem é muito antiga. O texto pode fazer o discurso vivo silenciar e desaparecer, da mesma forma que a imagem o faz

– isso é bem conhecido desde Platão. Mas mesmo se o discurso vivo é gravado e executado no contexto de uma instalação artística, ele é distanciado de seu contexto vivo, não podendo, assim, ser considerado um discurso genuíno, mas a imagem dele. Apenas em um primeiro momento, o surgimento da linguagem na imagem parece a revelação de seu interior, de seu espaço intermidiático. Logo depois, nós nos acostumamos com a presença do texto correspondente na imagem, ele se torna, para nós, uma parte integral da imagem, uma decoração, um arabesco. Esse efeito é ainda potencializado, pelo fato de que os textos utilizados na obra de arte não são traduzidos quando essa obra de arte é exposta (Eu me refiro: não são traduzidos na superfície visível da obra de arte), para não destruir a autenticidade da imagem. (A tradução é realizada, mas ela é colocada em um catálogo ou na parede, ao lado da imagem, de forma que o texto é percebido como algo exterior à imagem.) O que acontece com a *arte conceptual* e com a arte contemporânea que utilizam a língua russa, árabe ou chinesa? Tal arte, mesmo quando vista pela primeira vez, não será percebida como falante. É por essa razão que a língua utilizada na arte contemporânea é quase que exclusivamente a língua inglesa – pela suposição de que o inglês é entendido e percebido imediatamente como linguagem em todo lugar. Essa suposição é até mesmo em nosso tempo falsa, pois há bem menos pessoas que sabem falar inglês do que se acredita. Mas, mesmo que isso fosse diferente, o que aconteceria em épocas posteriores, onde a língua inglesa fosse possivelmente esquecida, como aconteceu com a língua latina hoje em dia? Então, essa *arte conceptual* e *pós-conceptual* de nossos dias seria percebida definitivamente como arabesco e interpretada como uma decoração, do mesmo modo como muitos *designers* de livros, de acordo com minha experiência, lidam com os catálogos de textos. Não se pode afirmar que os limites entre a imagem e a linguagem podem ser estabilizados, porque eles são constantemente ultrapassados em ambas as direções, nem se pode afirmar que esses limites podem ser suprassumidos ou desconstruídos. Ao contrário, esse limite é constantemente negociado, e as palavras e imagens transportadas, importadas e exportadas. A economia desse negócio – em muitos aspectos – é o verdadeiro motor do desenvolvimento artístico das últimas décadas. Na verdade, essa economia tem um significado ainda maior para a arte de nosso tempo do que a economia do mercado de arte, que ultimamente foi admirada e acusada tão exacerbadamente; pois, em primeiro lugar, obras de arte não são mercadorias, mas trejeitos do *querer-dizer,* que produzem um efeito obsceno, até que sejam dotadas de linguagem.

Referências bibliográficas

ADORNO, Theodor W. *Kierkegaard*. Frankfurt: Suhrkamp, 1962.

ANTISEROV, N. P. *Tri glazy iz vospominanii, Pamiat; istoricheskii sbornik. (Filosofskie sochneniia)*. Paris: La Presse Livre, 1982.

AUSTIN, John Langshaw. *Zur Theorie der Sprechakte*. Stuttgart: Reclam Philipp Jun, 1972.

BAKHTIN, Mikhail M. *Literatur und Karneval. Zur Romantheorie und Lachkultur*. München: Carl Hanser, 1969.

————. *Literatur und Karneval. Zur Romantheorie und Lachkultur*. Frankfurt: Suhrkamp, 1990.

————. *Probleme der poetik Dostoevskijs*. Frankfurt/M.: Ullstein, 1985.

————. *Problemy tvorchestva Dostoevskogo*. Leningrado: Priboj, 1920.

————. *Rabelais und seine Welt*. Frankfurt am main: Suhrkamp, 1987.

————. *Tvorchestvo Fransua Rable i narodnaia kul'tura srednevekov'ia i Renessansa*. Moscou: Khudozhestvennia literatura, 1965.

BARANOVA-SESTOVA, N. *Zisn' Sestova*. v. 2. Paris: La Presse Libre. 1983.

BATTAILLE, Georges. *Die Aufhebung der Ökonomie*. München: Matthes und Seitz, 1985.

BAUDRILLARD, Jean. *Das Perfekte Verbrechen*. München: Matthes & Seitz, 1996.

BELYJ, Andrej. *Zoloto v lazure (Gold in Azur)*. Moscou: [s.n.], 1904.

BERDIAEV, Nikolai. *Wahrheit und Lüge des Kommunismus*. Paris: Darmstadt und Genf, 1953.

BISHOP, Claire. *Participation*. London: Whitechapal; Cambridge: The MIT Press, 2006.

BULGAKOW, Michail A. *Der Meister und Margarita*. Berlim: [s.n.], 1995.

CALLOIS, Roger. *Der Mensch und das Heilige*. München: Carl Hanser, 1988.

214 | Introdução à Antifilosofia

CARTA a Rasmus Nielsen de 4.8.1849. In: KIERKEGAARD, Soren. *Briefe.* Düsseldorf: Eugen Diederichs, 1955.

CARTA endereçada a Emil Boesen, datada de 1.1.1842. In: KIERKEGAARD, Soren. *Briefe.* Düsseldorf: Eugen Diederichs, 1955.

CHUDAKOVA, Marieta. Bez gneva i pristrastiia. *Novyi mir,* Moscou, n. 9, 1998.

————. *Soblazn Klassiki.* In: BAZARELLI, E.; KRESÁLKOVÁ, J. (Orgs.). *Atti del convengo Michail Bulgakov.* Milão: Universidade de Milão, 1984.

CLARK, Katerina; HOLQUIST, Michael (Org.). *Mikhail Bakhtin.* Cambridge: Harvard University Press, 1984.

DANTO, Arthur C. *Die Verklärung des Gewöhnlichen. Eine Philosophie der Kunst.* Frankfurt: Suhrkamp, 1984.

DERRIDA, Jacques. *D'un ton apocalyptique adoptée naguère en philosophie.* Paris: Galilée, 1983.

————. *Falschgeld.* München: Wilhelm Fink, 1993.

————. *La vérité en peinture.* Paris: Flammarion, 1978.

DOSTOIEWVSKI, Fjodor. *Stat'i materialy.* livro II. Moscou/Leningrado: [s.n.], 1924.

FEDOTOVA, E. N. *Vospominaniia.* In: MEIER. *Filosofskie sochineniia.* Paris: La Presse Livre, 1982.

GREENBERG, Clement. *Modernistische Malerei.* (1960) In: GREENBERG, Clement. *Die Essenz der Moderne*: Ausgewählte Essays und Kritiken. Amsterdam/Dresden: Kunst, 1997.

GROYS, Boris. *A Genealogy of Participating Art.* In: FRIELING, Rudolf et al. *The art of participation from 1950 to now.* Nova York: Thames and Hudson, 2008.

————. *Die Krankheit der Philosophie.* In: SCHESTOW, Leo. *Tolstoi und Nietzsche. Die Idee des Guten in ihren Lehren.* München: Matthes & Seitz, 1994.

————. *Ernst Jünger's Technologies of Immortality. Ernst Jüngers Technologien der Unsterblichkeit.* Trad. Susanne Kirsch. In: HÖSLE, Vittorio; KOSLOWSKI, Peter; SCHENK, Richard (Org.). *Jahrbuch für Philosophie des Forschungsinstitut für Philosophie Hannover.* v. 10. Viena: Passagen, 1999.

————. *The struggle against the Museum, or the display of Art in totalitarian space.* In: ROGOFF, D. Sherman und I. *Museum Culture. Histories: Discourses. Spetacles.* Minneapolis: University Minnesota Press, 1993.

————. *Über den Ursprung des Kunstwerks. Wesen ist, was sein wird: Martins Heideggers Bechworung wesentlicher Kunst.* In: *Neue Rundschau 108:4.* Frankfurt/Main: S. Fischer, 1997.

————. *Über Kierkegaard.* In: GROYS, Boris; KIERKEGAARD, Soren; SLOTERDIJKH, Peter. *Philosophie jetzt!: Kierkegaard.* München: Eugen Diederichs, 1996.

REFERÊNCIAS BIBLIOGRÁFICAS | 215

———. *Vorwort*. Trad. Rosemarie Tietze. In: LESSING, Theodor. *Der Jüdische Selbsthass. Mit einem Essay von Boris Groys*. München: Matthes & Seitz, 1984.

———. *Yes Apocalipse, Yes Now*. Trad. Harry Raiser e Dirk Uffelmann. In: ACKERMANN, Arne; UFFELMANN, Harry Raiser und Dirk (Org.). *Orte des Denkens. Neue russische Philosophie. Mit einem Gespräch mit Jacques Derrida und einem Nachwort von Rainer Grübel*. Wien: Passagen, 1995.

HEGEL, Georg Wilhelm Friedrich. *Vorlesungen über die Ästhetik*. v. I. Berlim/ Weimar: Aufbau, 1976.

HEIDEGGER, Martin. *Der Ursprung des Kunstwerks*. Stuttgart: Reclam, 1960.

———. *Die Grundbegriffe der Metaphysik*. Frankfurt: Vittorio Klostermann, 1983.

———. *Platons Lehre von der Wahrheit. Mit einem Brief über den, Humanismus*. Bern und München: Franke, 1975.

JÜNGER, Ernst. *Der Arbeiter*. Stuttgart: Klett-Cotta, 1982.

———. *Gesammelte Werke*. v. 7. Stuttgart: Klett-Cotta, 1980.

KIERKEGAARD, Soren. *Ausgewählt und vorgestellt von Boris Groys*. In: GROYS, Boris; KIERKEGAARD, Soren; SLOTERDIJKH, Peter. *Philosophie jetzt!: Kierkegaard*. München: Eugen Diederichs, 1996.

KOJÈVE, Alexandre. *Hegel – Kommentar zur Phänomenologie des Geistes*. Frankfurt: Suhrkamp, 1975. In: *Revue d'histoire et de philosophie religieuse*.

———. *Introduction à la leture de Hegel*. Paris: Gallimard, 1947.

———. *Les philosophes ne m'intéressent pas, je cherche les sages*. In: LAPUGE, Gilles. *La Quinzaine littéraire*. n. 500. Paris: Editions des femmes, 1988.

LANE, Ann. *Nietzsche comes to Russia*. In: GLATZER, Rosenthal Bernice (Org.). *Nietzsche in Russia*. Princeton: Princeton University Press, 1986.

LESSING, Gotthold Ephraim. *Gesammelte Werke*. v. 3. Berlim: Aufbau, 1966.

MALEWITSCH, K. *Suprematismus. Die gegenstandlose Welt*. Köln: DuMont, 1989.

MCLUHAN, Marshall. *Die magischen Kanäle/Understanding Media*. Dresden: Kunst, 1994.

———. *Understanding Media*. Londres e Nova York: Routledge Press, 2001.

MEIER. *Filosofskie sochineniia*. Paris: La Presse Livre, 1982a.

———. *Mysli pro sebia (1937)*. In: ———. *Filosofskie sochineniia*. Paris: La Presse Livre, 1982b.

MÖNTMANN, Nina. *Kunst als sozialer Raum*. Köln: Buchhandlung Walter König, 2002.

NIETZCHE, Friedrich. *Der Antichrist*. Trad. Constantino Luz de Medeiros. Gütersloh: [s.n.], 1992.

216 | INTRODUÇÃO À ANTIFILOSOFIA

OLSEN, Regine. *Brief an Henrik Lund*. Vom 10.9.1856. In: KIERKEGAARD, Soren. *Briefe*. Düsseldorf: Eugen Diederichs, 1955.

RICHTER, Hans. *Dada – Kunst und Antikunst*. Köln: DuMont Dokumente, 1964.

ROSENTHAL, B. G. *Stages of Nietzscheanism: Merezhkovsky's Intellectual Evolution*. In: GLATZER, Rosenthal Bernice (Org.). *Nietzsche in Russia*. Princeton: Princeton University Press, 1986.

SARTRE, Jean-Paul. *L'etre e le neant*. Paris: Gallimard, 1943.

SCHESTOW, Leo. *Dobro v uchenii*.

————. *Tolstoi e Nietzsche*. Köln: [s.n.], 1923.

SCHLOWSKI, Viktor. *Iskusstvo kak priem (1917)*. In: KIRAI, D.; KOVACH, A. (Orgs.). *Poetika Trudy russkihk i sovetskikh poeticheskikh shkol*. Budapest: [s.n.], 1982.

SHESTOV, Lev. *Kirkegard i ekzistentsialnaja filosofia*. Moscou: [s.n.], 1992.

SOLOVYOV, Vladimir S. *Divine Humanity*. Herndon: Lindisfarne Books, 1993.

SOLOWJEW, Vladimir. *Der Sinn der Liebe*. Hamburg: Meiner, 1985.

————. *Kritik der abstrakten Prinzipien; Vorlesungen über das Gottmenschentum*. Trad. Kritika Otvlechennykh Nachal e Chteniia o Bogochelovechestve. v. I. München: Wewel, 1978.

————. *Krizis zapadnoi filosofii; protiv pozitivistov*. (SS I (rpt Brüssel 1966) na segunda edição russa das Obras completas, v. I. p. 27-151.)

————. *Teoreticheskaia filosofia*. p. IX. p. 89-210. Bruxelas: [s.n.], 1996.

SPET, Gustav. *Esteticheskie fragmenty. II*. Petrogrado: [s.n.], 1923.

————. *Iavlenie i smysl*. Dordrecht: Kluwer Academic Publisher, 1991.

————. *Soznanie i ego sobstvennik: Sbornik atatei pó filosofii, posviashchennyi*. Moscou: G. Chelpanovu, 1916.

TOSTOI, Leo. *Was ist Kunst?*. München: Eugen Diedrichs, 1993.

WAGNER, Richard. *Das Kunstwerk der Zukunft*. In: WAGNER, Richard. *Sämtliche Schriften und Dichtungen*. v. 3. Leipzig: Breitkopf und Härtel, 1912.

WIELAND, Karin. *Die Geliebte des Duce. Das Leben der Margherita Sarfatti und die Erfindung des Faschismus*. München: Carl Hanser, 2004.